# 聚焦幼儿的学习与发展

## —— 幼儿成长档案的创建与运用

刘　健　主　编

沈文瑛　副主编

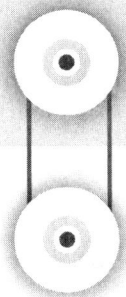

教育科学出版社

·北京·

出 版 人　李　东
责任编辑　毕文芳
版式设计　杨玲玲
责任校对　贾静芳
责任印制　叶小峰

**图书在版编目（CIP）数据**

聚焦幼儿的学习与发展：幼儿成长档案的创建与运
用／刘健主编；沈文瑛副主编. — 北京：教育科学出版
社，2022.1（2023.12 重印）
ISBN 978-7-5191-2764-0

Ⅰ.①聚… Ⅱ.①刘… ②沈… Ⅲ.①学前教育—
教学研究 Ⅳ.①G612

中国版本图书馆 CIP 数据核字（2021）第 181533 号

聚焦幼儿的学习与发展——幼儿成长档案的创建与运用
JUJIAO YOU'ER DE XUEXI YU FAZHAN ——YOU'ER CHENGZHANG DANG'AN DE
CHUANGJIAN YU YUNYONG

| | | | | | |
|---|---|---|---|---|---|
| 出 版 发 行 | 教育科学出版社 | | | | |
| 社　　　址 | 北京·朝阳区安慧北里安园甲 9 号 | | 邮　　编 | 100101 | |
| 总编室电话 | 010-64981290 | | 编辑部电话 | 010-64989584 | |
| 出版部电话 | 010-64989487 | | 市场部电话 | 010-64989572 | |
| 传　　真 | 010-64989419 | | 网　　址 | http://www.esph.com.cn | |
| 经　　销 | 各地新华书店 | | | | |
| 制　　作 | 北京金奥都图文制作中心 | | | | |
| 印　　刷 | 保定市中画美凯印刷有限公司 | | | | |
| 开　　本 | 720 毫米×1020 毫米　1/16 | | 版　　次 | 2022 年 1 月第 1 版 | |
| 印　　张 | 16.5 | | 印　　次 | 2023 年 12 月第 2 次印刷 | |
| 字　　数 | 210 千 | | 定　　价 | 49.80 元 | |

# 指 导 专 家

王化敏　　梁慧娟　　周亚君　　徐　军

# 编 委 会

# 目　　录

# 序　言

　　自迈入二十一世纪以来，随着国家陆续颁布一个又一个有关学前教育发展的政策文件，中国学前教育的发展经历着历史上未曾有过的持续的"春天"。从2001年的《幼儿园教育指导纲要（试行）》（以下简称《纲要》）到2010年《国家中长期教育改革和发展规划纲要（2010—2020年）》，到2012年的《3—6岁儿童学习与发展指南》（以下简称《指南》），到2016年的新《幼儿园工作规程》（以下简称《规程》），到2018年的《中共中央 国务院关于学前教育深化改革规范发展的若干意见》，整个学前教育界如逢一场又一场的春雨，如沐一阵又一阵的春风。但是，挑战伴随机遇，新生伴随痛楚，二十年来，国家、社会营造了良好的"外势"，如何乘"外势"造"内势"，是所有幼儿园、所有幼教人面对的难题。近年来，我国幼教人勤奋努力、持续拼搏，无论是在学前教育研究广度上的扩展还是在深度上的延拓，都在不懈地探索；保教发展不仅着眼于环境、活动等"过程"性因素的完善，更聚焦于幼儿这一最根本性"本体"成长的研究，特别是其来自一线幼儿园的实践性研究层出不穷，令人欣喜。

　　天津市幼儿师范学校附属幼儿园在"十五"期间就开始探索适宜的幼儿发展评价工具，认识到幼儿成长档案在"以评价促发展"及提供适宜性教育依据方面的独特价值。从2003年开始，全园为每个幼儿建立成长档案，作为评价幼儿发展和确定适宜教育教学策略的蓝本与依据之一，自此踏上了幼儿成长档案的研究之旅。近二十年磨一剑，《聚焦幼儿的学习与发展——幼儿成长档案的创建与运用》是全园教师在刘健园长的带领之下，在幼儿成长档案的创建与运用方面的集体智慧的结晶，是十七年集体经验的总结与升华，更是近二十年来一届又一届的幼儿、一届又一届的家长和全体工作人员共同谱写的华章！

这本书的出版，不仅为幼儿园教师如何创建并运用幼儿成长档案提供了直接的经验，也对提升幼儿园教师保教水平和幼儿园保教质量具有重要的价值与作用。更重要的是，本书以"以一斑窥全豹"的缩影方式，映现了全国幼儿园、幼教人的"内势"，以及这股"内势"和"外势"相结合形成了我国学前教育事业的蓬勃发展之势！

刘健园长是全国知名的专家型园长，是天津市幼儿师范学校的兼职教师和天津市学前教育学会的会长；是教育部幼儿园园长培训中心的实践教学指导专家，曾多次到中心传经送宝，向全国园长展示她们的办园思想与成果。同时，她也是教育部幼儿园园长培训中心首期（2014—2016年）"全国优秀园长高级研究班"的学员。这个班是每年开办一期，每期由每个省（自治区、直辖市）择优推荐一名园长，修业时间两年，目标是培养一批教育家型园长后备人才。所谓"学如弓弩，才如箭镞"，刘园长在培训期间认真刻苦、求知若渴、善于思考、成长显著，特别是其勤奋而虚心、智慧而耐心的谦和人品给老师和同学们留下了深刻的印象。

在二十一世纪又一跨年代的时刻，我有幸接到了刘健园长的邀请，为这本沉甸甸的大作出版作序。这是一次很好的学习机会，更是一个光荣的见证时刻，我欣然应允。纵观全书有这样四个特点。一是理论性强。本书以近二十年的课题研究成果为基础，不是坐而论道的想当然，而是长期实践探索的积淀；不是一个简单的工作总结，而是一个深入的问题研究。二是完整性强。本书从创建幼儿成长档案前应做好的物质准备及思想与能力准备，到怎样创建和如何运用幼儿成长档案等，系统完整地呈现了幼儿成长档案的创建与运用过程。三是实操性强。本书通过理论思考和详细的实践探索向我们展示了幼儿成长档案是如何创建以及运用于实践的，特别是最后一章，保教人员的研究感悟以及家长的心得体会等都鲜活地呈现了幼儿成长档案对幼儿发展的独特魅力。四是作用性强。本书展现了创建和运用幼儿成长档案对幼儿、家长、教师以及幼儿园所具有的重要价值与作用。

最后，希望这本书能够给全国的幼儿园和幼儿园教师带来指导与帮助，促进教师的专业发展，促进幼儿园保教质量的提升，助力更多孩子的茁壮成长！

缴润凯

2020 年 1 月于长春

# 前　　言

　　对幼儿成长档案创建与运用的研究是一场由内至外的观念与行为的洗礼，也是一场在面对挑战与机遇的痛苦之后的酣畅淋漓的裂变过程，又是一场于平静背后跌宕起伏、唤起生命灵动的旅途，还是一场让我们期待并惊喜的"静悄悄的革命"，而让我们义无反顾地踏上这个征途并甘愿坚守的唯一支点，就是为了每一个幼儿富有个性地健康发展。

　　本研究缘起于我园在"十五"期间承担了教育部"十五"重点项目"《幼儿园教育指导纲要（试行）》行动计划"研究试点任务。通过反复学习，我们明确了《纲要》提出的"尊重幼儿在发展水平、能力、经验、学习方式等方面的差异，因人施教，努力使每一个幼儿都能获得满足和成功"的内涵所在。于是，我们带领教师以"关注个体差异，探索因人施教的指导策略"为抓手，深入理解《纲要》精神。其间，为了顺应幼教改革发展的必然趋势，我园在探索适宜的幼儿发展评价工具的过程中认识到，幼儿成长档案能充分尊重幼儿个性化的成长步调，容许幼儿以多元方式成长，强调幼儿将现在的自己与过去的自己比较，不仅关注每个幼儿的差异特点，而且具有动态研究幼儿的特征，是非常合适的评价工具和方法。因此，我们在针对这一评价工具和方法进行研究价值判断的基础上，在反复考量后进行了大胆探索。

　　自 2003 年年初开始，我们为全园每个幼儿建立了个人成长档案，作为评价幼儿发展、确定适宜教育教学策略的蓝本和依据。但是，在建立幼儿成长档案的初步尝试中，我们发现了不少问题，如幼儿成长档案仍停留在追求形式层面上，档案成了作品集、影集；详细的观察记录只是大段文字的堆积，既费时费力，又没能清晰地反映关键性问题；结论性评价语言空泛，难以产生说服力，不是对幼儿个性的真实写照；对每一个幼儿关注的精力分配不均衡；家长仅是被动的参与者；等等。通过对建档问题的不断反思与研究，我们认识到必须对运用档案的相关问题展开深入探讨，由此发现了反映档案运用层面的一些问题，比如如何利用档案促进幼儿发展，如何利用档案促进教师成长，以及怎样利用档案帮助家长提高素质，等等。无论是建档方面的问题，还是档案运用方面的问题，都有待我们深入、扎实地开展研究。于是，在"十一五"期间，针对实践中的问题，我们开展了"幼儿成长档案的应用研究"，全员投入，扎实地进行实践探索。我们依据研究的需要及教师的实际水平，从多个专题、不同角度展开了深入研究，如：幼儿成长档案记录方式的专题研究；以不同记录方式为线索的案例表达及分析的专题研究；以案例研究为抓手，提高教师观察分析能力的专题研究；引领家长共同建立幼儿成长档案的专题研究；等等。通过一系列的相关研究，我园教师逐步明确了档案评价的核心价值和内涵，厘清了研究思路，找准了聚焦问题，摸索出了很多的有效策略，积累了宝贵的经验。

如今看来，无论是《纲要》，还是《指南》，抑或是新修订的《规程》，都在大力倡导对幼儿学习与发展的观察评价，进而提供适宜的教育。例如，《纲要》强调幼儿园的教育评价"是了解教育的适宜性、有效性，调整和改进工作，促进每一个幼儿发展，提高教育质量的必要手段"，还强调了"评价的目的是了解幼儿的发展需要，以便提供更加适宜的帮助和指导"。因此，进行有效的评价势在必行。幼儿成长档案是非常适合的评价工具。又如，《指南》为幼儿每一阶段的发展提出了细化导引，使教师、家长学会用科学、发展的眼光去看待幼儿持续发展的每一天。幼儿成长档案作为展现幼儿学习与发展历程的载体，可以将《指南》的核心理念进行充分诠释。如果将《指南》比喻成幼儿学习与发展的导航仪和路线图的话，那么幼儿成长档案则是他们走过每一处所留下的美丽风景和前往下一个目的地的蓝图。它可以引导教师基于对幼儿发展的评价去了解幼儿已有经验，从而设计有针对性的课程。再如，《规程》字里行间也明确提出了"遵循幼儿身心发展规律""注重个体差异，因人施教""研究有效的活动形式和方法""引导幼儿个性健康发展"等重要原则与要求，而幼儿成长档案便是将其落在实处的最有力载体。同时，《规程》在幼儿园教师职责中规定了教师要"观察了解幼儿，依据国家有关规定，结合本班幼儿的发展水平和兴趣需要，制订和执行教育工作计划，合理安排幼儿一日生活"。无独有偶，《幼儿园教师专业标准（试行）》（以下简称《标准》）对幼儿园教师提出的必备专业能力之一就是"有效运用观察、谈话、家园联系、作品分析等多种方法，客观地、全面地了解和评价幼儿"，并"有效运用评价结果，指导下一步教育活动的开展"。实施《指南》最需要提高的是教师观察了解幼儿、通过一日生活综合地实施以幼儿发展为本的教育能力。该能力的提升需要一个实践的抓手。幼儿成长档案以其可操作性、可视性、科学性强等特点，能够有效地帮助教师学会观察、评价幼儿的学习与发展，使其能力得到提升。这一点恰恰吻合了幼儿成长档案创建与运用的另一重要价值，即有效促进教师专业成长。因此，幼儿成长档案对于幼儿和教师来讲，都是一笔丰厚的、记录成长历程的财富。上述种种，印证了我们开展此项研究的意义和价值。

那么，幼儿成长档案是什么呢？不同的学者或研究者有着不同的界定。虽然他们的观点不尽相同，但都从不同角度阐释了幼儿成长档案的基本内涵。通过多年的实践探索，站在研究与实践的视角，我们是这样理解的：幼儿成长档案旨在有目的、有计划地记录幼儿在成长过程中的典型事件，收集幼儿的典型作品，依据相关理论对幼儿进行科学评价，提出有针对性的教育策略，从而促进幼儿富有个性地发展。它记载着每个幼儿与众不同的成长历程。它是我们在实践中关注个体差异、提高教育实效的最佳载体，也是一种注重真实表现、注重变化过程、注重质性研究的评价方式。可以说，创建幼儿成长档案具有重要的理论与现实意义，它不仅能够全方位地展现幼儿的发展历程，为教师更好地了解幼儿、走进幼儿的内心世界搭建平台，同时也为教师灵活地根据幼儿的特点引领其个性化发展、实现家园共育提供支持。因此，创建和运用幼儿成长档案的过程就是因人施教的过程、家园共育的过程、教师专业成长的过程。

谁是创建幼儿成长档案的主体？谁又是阅读和使用幼儿成长档案的主体？通过多年研究，我们发现，教师、家长、幼儿及与幼儿有关的一切人员均是幼儿成长档案创建与运用的参与者和阅读者。

作为幼儿成长档案创建与运用的重要人物——教师，是幼儿学习与发展的同行者。幼儿成长档案已成为教师对幼儿进行教育评价的有效手段和依据。通过将幼儿在园的点滴进步记录在册，可以了解幼儿发展的进程与水平，发现幼儿的个性特点，从而确定引导幼儿进一步发展的计划与策略，并有的放矢地实施教育。在对幼儿的作品进行收集与评价、对幼儿的行为进行细心观察与记录的过程中，教师也在不断地对自身的教育行为进行反思、分析与调整，这使得幼儿成长档案的创建和运用首先成了促进教师教学改进的契机和动力。另外，对于与幼儿有关的其他教师（如继任教师）而言，由于幼儿成长档案能够全面地反映幼儿的学习与发展变化历程，体现幼儿兴趣、爱好、性格、学习等方面的特点，因此，他们通过阅读幼儿成长档案，可以对幼儿的基本情况有一个全面、快速的了解，从而便于他们根据每个幼儿的不同特点寻找适宜的教育方法，因材施教，对幼儿的后期学习产生积极促进作用。

作为幼儿成长档案创建与运用的另一个主体——家长，非常关注幼儿的在园情况，因此，幼儿成长档案是家长爱不释手、乐于阅读的重要内容。当幼儿把自己的幼儿成长档案带回家的时候，家长可以从教师的观察记录和学习故事中细细品味幼儿在幼儿园成长过程中的点点滴滴，树立对幼儿发展的信心，调整对幼儿学习与发展的合理期待，了解教师的教育方法和意图，与幼儿园在教育目标和方式上达成一致。同时，家长在创建幼儿成长档案的过程中发挥着不可替代的作用，他们通过参与创建幼儿成长档案，不仅能够及时了解幼儿园近期的教育目标与内容要求，还能够了解幼儿在幼儿园的行为表现和发展变化，学习教师观察记录幼儿的方法，在提升自身科学育儿能力的同时，实现家园共育。

作为幼儿成长档案创建与运用的小主人——幼儿，是我们不可忽视的对象。他们非常喜欢借助自己的幼儿成长档案与同伴、教师、家长及其他人交流。在此过程中他们不断回顾自己的成长经历，体会点滴进步带来的快乐，逐渐形成正确分析自己、评价自己的能力。另外，幼儿成长档案在全方位地展现幼儿发展变化历程的同时，还引导着幼儿学会自我管理。

在各级领导、专家的持续关怀和引导下，我园教师历经行动研究增长了实践智慧。我们遵从行动研究的程序开展探索，从课题确立到制定方案、展开行动，进而不断分析与反思，经历了螺旋式上升的过程。随着研究的不断推进，我们边研究边调整，如由从多个方面观察记录调整为找准切入点观察记录；由详细叙述幼儿在多个活动中的语言及行为表现调整为抓住典型事例，反映切入点问题的简约实效记录；由随机记录调整为计划与随机捕捉偶发事件相结合；由全体家长共同对一个问题的参与记录调整为根据自己孩子的实际问题的参与记录；由凭教师经验及直觉的分析判断调整为依据相关教育理论的科学分析和判断；由展现幼儿的发展历程调整为反映幼儿成长和教师施教的过程；等等。经由大量的实践与探索，我们还积累并提出了创建与运用幼儿成长档案的主要原则，即私密性原则、计划性原则、个性化原则、客观性原则、科学性原则、简便性原则、自主性原则、共建性原则。值得一提的是，我园教师借由幼儿成长档案的研究，在头脑中越来越清晰地印刻了"幼儿是富有个性色彩的主动学习者"这一共识。在这一共识逐渐确立的过程中，我们的教育行为和管理方式也在悄然发生着变化，并在不知不觉中形成了与众不同的办园特色，即"倾心解读，接纳欣赏，让每个幼儿都享受到适宜的教育"。研究与实践变得不可分割，指引和影响着教师的日常教育行为，并逐渐为园所文化内涵注入了生机与活力，得到了家长、同行及社会的广泛认可。

在此，我们将全园教师近二十年来的实践和研究，总结分析、归纳整理成书，目的是给广大幼儿园教师提供如何做好幼儿成长档案的参考与启示，让更多的教师更好地了解幼儿、理解幼儿、尊重幼儿，促进其健康和谐发展。

本书包括八章，向读者展现了创建幼儿成长档案前应做好哪些准备、怎样创建幼儿成长档案、如何运用幼儿成长档案等内容，引领读者认识到幼儿成长档案对于幼儿发展的重要性，以及学习创建、运用幼儿成长档案的具体方法。

第一章是对幼儿成长档案的理性思考，对幼儿成长档案创建的依据与运用的价值分别进行了阐述，使读者从理性高度建立对幼儿成长档案的初步认识。第二章是幼儿成长档案的创建准备，引领读者了解幼儿成长档案是什么以及建立幼儿成长档案应做好的各项准备工作，以保障该项工作的顺利开展，体现科学性，发挥其最佳效益。第三章为创建幼儿成长档案的具体方法介绍，旨在让读者了解幼儿及家长如何参与到幼儿成长档案的创建中来、幼儿成长档案的内容收集与整理以及观察记录幼儿的方法等。第四章至第六章，分别从促进幼儿发展、加强家园合作、设计高质量的课程三个方面，阐述了幼儿成长档案在实践中的运用。这部分内容具体介绍了教师应如何客观地分析评价幼儿，并实施有效的个性教育；阐明了幼儿成长档案对家庭教育的影响，提出了家园共育中有效运用幼儿成长档案的策略，并鼓励家长成为幼儿成长档案创建工作的参与者；向读者展现了以幼儿成长档案为依据来设计和组织课程的方法。第七章阐述幼儿成长档案创建与运用的管理与保障，介绍了教师之间、家园之间在创建与运用幼儿成长档案过程中的交流与合作，以及幼儿园在此过程中为教师提供的支持与保障措施。第八章为幼儿成长档案创建与运用的实践体会，真实展现了教师、家长在研究过程中的思考与收获。

　　如何创建和怎样运用幼儿成长档案是本书的主要内容，所以在章节构架上用了较重的笔墨。在本书编写之前，我们开展了深入探讨，也积累了大量案例。怎样为每个幼儿创建幼儿成长档案是我们在研究中首先要解决的问题，因此在编写本书时，我们将幼儿成长档案的创建，包括应该做哪些必要的准备，作为本书的重要内容之一。如何更好地运用幼儿成长档案，提高实际应用价值，通过课程设计与调整，促进每个幼儿富有个性地发展，也为促进教师和家长的共同成长做出贡献，是我们研究的宗旨。因此，幼儿成长档案的运用尤为重要，这也成为本书另外一个重要内容。创建和运用实际上是相辅相成的关系。幼儿成长档案的运用以创建为前提，没有创建就谈不上运用；但在运用过程中，我们又会根据需要不断地丰富建档内容，呈现边用边建的状态，二者相互融合，密不可分。在梳理研究内容的过程中，我们发现幼儿成长档案的创建与运用需要研究者从不同的角度，以不同的方式展开。为了更清晰地展现研究过程，厘清研究脉络，梳理研究结果，也更加便于读者阅读，我们将准备、创建、运用幼儿成长档案及利用幼儿成长档案设计高质量的课程等作为重点内容向大家阐述。

　　本书可以作为幼儿园开展幼儿成长档案工作的指导手册，每部分内容均具有一定的借鉴价值。读者可以根据自己的需要选择从头开始系统阅读，也可以根据兴趣从任意一章切入阅读。另外，我们建议从未尝试过为幼儿建立幼儿成长档案的教师或刚刚接触该项工作的教师可以从头开始阅读，而在创建和使用幼儿成长档案工作中有一定经验的教师可以根据自身在实践中遇到的问题进行有选择性的阅读。无论读者的阅读从哪里开始，相信本书一定会解除读者对幼儿成长档案工作的疑虑，从而爱上这项工作。

总之，本书是我园全体教师和参与研究、指导研究的专家共同的心血和智慧的结晶，字里行间倾注了大家的研究热情，渗透着每个人对幼儿成长的期待，也展现了研究团队相伴走来的心路历程。在本书即将付梓之际，感谢幼儿园全体同人对此项研究的执着与付出、对幼儿成长的呵护与支持；感谢热心参与幼儿成长档案工作并贡献了才智的各位家长朋友们。

在研究过程中，我们得到了中国学前教育研究会、天津市学前教育学会、天津师范大学学前教育学院（天津市幼儿师范学校）、天津市（区）教委及教研室领导的关怀与大力支持，得到了王化敏、梁慧娟、周亚君、徐军、郭亦勤、张凤敏等领导及专家的倾心指导与无私帮助，得到了张凤玲园长的通力合作。本书的出版得到了教育科学出版社白爱宝、赵建明两位老师的真诚点拨。在此，我谨代表幼儿园全体研究者向所有对本研究给予关心、厚爱、指导、帮助的领导和专家表示衷心的感谢和诚挚的敬意，并真诚期望得到各位领导、专家、同行的批评指正。

我们将始终如一地行走在促进幼儿富有个性地健康发展的道路上，让幼儿园成为一座充满神奇魔力的学习殿堂，一个洋溢着幸福味道的成长乐园。为此，我们将不懈努力……

刘　健

2019 年 11 月

# 第一章　对幼儿成长档案的理性思考

## 一、幼儿成长档案创建的依据

### （一）落实《指南》等文件精神及理念

《指南》为幼儿每一阶段的发展提出了具体的学习与发展目标和教育建议，使教师、家长都能学会用科学、发展的眼光看待幼儿持续发展的每一天。幼儿成长档案作为体现幼儿成长过程的载体，将《指南》中幼儿每一阶段的发展通过前后对比、直观了解、细化研究等方式展现在大家眼前，使我们能更加整合立体地看待幼儿的可持续发展。

在创建幼儿成长档案的过程中，我园全体教师认真领会《指南》精神，在认真学习与潜心研究的基础上，针对不同年龄阶段幼儿的学习与发展特点，编制了幼儿发展状况评估系列表格。该套表格包括三部分内容，即《幼儿观察记录及分析表》（见表1-1）、《幼儿作品分析记录表》（见表1-2）和《年度幼儿整体发展状况表》（见表1-3）。

## 表 1-1 幼儿观察记录及分析表

观察者：_____　　　　　　　　　　　　　记录编码：_____

| 观察对象：_____ 班_____ | | 观察时间 | |
|---|---|---|---|

| 观察背景 | | | |
|---|---|---|---|

| 观察线索 | 身心状况（　） | 动作发展（　） | 生活习惯与生活能力（　） | 倾听与表达（　） | 阅读与书写准备（　） | 人际交往（　） | 社会适应（　） | 科学探究（　） | 数学认知（　） | 感受与欣赏（　） | 表现与创造（　） |
|---|---|---|---|---|---|---|---|---|---|---|---|

学习品质：好奇与兴趣（　）　　反思与解释（　）　　积极主动（　）
不怕困难（　）　　认真专注（　）　　敢于探究和尝试（　）
乐于想象和创造（　）　　良好行为倾向（　）

**观察记录：**

**分析解读：**

**教育策略或下一步观察计划：**

注：请在涉及的观察线索相对应的括号内画"√"。

表1-2　幼儿作品分析记录表

记录编码：＿＿＿＿＿＿＿

幼儿姓名：＿＿＿＿＿＿＿

班　　级：＿＿＿＿＿＿＿

作品产生时间：＿＿＿＿＿

记 录 人：＿＿＿＿＿＿＿

幼儿自述：＿＿＿＿＿＿＿＿＿＿＿＿＿＿

＿＿＿＿＿＿＿＿＿＿＿＿＿＿＿＿＿＿＿＿

＿＿＿＿＿＿＿＿＿＿＿＿＿＿＿＿＿＿＿＿

分析解读：＿＿＿＿＿＿＿＿＿＿＿＿＿＿

＿＿＿＿＿＿＿＿＿＿＿＿＿＿＿＿＿＿＿＿

＿＿＿＿＿＿＿＿＿＿＿＿＿＿＿＿＿＿＿＿

教育策略或下一步观察计划：＿＿＿＿＿＿

＿＿＿＿＿＿＿＿＿＿＿＿＿＿＿＿＿＿＿＿

＿＿＿＿＿＿＿＿＿＿＿＿＿＿＿＿＿＿＿＿

＿＿＿＿＿＿＿＿＿＿＿＿＿＿＿＿＿＿＿＿

＿＿＿＿＿＿＿＿＿＿＿＿＿＿＿＿＿＿＿＿

表 1-3　年度幼儿整体发展状况表

年度＿＿＿＿＿　　班级＿＿＿＿＿　　幼儿姓名＿＿＿＿＿　　教师＿＿＿＿＿

| 观察维度 | 观察线索 | 观察途径记录编码 |
|---|---|---|
| 身心状况 | 具有健康的体态 | S　Y　J |
| 身心状况 | 具有一定的适应能力 | S　Y　J |
| 身心状况 | 具有一定的平衡能力 | S　Y　J |
| 身心状况 | 情绪安定愉快 | S　Y　J |
| 动作发展 | 具有一定的力量和耐力 | S　Y　J |
| 动作发展 | 手的动作灵活协调 | S　Y　J |
| 生活习惯与生活能力 | 具有良好的生活与卫生习惯 | S　Y　J |
| 生活习惯与生活能力 | 具有基本的生活自理能力 | S　Y　J |
| 生活习惯与生活能力 | 具备基本的安全知识和自我保护能力 | S　Y　J |
| 倾听与表达 | 认真听并能听懂常用语言 | S　Y　J |
| 倾听与表达 | 愿意讲话并能清楚地表达 | S　Y　J |
| 倾听与表达 | 具有文明的语言习惯 | S　Y　J |
| 阅读与书写准备 | 喜欢听故事，看图书 | S　Y　J |
| 阅读与书写准备 | 具有初步的阅读理解能力 | S　Y　J |
| 阅读与书写准备 | 具有书面表达的愿望和初步技能 | S　Y　J |
| 人际交往 | 愿意与人交往 | S　Y　J |
| 人际交往 | 能与同伴友好相处 | S　Y　J |
| 人际交往 | 具有自尊、自信、自主的表现 | S　Y　J |
| 人际交往 | 关心尊重他人 | S　Y　J |
| 社会适应 | 喜欢并适应群体生活 | S　Y　J |
| 社会适应 | 遵守基本的行为规范 | S　Y　J |
| 社会适应 | 具有初步的归属感 | S　Y　J |
| 科学探究 | 亲近自然，喜欢探究 | S　Y　J |
| 科学探究 | 具有初步的探究能力 | S　Y　J |
| 科学探究 | 在探究中认识周围事物和现象 | S　Y　J |
| 数学认知 | 初步感知生活中数学的有用和有趣 | S　Y　J |
| 数学认知 | 感知和理解数、量及数量关系 | S　Y　J |
| 数学认知 | 感知形状与空间关系 | S　Y　J |
| 感受与欣赏 | 喜欢自然界与生活中美的事物 | S　Y　J |
| 感受与欣赏 | 喜欢欣赏多种多样的艺术形式和作品 | S　Y　J |
| 表现与创造 | 喜欢进行艺术活动并大胆表现 | S　Y　J |
| 表现与创造 | 具有初步的艺术表现与创造能力 | S　Y　J |
| 学习品质 | 如好奇与兴趣，积极主动，反思与解释，不怕困难，认真专注，敢于探究和尝试，乐于想象和创造，良好行为倾向等。 | S　Y　J |

说明：观察途径，以代码标明，即生活活动用字母"S"表示，集体教学用字母"J"表示，自主游戏用字母"Y"表示，对应填写幼儿成长档案中的"记录编码"。

《幼儿观察记录及分析表》适用于教师日常对幼儿各方面的行为表现进行观察记录，记录内容包括"观察对象"、"观察时间"、"观察背景"、"观察线索"、"观察记录"，以及教师的"分析解读"和"教育策略或下一步观察计划"。其中，"观察记录"既可以是教师用文字书写的幼儿逸事记录，也可以是幼儿活动的照片或是幼儿活动过程的音频、视频等的记录。

《幼儿作品分析记录表》适用于对幼儿日常各种作品的记录、分析与解读，记录内容包括"作品产生时间"、"幼儿自述"、"分析解读"和"教育策略或下一步观察计划"等。表格在版式上根据不同年龄幼儿的发展水平和特点稍有调整，如"幼儿自述"部分会随着幼儿年龄的增长而增加所占空间。

我园在不断践行《指南》的过程中，对《年度幼儿整体发展状况表》进行了多次调整。目前，我们使用的《年度幼儿整体发展状况表》中的"观察维度"与《指南》中的 11 个子领域相符，体现了幼儿学习与发展最重要、最基本的方面。"观察线索"与《指南》中的 32 条目标相对应，并增加了"学习品质"相关内容，引领教师开展有目的的观察和记录。"观察途径"体现了《〈3—6 岁儿童学习与发展指南〉解读》中指出的"在得出任何假设之前，都应考虑幼儿已有的经验和环境"，"幼儿的某些特点是要通过来自多方面的信息分析概括出来的，在对幼儿做评估时，不能只根据某一次的观察就确定，必须继续观察或者在不同的情境中发现其表现的一致性"。"观察途径"与表格最底部的"记录编码"配合使用，对应教师日常对幼儿各方面的行为表现及作品进行的观察记录与分析，便于教师对幼儿各领域的发展状况进行综合性的评估。教师日常对幼儿进行的每次观察记录和作品分析都有其特定的编码，即表中的"记录编码"，这能帮助我们在阅读幼儿成长档案时进行快速检索，这些观察记录和作品分析会成为对幼儿进行整体评价的重要依据。

《幼儿观察记录及分析表》、《幼儿作品记录分析表》与《年度幼儿整体发展状况表》配合使用，成为教师对幼儿的发展状况进行评估的客观依据。

## （二）基于教育实践与幼儿日常表现

### 1. 基于幼儿发展特点与个体差异

幼儿成长档案使教师看到幼儿学习与发展是一个持续、渐进的过程，其涵盖的内容是幼儿成长历程中的点点滴滴。教师通过观察、记录，准确地判断并抓住代表幼儿主动学习的某一时刻及阶段性发展特征的行为表现，加以分析、解读、归纳、整理，使幼儿成长档案内容的呈现能够沿着幼儿个性化的学习与发展进程迈进，尊重幼儿发展的学习方式和发展速度的个体差异。幼儿成长档案体现幼儿个性化特点，并不意味着我们对幼儿学习与发展的狭隘理解，也不意味着我们对幼儿关注和观察的片面性，更不意味着档案呈现内容的单一。在关注幼儿个体差异的同时，我们还关注幼儿学习与发展的整体性。如果把幼儿的内心世界比喻成神秘的花园，那么我们对幼儿的关注则是通往花园的某一扇大门。无论哪扇门被开启，我们看到的都将是整个花园的风景。我们会考虑幼儿学习与发展的全面性、整体性，幼儿成长档案呈现的就是幼儿个性化的成长发展历程。

### 2. 基于幼儿的学习方式、特点和速度

幼儿成长档案是依据幼儿自身的学习特点与发展规律进行收纳和整理的。其中，作品、语言记录、照片等方式的呈现，立体地勾勒出幼儿特有的学习方式、特点和速度。下面的案例（见案例1-1）表现了教师对幼儿独特学习方式的尊重。

## 案例 1-1　图书区中的《摇篮曲》————————————

**观察对象：** 大宝（4岁5个月）

**观察时间：** 2014年5月16日

**观察背景：** 图书区

**观察记录**

在区域活动时，大宝选择了图书区。他选了一本书，坐在桌子旁认真地看了起来。看完后，他将这本书送回书架，又拿起了另外一本书。不过这次，他并没有坐回桌子旁翻看，而是在书架前直接打开来看。不一会

儿，他搬来小凳子，把手和脚都放到了书架上。见状，我想去提醒他注意看书的正确姿势。等走到他的身边，我听见一阵哼唱声，原来大宝在边看书边弹唱。他唱的是《摇篮曲》，手和脚也做出弹琴与踩踏板的样子，与他哼唱的节奏相配合。大宝翻看的那一页图书内容，正是一个小宝宝在屋子里睡觉的画面。看到这样的情景，我没有打断他。他的弹唱一直持续到收区音乐响起。

图 1-1

**分析解读**

在平常的音乐活动中，大宝不善于表现自己，也不会主动唱歌给小朋友听。但是在这种完全放松的氛围下，大宝不但会主动弹唱，并且能用自然、好听的声音唱歌，还能手脚配合地为歌曲打出合拍的节奏，这让我对他刮目相看。另外，大宝模仿教师弹琴、踩踏板的样子也说明他对成人行为观察得很仔细，能按自己的想法进行游戏，可以较长时间专注地做同一件事情。

**教育策略或下一步观察计划**

☆及时与大宝交流，告诉他我非常喜欢听他唱歌。

☆与大宝商量，和他一起用纸箱做一架小钢琴，并投放到表演区，这样他想弹琴时就可以去表演区进行弹唱。

☆接下来一段时间，继续观察大宝，分析他真正感兴趣的是什么，以便为其提供相应的支持。

☆与家长进行沟通，共同关注大宝的音乐感受力，为其提供表达与表现的机会。

（案例提供：周　蕾）


3. 基于幼儿的学习品质

《指南》强调，要"重视幼儿的学习品质。幼儿在活动过程中表现出的积极态度和良好行为倾向是终身学习与发展所必需的宝贵品质"。幼儿成长档案白描式的记录方式和直观形象的呈现方式会将幼儿的学习品质展现得一览无余。在案例 1-2 中，教师为我们描述了一个怎样的学习者形象？俏俏能做什么？是什么原因让她能够坚持画风筝？这个案例中反映了俏俏哪些良好的学习品质？

### 案例 1-2  俏俏画风筝

**观察对象：** 俏俏（6 岁 2 个月）

**观察时间：** 2015 年 5 月 6 日

**观察背景：** 区域游戏

**观察记录**

今天是你第四天绘制自己的风筝了。你真是太棒了！一直按照自己的设计想法画风筝。你先将每一种需要的颜料都小心翼翼地挤出一点儿放在调色盘里。然后，你一边看着设计图，一边用画笔蘸着颜料认真地画。最后，你用了整个游戏时间，将风筝画完了。你开心地举着风筝跑到我

图 1-2

的面前："看！好看吗？"我回答："哇！太漂亮了！"你用期盼的眼神看着我："什么时候能去放我画的这个风筝？"我回答："等到天气晴朗，有风的时候，我们一起去放风筝。"你高兴地拍着手，让我把风筝挂到墙上。

从最初设计风筝，起稿、勾边、上色，再到将自己的想法完整地表达出来、完成风筝的绘制，你用了将近一周的时间。

**分析解读**

俏俏能够大胆地想象和创造，将自己的想法通过不同的花纹、颜色表现出来，绘制的风筝色彩鲜艳、纹路多样、涂色均匀。她能够熟练地使用水粉颜料及用具，做事认真专注，有坚持性。完成作品后，她能积极主动地和老师、同伴进行分享、交流。

**教育策略或下一步观察计划**

☆提供其他创作材料，如生活物品、废旧物品和美术工具等，支持俏俏不断拓展经验，鼓励她更加大胆地将自己的想法表达与表现出来。

☆鼓励俏俏在游戏评价环节跟小朋友们分享自己在画风筝过程中积累的有益经验，进一步为其创设与同伴互相学习的机会与条件。

☆满足俏俏想要放风筝的愿望，继续观察她在有关风筝探究活动中的相关行为表现。

（案例提供：曹　菁）

这个案例让我们清晰地看到了俏俏在画风筝过程中认真专注、不怕困难、敢于尝试和探索、乐于创造和想象等良好的学习品质。

## 二、幼儿成长档案运用的价值

### （一）促进幼儿主动性发展

幼儿不仅可以参与幼儿成长档案的创建，而且教师通过与幼儿商讨后呈现的幼儿成长档案更能反映幼儿的真实想法，真正做到"我的档案我做主"，发挥幼儿的自主性。

如在与幼儿共同回顾幼儿成长档案的过程中，我们可以了解幼儿对幼儿成长档案的看法，例如：幼儿喜欢幼儿成长档案中的哪些内容？如果让幼儿来做幼儿成长档案的话，他们会在里面放哪些内容，为什么？他们会按怎样的顺序摆放？哪些作品他们不想放进去，是什么原因？

又如，幼儿作品包括很多形式，收集的过程要邀请幼儿参与。教师可以与幼儿一起讨论，哪些作品是重要的，是对他具有一定意义的，是他想要放进幼儿成长档案里的；哪些是幼儿可带回家或做其他处理的。教师还可以先询问幼儿想在幼儿成长档案中放进什么样的作品，然后再请幼儿进行创作，记录幼儿的创作原因以及对作品的描述。

再如，幼儿成长档案中一些由幼儿口述、成人帮忙记录的日记，也是非常宝贵的资料，教师可以与幼儿共同选择并收录到幼儿成长档案中。如何使这些口头日记更有针对性地反映幼儿的经验呢？教师可以进行适当的引导，让幼儿从"无意"到"有心"。如在春游前，可以先引导幼儿规划自己想在春游时做些什么、关注什么、怎样记录自己的行动等。这样，幼儿带着任务出行，就会在玩的过程中留心做一些事情，完成自己的计划，并把自己的行程以口头日记的形式记录下来。记录可由教师或家长帮忙完成。这样的日记进入幼儿成长档案是非常有价值的。

在幼儿成长档案创建的过程中，如何充分发挥幼儿的自主性，体现"我的档案我做主"这一理念？以下几个建议可供参考。

第一，引导幼儿认识到幼儿成长档案是属于他们自己的，帮助幼儿了解幼儿成长档案所要呈现的内容。

第二，根据幼儿的年龄特点，有计划地引导他们参与幼儿成长档案的创建与整理过程，并将其融入日常生活中。如在小班，教师可以通过日常过渡环节，随机引导幼儿翻看幼儿成长档案，了解幼儿成长档案内容，知道插入作品的方法，参与自我评价工作，学习参与作品整理工作；在中班，教师可以充分利用美工区，投放边框、图案等材料及压花器等小工具，满足幼儿随时装饰作品和填充档案的需要，帮助幼儿积累经验、提高审美情趣；在大班，教师可鼓励幼儿参与档案材料的整理与筛选工作，鼓励幼儿自主选择、使用，让他们在自我欣赏的同时，能够正确地认识自己。

第三，教师可以选择在每天、每周或每月一个固定的时间，请幼儿回顾、整理自己的幼儿成长档案，这也有利于其体验成长的快乐并获得满足感。

在创建幼儿成长档案的过程中，幼儿能够表现出自己的能力，教师应理解他们所需，从而使他们更好地了解自己，树立自信心，体验责任感和成就感。因此，幼儿参与幼儿成长档案的创建，对幼儿的自主发展具有积极的促进作用。

在案例1-3中，从表面上来看展现了曦曦良好作息习惯的养成过程，实质上反映了曦曦入园适应变化的过程。教师经常和曦曦一起回顾她的点滴进步和变化。每当发现自己有进步的时候，曦曦都会主动要求把幼儿成长档案带回家与爸爸妈妈一起分享。

## 案例1-3 曦曦午睡的故事

### （一）

**观察对象：** 曦曦（3岁2个月）

**观察时间：** 2009年9月3日

**观察背景：** 小朋友们准备上床午睡

**观察记录**

"曦曦不睡觉，曦曦坐这儿等妈妈!"她边哭嘴里边念叨着。入园第三天了，曦曦还是不肯上床午睡，教师试图请她坐在床上等，可她坚持要坐在自己的椅子上，还不停地哭喊着找妈妈。50分钟过去了，曦曦开始困了。不一会儿，她歪着头坐在椅子上睡着了。教师轻轻地走过去，想把她抱起来放到床上去睡，可她好像被惊醒一样，马上哭喊着："我不睡觉!"无奈之下，教师又把她放回小椅子上。曦曦生怕教师再让她上床睡觉，小眼睛再也不肯闭上了。

**分析解读**

小班幼儿刚刚离开家，离开爸爸妈妈，来到一个新环境，会感到陌生和不安，因此会产生哭闹等分离焦虑的表现。曦曦不能正常地上床午睡便是分离焦虑的一种表现。她希望坐在小椅子上等着妈妈来接，担心上床睡着了就看不见妈妈或者回不了家了，她对新环境的安全感还没有建立起来。这也是刚入园的小班新生经常会出现的情况。

**教育策略或下一步观察计划**

☆为曦曦创设温馨的环境，更加细心地照顾她，和她聊天，帮助其排解心中的忧虑，让其尽快适应新环境。

☆投放大量新颖好玩的玩具，教师与曦曦共同游戏，转移她的注意力，减轻她的分离焦虑。

☆创设主题墙"教室里的新家",将全班小朋友的照片及与家人的照片布置在主题墙上,减轻曦曦和其他小朋友对新环境的陌生感。

(二)

**观察对象**:曦曦(3 岁 2 个月)

**观察时间**:2009 年 9 月 14 日

**观察背景**:小朋友们准备上床午睡

**观察记录**

午睡时间到了,曦曦找到自己的小床并坐下来。教师走到她身边:"曦曦真棒,都能自己找到小床了。"教师在她的小脸上轻轻地亲了一下。曦曦扬起小脸问:"妈妈来吗?"教师说:"来!妈妈下班就来接曦曦。今天我们把小鞋子脱了睡吧!就放在你的小床旁边。"(前几天曦曦午睡都不肯脱鞋子)教师边说边帮她脱下鞋子。曦曦赶紧把鞋子放到离她更近的地方,这才安心地躺下,但眼睛一直盯着自己的鞋。大约 40 分钟后,她睡着了。

**分析解读**

曦曦能主动走到床边准备午睡,说明她正在一点点地适应幼儿园的生活。不脱鞋子、把鞋子放在自己身边等举动仍然是缺乏安全感的表现,但她已经在努力改变了。曦曦的父母是外地人,在本市没有任何亲戚,爸爸平时忙于工作,妈妈一手将她带大,因此她对妈妈有一种很强的依恋感。当离开妈妈来到一个新环境时,她对新环境缺乏安全感,对周围的人缺乏信任。

**教育策略或下一步观察计划**

☆经商量,教师决定暂时在生活中顺应曦曦的一些想法,寻找时机适时引导,使她自然地接受幼儿园的新环境,适应幼儿园的新生活。

☆近期曦曦生病了,教师决定通过家访、生病探望、电话问候等形式拉近曦曦与教师和小伙伴之间的距离,使其对教师和同伴产生信任和亲切感,对新环境产生归属感和安全感。

## （三）

**观察对象：**曦曦（3 岁 4 个月）

**观察时间：**2009 年 11 月 24 日

**观察背景：**小朋友们准备上床午睡

**观察记录**

今天是曦曦病愈后第一天来园，她不像以往那样大哭了，情绪相比以前要好得多。午饭后，她坐在小椅子上，看着小朋友们有的上厕所，有的脱衣服，自己却不知道该做些什么。教师走过去问："曦曦，解小便了吗？""没有小便。"她回答。"那就脱衣服上床睡觉吧！现在天气冷了，穿的衣服多了，小朋友都要把外衣脱掉，要不然睡觉会很不舒服的。"（以前曦曦是不肯脱外衣的，因为脱掉后的外衣要放到睡眠室外的小椅子上，那样她就看不到了。）曦曦迟疑了一下，没有像以往那样强烈反对，教师便顺势帮她脱掉外衣，放在小椅子上，领着她走向小床。上床前曦曦突然抬起头问教师："丢得了吗？"教师不解地"嗯？"了一声，曦曦又问："衣服丢得了吗？"教师这才恍然大悟："哦，丢不了！放在班里，老师帮你看着，丢不了，你放心。"于是，曦曦径直往小床走去。

**分析解读**

由于生病，曦曦在家休息了一段时间。虽然好长一段时间没有来园，但由于教师家访和小朋友的电话问候等，曦曦今天来园后情绪比较稳定。她能在教师的提醒下进行午睡，说明已经开始融入集体生活了。同时，她能在教师的劝导下脱掉外衣并同意将其放在自己视线看不到的地方，说明她在这个集体中有了初步的安全感。虽然"丢得了吗？"这句问话说明她对把外衣放在外面仍有一丝担心，但她能够点头接受教师的回答，说明她对教师已经产生了一定的信任感。

**教育策略或下一步观察计划**

☆起床后领着曦曦看一下她的外衣，告诉她所有小朋友的外衣都好好地放在那里，幼儿园就和自己的家是一样的，什么也丢不了。

☆组织"幼儿园像我家"等相关活动，使曦曦感受幼儿园大家庭的温暖。

☆经常用抱一抱、亲一亲的方式爱抚曦曦，和她一起游戏，并给予更多关爱，进一步拉近师幼之间的距离。

（四）

**观察对象**：曦曦（3 岁 4 个月）

**观察时间**：2009 年 11 月 27 日

**观察背景**：小朋友们准备上床午睡

**观察记录**

又到了午睡时间，曦曦坐在小椅子上喊："老师，我不会脱衣服。"教师走过去，边帮她脱衣服边教她脱衣服的方法。曦曦模仿教师的样子叠衣服，然后放在小椅子上摆整齐，往睡眠室走去。路过教师身边时，她笑着对教师说："衣服丢不了！"

**分析解读**

曦曦能主动脱衣服并叠放整齐，说明她已经初步适应了幼儿园的生活，并能主动地表达自己的想法，生活自理能力也有所提高。曦曦面带笑容地说出"衣服丢不了"，说明她已经开始信任教师，信任小朋友，在幼儿园有了一定的安全感。

**教育策略或下一步观察计划**

☆给予曦曦更多的鼓励和帮助，引导其自己穿脱衣服，不断提高自理能力。

☆进一步观察曦曦入园适应的各方面情况。

（案例提供：孙　静）

幼儿参与创建幼儿成长档案的过程，即是学习的过程。不同年龄段的幼儿会表现出不同程度的变化。如小班幼儿可以发现自己入园以来情绪情感上的变化，感受自己的点滴进步，体验成功的喜悦，增强在集体中生活的自信心；中班幼儿则会发现自己更喜欢和同伴交往了，而且在创建和翻看幼儿成长档案的过程中，发现自己逐渐可以解决与同伴之间的矛盾了，语言、动作、绘画等技能水平提高了，自信心也增强了；大班幼儿与幼儿成长档案的互动则更多一些，他们能够独立制订幼儿成长档案内容的整理计划，并且对幼儿成长档案的设计等有自己独特的想法。丰富多彩的幼儿成长档案不仅记录着幼儿成长的点点滴滴，也是鼓励他们不断进步的动力所在。在对自己的幼儿成长档案进行"整理—对比—思考—梳理—回顾"的过程中，幼儿逐渐学会如何进行自我评价，并为自己取得的点滴进步感到自豪。不同年龄阶段的幼儿具有普遍性的特点，但是每个幼儿是独特的个体，因此成长和进步的阶梯是不同的。无论怎样，幼儿成长档案的运用必定会促进每个幼儿在原有水平上的发展。

**（二）促进教师专业成长**

没有建立幼儿成长档案的时候，教师会说自己班上的孩子自己老师最了解。但是，这种了解究竟到了什么程度，只有教师自己心中有数，旁人无从知道。教师对每个幼儿学习与发展的关注程度也会受到幼儿性格特点的影响，那些聪明、活泼或是问题突出的幼儿更容易引起教师的关注。即便教师能公平地关注每一个幼儿，但由于教师缺乏对幼儿行为进行有目的的观察、客观的描述和科学的分析，仅凭经验实施教育，也会在一定程度上制约教育适宜性以及幼儿个性化的健康发展。

幼儿成长档案可以解决上述问题。通过多年的探索与实践，"幼儿是富有个性色彩的主动学习者"这一共识被教师们发掘和提炼出来，幼儿的形象在教师的头脑中逐渐清晰起来。每个幼儿都是与众不同的个体，他们的成长轨迹被披上了一层神秘的、带有个性色彩的面纱。每个幼儿又都是个人学习与发展的主宰者，他们会随时触发内在学习动机，通过与人、物的相互作用建构新的经验。

那么，我们该如何揭开这层神秘的面纱，让幼儿的主动学习与发展清晰可见呢？幼儿成长档案便是一个有效的工具，使得教师将"关注每个幼儿的发展"转化为工作中实实在在的行为。听话、温顺型的幼儿不再是教师的"视觉盲点"；幼儿的每一个细微变化不再被教师的表面忙碌所忽视，他们留在教师脑海中的形象逐渐清晰起来。借助幼儿成长档案，教师发现幼儿的学习特点，识别每个幼儿区别于他人的兴趣以及学习品质，支持他们去富有个性地学习与发展。

通过创建幼儿成长档案，教师可以了解幼儿发展的进程与水平，发现幼儿的个性特点，从而确定引导幼儿进一步发展的计划与策略，并进行因材施教。对于新接班的教师来说，通过查阅幼儿成长档案来了解幼儿更是十分必要的。它为新接班的教师了解幼儿提供了很好的载体，使得他们能更快地深入班级工作，同时更好地融入幼儿当中。

1. 增强把握教育契机的能力

生活即教育，幼儿一日生活中的各项活动在幼儿发展中都具有特殊的价值。日常生活中随处可见教育契机，需要教师做有心人。在创建与运用幼儿成长档案的过程中，教师对幼儿一日活动的观察、对教育内容的选择、对幼儿行为的分析等，对于增强教师把握教育契机的意识和能力起到了有效的推动作用。以下案例（见案例1-4）反映了教师是如何把握教育契机，利用生活环节对幼儿进行观察并予以指导的。

**案例1-4　看我吃得多干净**————————————————

**观察对象：** 轩轩（3岁3个月）

**观察时间：** 2013年9月11日

**观察背景：** 午餐环节

**观察记录**

午餐时，轩轩拿起小勺，舀了满满一勺米饭，还没等送到嘴边，就撒落在桌子上和身上。轩轩又重新舀了一勺。这次，勺子没拿稳，连勺子带米饭一起掉到了桌上、地上。不一会儿，轩轩的衣服上和头发上都粘上了饭粒。经过仔细观察，我发现轩轩的身体离桌面有一段距离，没有坐好。我走过去，帮助他将粘在身上和头发上的饭粒清理干净，把小椅子向前推，引导他靠近桌子，扶着碗吃饭。我边引导边轻声朗诵大家都熟悉的儿歌："乖宝宝，坐坐好，身体向前靠。小饭碗，扶扶好，勺子拿得牢。一口饭来一口菜，自己吃饭真能干。"听到我朗诵儿歌，好几个小朋友调整了自己的进餐姿势。轩轩见我微笑地看着他，便冲我笑了笑，然后紧握勺柄，扶着碗吃饭，再也不掉饭粒了。餐后，轩轩笑着对我说："老师，看我吃得多干净。"

**分析解读**

刚入园的轩轩，虽然进餐时还没有养成良好的进餐习惯，但在教师的提示下，能听懂教师的话，并乐于按照要求去做。

**教育策略或下一步观察计划**

☆继续观察轩轩的进餐情况，帮助他养成良好的进餐习惯。

☆在其他活动中，注意观察轩轩的手眼协调能力发展情况，增强其小手肌肉动作的发展。

（案例提供：张　薇、赵颖颖）


面对新入园的幼儿，教师要在生活环节中多关注幼儿的行为表现，帮助幼儿养成良好的生活习惯。在上述案例中，教师针对轩轩撒饭、漏饭的情况，结合幼儿的特点采用边纠正、边朗诵进餐儿歌等方法，引导轩轩通过直接感知、实际操作和亲身体验主动学习，不断提高其生活能力。幼儿成长档案中的记录内容涵盖了一日生活的各个环节，体现出幼儿一日生活都是教育的理念。作为教师，我们只要留心观察，就会发现幼儿是具有巨大潜能的主动学习者，他们无时无刻不在发现、探索、体验、学习以及变化。幼儿的点滴进步是隐含在一日生活中的，能否被发掘出来，要看教师是否有一双善于发现的眼睛和一颗敏感而包容的心。

2. 准确把握自身角色定位

在幼儿成长档案创建与运用的过程中，教师通过创建、整理、运用幼儿成长档案，逐渐明晰自身的角色定位，转换自身角色，保证了"幼儿主动地学"和"教师有效地教"两者的有机结合。

**★成为幼儿学习的支持者**

下面这个案例（见案例1-5）记录了幼儿主动学习的过程，留下了教师作为幼儿学习支持者的足迹。

## 案例1-5　小熊请客

**观察对象：** 小宝、珠珠、方方等参加表演游戏的幼儿（5—6岁）

**观察时间：** 2014年12月3日

**观察背景：** 表演游戏

**观察记录**

一天，在表演游戏时，孩子们的阵阵争吵声引起了我的关注。

小宝说："我觉得小熊可以把狐狸请进来吃东西。狐狸却出坏主意，趁小熊不注意的时候把小熊的客人小鸡、小猫都吃了，这样才引起了后面小熊找朋友来对付它。"

珠珠说："狐狸多坏啊，不能让它吃掉好的小动物。"

方方也说："不能让狐狸进小熊家的门，它本来就是危险的动物。"

仔细一听，原来是在玩《小熊请客》的游戏表演过程中，孩子们自主创编了很多丰富的情节。但是，每个孩子都坚持己见，不能达成一致，从而使游戏停滞不前。

我走过去询问争吵的原因，小宝说："我是小熊，他们都不听我的。"珠珠立刻反驳："我的想法也挺好，为什么要听你的？"孩子们你一言我一语，互不相让。

见状，我提出了建议："前两天，果果她们在玩搭桥游戏时，也出现了大家意见不一致的情况，但是她们最后很好地解决了，你们可以去问问她，看是不是对你们有帮助。"

通过咨询同伴，孩子们了解到可以采用协商讨论的方法解决问题。然后，他们聚在一起展开热烈讨论，我也参与其中，引导他们认真聆听同伴的想法，一起分析谁的情节创意更趋于合理，并重新制订了表演计划。但在讨论过程中，孩子们还是倾向于自己设计的情节，很难接纳同伴的剧情安排。怎么办呢？这时，我选择坐在观众席，还有几个小朋友也买票加入了观众的行列。小宝他们似乎理解了我们的意图，对其他小演员说："我们都来演一下，看看观众喜欢哪一个。""好啊，好啊！"大家欣然接受了他的提议，开始准备起来。

接下来的两天，大家一起分工、合作，准备新情节所需的道具、材料，展开了一轮一轮的表演。他们还自制了选票，请观众为喜欢的剧目投票。在此过程中，孩子们充分感受到了创造性合作表演的乐趣。

**分析解读**

当每个幼儿都执着于自己的想法，不能达成一致，导致游戏停滞不前时，教师把自主权交给幼儿，让他们自己决定演什么，怎么演，和谁一起演，使用什么道具，有效支持幼儿按照自己的想法、方式来表现故事内容。

**教育策略或下一步观察计划**

☆尝试与幼儿共同收集并观看表演剧目的视频资料，丰富表演经验。

☆支持幼儿在表演游戏后进行自评和他评，向同伴学习，借鉴他人的有益经验。

（案例提供：潘　静）

上面这个案例被教师分别收录到小宝和珠珠的幼儿成长档案中，并针对两个幼儿的不同表现分别进行了分析解读。通过观察记录，我们可以看到教师认真聆听了幼儿的想法，适时提出了建议。她没有急于把自己的意见直接说出来，而是把选择权交给幼儿。幼儿在向同伴学习、借鉴他人有益经验的过程中，学会了如何与同伴协商解决争议。此外，教师还通过以观众的身份参与游戏的方式，为幼儿提供了更多的学习机会，支持他们在自主学习的过程中获得更多的经验。

**★成为幼儿学习的指导者**

在运用幼儿成长档案的过程中，我们越发体会到每个幼儿都具有自己独特的个性，特别是幼儿在参与幼儿成长档案的创建与整理过程中，更能认识到自己独特的价值，知道可以发挥自己的优势，为自己未来人生的发展奠定基础。那么，怎样才能让幼儿富有个性地健康发展，促进他们不断进步呢？教师不仅仅要做幼儿学习的支持者，还要给予正确的引领，有效促进他们的学习与发展。

## 案例1-6　乔梓剪纸

**观察对象**：乔梓（3岁2个月）

**观察时间**：2012年11月9日

**观察背景**：美工区

**观察记录**

乔梓在美工区拿起了一把小剪刀准备尝试剪纸，这是她第二次使用剪刀。一开始，她用右手的大拇指和食指分别捏住剪刀的两个孔，然后对着纸开始剪，结果剪了几下没有把纸剪开。她呆呆地停下了手里的动作。我看到后并没有马上去帮助她，而是继续关注她使用剪刀的情况。

过了一会儿，乔梓换了一张手工纸，又试着剪了起来，但还是剪不开。她举着手中的纸，沮丧地对我说："老师，我剪不好。"我走到她身边，一边拿起剪刀，一边讲解拿剪刀的方法："大个子自己在一个洞洞里，二胖子和三弟弟要一起在洞洞里，然后让小剪刀张开嘴，对准纸后再轻轻地合上嘴。"乔梓模仿着我的样子，尝试剪起纸来。我继续提醒："小剪刀的嘴要对准纸，千万不要让它咬到自己的小手。"在我的语言和动作提示下，乔梓逐渐掌握了使用剪刀的方法，成功地剪开了手工纸。此后，她一直在认真、专注地练习剪纸，直到活动结束。

**分析解读**

对于乔梓来说，尝试使用剪刀是她今天要面对的新挑战。她有勇气尝试并反复探索，直到意识到自己无法解决时，才向教师求助。她敢于尝试新的事物，并懂得运用求助的方法来获得新的经验。

**教育策略或下一步观察计划**

☆在美工区提供一些画有简单线条的彩纸，观察乔梓是否有兴趣继续练习新学到的本领。

☆将乔梓剪好的纸条送到娃娃家做菜肴使用，提高幼儿的成就感。

（案例提供：张　颖）

支持幼儿的主动学习并不代表教师不能进行直接指导，而是需要抓住适当的时机。在上述案例中，我们可以看到，在发现幼儿遇到困难时，教师起初并没有马上介入，而是耐心从旁观察，进一步了解幼儿的问题所在。当观察到幼儿确实因为技能问题要产生挫败感时，教师才适时介入。通过语言提示、动作示范以及关爱提醒，教师在幼儿有需求的时候给予了有力的指导。

**★成为幼儿学习的促进者**

幼儿成长档案的创建与运用，让我们深刻地认识到，在幼儿成长和发展的过程中，教师作为促进者的角色是十分重要的。教师要善于观察了解幼儿的成长发展现状和幼儿面临的困难与挑战，给予幼儿关注与期待。教师要寻求幼儿发展的真实需求，为每个幼儿准确地确立其"最近发展区"，然后通过适宜的方式予以帮助和引领，从而促进幼儿的学习和发展不断深入。对于教师来说，了解幼儿的内在需求是重要前提。幼儿成长档案的运用能帮助教师提升此项能力，走进幼儿的内心世界，在自然而然中促进幼儿的发展。

下面的案例（见案例1-7）反映了教师是如何借助幼儿成长档案了解幼儿的内在需求并给予有效帮助的。

**案例1-7　我棒吗？** ————————————————

**观察对象：**嘟嘟（4岁7个月）

**观察时间：**2013年12月13日

**观察背景**

嘟嘟在幼儿园经常是独自一人活动，很少主动和小朋友、教师交流。打开嘟嘟的幼儿成长档案，我发现嘟嘟的每幅美术作品中都记录着他丰富的语言表达内容，如"这是我的大汽车，我开着车去接妈妈""我画了好多皮球，给小朋友们玩""这是幼儿园的小兔子，我给它吃饼干了"。嘟嘟的妈妈也和我反映，孩子回家特别喜欢把幼儿园的事情讲给爸爸妈妈听。于是，我特别留心观察嘟嘟的表现。

**观察记录**

在活动区游戏时，嘟嘟静静地坐在垫子上看书。我走过去轻轻问他："老师和你一起看好吗？"嘟嘟高兴地点点头。于是，我和他开始一起看书。起初是我来讲故事，讲着讲着，嘟嘟也跟着讲起来。我高兴地说："嘟嘟，你好棒，能自己看书讲故事，今天回家讲给妈妈听好吗？""好吧，今天你跟妈妈会表扬我吗？""当然要表扬！"我肯定地说。整个上午的活动，嘟嘟都表现得特别高兴，自己主动做事情，还不时地问我："我棒吗？"第二天，嘟嘟和妈妈一早就来到幼儿园，妈妈对我说："张老师，嘟嘟今天一早说，'我要上幼儿园讲故事给小朋友们听，老师还夸我故事讲得好呢'。"看着嘟嘟妈妈高兴的样子，我也会心地笑了。

**分析解读**

虽然嘟嘟平时总是一个人做事，但是今天教师的主动加入受到了嘟嘟的欢迎，并且逐渐地从倾听者过渡到积极的表达者，这让教师看到，嘟嘟是喜欢和他人交流的，并且有很好的语言表达能力。教师的赞许激发了嘟嘟做事情的热情，教师的及时关注和鼓励让嘟嘟获得了心理上的满足，做事情更加有信心。

**教育策略或下一步观察计划**

☆在生活中给予嘟嘟更多的关注，通过鼓励、表扬等方式增强其自信心。

☆邀请班内善于交往的幼儿主动和嘟嘟交流，激发其与同伴交往的热情。

☆借助嘟嘟语言能力发展较好的优势，帮助其在同伴交往中建立自信心，得到同伴的认可。

（案例提供：张　颖）

3. 改善自身教育行为

教育行为是教师教育观念、素质修养、学识能力、教育机智等因素的综合外在表现，既包括教师在幼儿面前表现的行为，又包括间接对幼儿发生影响的行为。幼儿成长档案的创建与运用，使教师的教育行为得到了改善。

**★接纳幼儿的想法和做法**

接纳幼儿以往更多地只是停留在教师的口头上。尊重或接纳几个幼儿的想法和做法容易做到，但要尊重和接纳所有幼儿的想法和做法却难以保证。但自从开展了幼儿成长档案的研究，教师们渐渐觉得尊重与接纳每一个幼儿不再是"天方夜谭"，是可以通过观察、记录、分析幼儿的个体差异，提供适宜幼儿发展的环境和指导来实现的。

**案例1-8 娜娜午睡**

**观察对象：** 娜娜（4岁4个月）

**观察时间：** 2013年12月5日

**观察背景：** 午睡环节

**观察记录**

4岁多的娜娜是班里年龄较小的孩子，虽然已经升入中班了，但她对父母的依恋还是非常强烈，特别是午睡环节。娜娜每天在幼儿园都不能入睡，经常说想妈妈。如果教师提醒她睡觉，她便会委屈地哭起来。

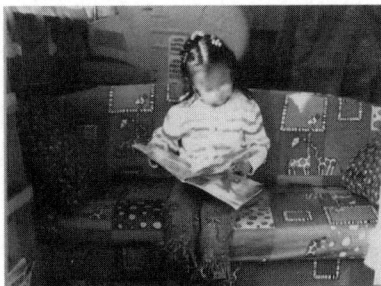

**图1-3**

国庆节过后，娜娜好几天没有来园。我通过和家长联系了解到，原来娜娜因为午睡的问题拒绝来园。家长从幼儿成长档案中了解了孩子在园的实际情况，并听从教师的建议，积极配合把娜娜送到幼儿园。

娜娜刚来的那几天，每到午睡的时候，明显地表现出焦虑不安的情绪，于是我们没有特意强调睡觉的事，而是请她做些其他的事来分散注意力。慢慢地，娜娜不那么紧张了，向我们提出想在图书角的沙发上坐着。于是，我们请她看书，和她聊天，看到她有些睡意时，便拿来被子和枕头，然后陪着她睡觉。第二天，午睡前娜娜悄悄地问："老师，今天我还能在沙发上待着吗？"就这样，娜娜逐渐开始在沙发上午睡了。

看到娜娜的进步，我及时表扬了她，增强了她的信心。

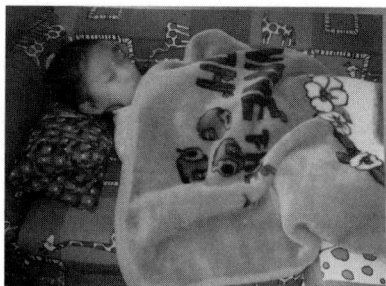

图 1-4

随着娜娜午睡情况的好转，我们把娜娜的小床搬到了沙发旁边，鼓励她躺在小床上睡觉。这一次娜娜没有拒绝，欣然接受了教师的建议。

我把娜娜的变化记录到她的幼儿成长档案中，并再次与家长进行了沟通。家长看到娜娜的进步非常开心，并承诺在家多给孩子鼓励和肯定。

转眼到了 12 月，娜娜的午睡情况已经基本正常了，我们又把娜娜的床搬回了睡眠室。午饭后，娜娜主动把小椅子挪到边上，边脱衣服边说："今天我和小朋友一起睡在屋里了。"看到娜娜高兴地和大家一起准备午睡，我们都感到莫大的欣慰，并用照相机记录下这一时刻。因为，这不仅仅是表面上看到的娜娜能够在幼儿园午睡了，也是娜娜建立了对

图 1-5

教师的信任和对班级的归属感。和谐的师幼关系，让我们的幸福感油然而生。

### 分析解读

在将近两个月的午睡历程中，娜娜的焦虑情绪得到了有效缓解，教师采取的有针对性的策略取得了教育成效，让娜娜对同伴、教师及幼儿园逐渐产生了信任感。同时，家长的积极配合也是至关重要的，针对娜娜这样心思细腻、对于家庭依恋感强的幼儿，更加需要家庭的支持和配合，帮助幼儿顺利度过分离焦虑期。

**教育策略或下一步观察计划**

☆继续观察娜娜在一日生活各环节中的情绪表现，随时给予关注。

☆设计相关课程，帮助娜娜了解情绪产生及变化的原因，逐渐提升自我情绪管理的能力。

（案例提供：张　颖）

**★提高观察能力**

观察是了解幼儿、走进幼儿内心世界的必要手段，教师通过有目的、有计划的观察，获得了大量具体、真实的信息。在幼儿成长档案创建之初，教师由于观察的目的性不强，描述幼儿在活动中的表现比较笼统和简单，往往使观察记录流于形式，失去了观察的意义。通过不断的实践研究，教师逐渐理解了观察的意义，掌握了观察的方法。在组织幼儿活动时，教师会对幼儿是否大胆表达、是否认真倾听、是否和同伴有交流、是否积极主动参与活动等方面进行有目的的观察，将观察到的信息以不同的形式收集在幼儿成长档案中，同时筛选出有价值的信息并进行分析，以促进幼儿的成长。可以说，幼儿成长档案的运用大大提高了教师的观察能力与水平。下面的两份案例（见案例1-9、案例1-10）出自同一名教师在不同时期做的两份观察记录，反映了该教师观察水平的不断提高。

**案例1-9　旭旭哭了**————————————————————

　　**观察对象：**旭旭

　　**观察时间：**2012年6月6日

　　**观察背景：**积木区

　　**观察记录**

　　孩子们正在玩积木，只有旭旭一个人坐在那里扯衣服角，她时不时朝积木区看一眼。我走过去问："你想玩吗？"她点了点头，没说话。过了一会儿，她站了起来，慢慢走进积木区开始搭积木。突然，浩浩一边抢旭旭手里的玩具一边说："我要搭游乐场。"文博见旭旭没有说话，也去拿她的

25

积木，说："我要搭木马。"旭旭仍然没有说话，只是脸上有些不高兴。又过了一会儿，思琪也来拿她的玩具，只见旭旭一把将自己的玩具全抢了回来，然后其他小朋友把她搭好的积木打乱了，旭旭委屈地哭了起来。

**分析解读**

旭旭的爸爸妈妈工作很忙，她从小由奶奶照顾。奶奶平时对她过度照顾，过分保护，实际上剥夺了她锻炼的机会，造成她缺乏必要的生活自理能力，缺乏活动能力、游戏能力、解决问题的能力，不会与他人交往，事事依赖他人，遇到困难不知所措，缺乏自信心。

**教育策略或下一步观察计划**

☆在班级活动中进一步观察旭旭，发现她的闪光点，抓住时机帮助她增强自信心。

☆从旭旭感兴趣的事情入手，鼓励她大胆用语言与别人交流。

☆在游戏中，引导能力较强的幼儿与她共同游戏，激发旭旭参与游戏的积极性。

☆加强与家长的沟通，并提出科学育儿建议，如榜样模仿、正面引导、参与社交活动等。

（案例提供：孙　丹）

### 案例1-10　能干的帆帆

**观察对象**：帆帆（3岁1个月）

**观察时间**：2015年5月14日

**观察背景**：新创设的娃娃家，孩子们在一起游戏

**观察记录**

今天帆帆又选择了在娃娃家中当妈妈，和绣绣一起游戏。游戏开始，帆帆走进小美家，小心翼翼地抱起娃娃说："小美呀，你身上太脏了，妈妈帮你洗澡吧。"然后，帆帆将小美放进了澡盆，从头到脚有顺序地洗，每个部位都洗到了，洗得很干净。洗完后帆帆用浴巾裹住小美，紧紧地抱着她，嘴里念叨着："妈妈这样抱着，你就不冷了。"帆帆

说完开始帮小美穿衣服、梳头、吹头发，弄得还真是有模有样的。帆帆又拿起小奶瓶给小美喂奶，只见她先从消毒锅里取出小奶瓶，在手背上试了试奶的温度，然后轻轻地将小美搂在怀里喂她喝奶，喂完后将小美小心地放在床上。紧接着，帆帆将衣架上晾干的衣服拿到桌子上熨了起来。这时，绣绣要带着小美出去买菜。临走时，帆帆叮嘱道："早点回来，别冻着孩子，外面的东西别瞎吃，多喝些水。"过了一会儿，帆帆又拿起电话打给隔壁丽丽家的甜甜："喂，甜甜，我正在熨衣服，你家有衣服吗？我帮你熨吧。"说完，帆帆放下电话向丽丽家跑去。

**分析解读**

帆帆很喜欢体验妈妈的角色，角色意识非常强。她能将生活经验运用到游戏中，通过给娃娃洗澡、喂奶等方式照顾娃娃。她做事有条不紊，始终沉浸在照顾娃娃的情境中，是个有爱心的"好妈妈"。她在游戏中能主动发起与同伴的互动，并调动经验丰富游戏内容，是个积极主动的游戏玩伴。

**教育策略或下一步观察计划**

☆鼓励帆帆加强与同伴的沟通与交流，共同游戏，一起照顾娃娃。

☆帮助帆帆丰富游戏相关经验，如如何做礼貌的小主人、怎样做小客人等。

☆进一步观察帆帆在其他游戏中的行为表现，鼓励她到其他区域游戏，促进其各方面能力的提升。

（案例提供：孙　丹）

在案例 1-9 中，教师记录了幼儿在活动中的行为表现，观察到幼儿目前存在的问题并进行了分析。在案例 1-10 中，教师对观察项目提前做了思考，展开了有目的的观察，详细描述了幼儿在相关方面的语言、动作等。对比两则案例，我们不难发现该教师观察分析能力的提升。在案例 1-9 中，教师观察的目的性不强，因此观察盲目，记录也不清晰，看不出要反映的问题。在案例 1-10 中，教师明确了观察什么，怎么观察。教师明确了观察幼儿的目的在于发现幼儿独特的特点，将关注点放在幼儿能够做些什么，幼儿是怎样接近问题、怎样尝试解决问题以及如何在活动中自得其乐的。通过观察，教师准确地分析出幼儿的个性特征。

**★提高指导能力**

教师依据幼儿成长档案中的记录分析，从而判断幼儿的发展水平并进行适时适度的指导。对幼儿年龄特征和个性特点的精准把握是教师提供适宜指导的基础。通过幼儿成长档案的运用，教师的指导能力也得到了提升。

## 案例1-11 小汽车开起来了

**观察对象**：靖靖（4岁9个月）

**观察时间**：2007年5月9日

**观察背景**：区域活动

**观察记录**

靖靖昨天和几个要好的朋友约好第二天一起玩自己制作的小汽车。今天，靖靖按照自己的计划，打算用从家带来的铁丝连接用药瓶盖做的轱辘与用废旧纸盒做的车身，但由于铁丝较长，不好截断。这时，看到他带着渴求的目光对我说："刘老师，您能帮我把这根铁丝弯

图1-6

过去吗？"看着粗硬的铁丝，尽管我知道很难弄断它，还是试了试："好啊，我来试试看……哎呀，它真的很硬，我也弄不动。你说，这可怎么办呀？"看着他为难的样子，我建议一起到美工区，去找找有没有可以替代的材料。他很快选择了一根粗毛线。我明知这个材料并不合适，还是尊重了他的想法。回来后，我们一起试了半天但穿不过去。他好像意识到了问题所在，告诉我："不行，毛线太粗了。"这次，他主动拉着我的手又来到了美工区，选择了一根细毛线。我耐心地等待并辅助他将毛线从轱辘和车

身中穿好，然后与他一起欢呼："太好了!"

然而，新问题又出现了。"该怎么固定辄辘呢?"听到我的自言自语，他开始动脑筋，然后将毛线两端交叉后系了一下。这样看起来是挺好的，但其实我很清楚，只系一下马上就会松开。可是，我并没有急于告诉他结果，而是征求他的意见："这样就行了吗?""行!""那我可放手了?""放吧!"他果断地回答我。结果，扣松开了，辄辘掉了下来。"这可怎么办?"我有些为他着急。他虽然有些失望，但是坚定地告诉我："没关系，再系一次。"他又照样系了一次，我问他："我能放手了吗?"听到我这么问，他立即说："先别放手。"然后，他看了看，想了想，又系了一下。这回，他吸取教训弥补了刚才的失误。

虽然系好了，可是辄辘并没有被固定在车身两侧，然后靖靖采取了最简单又直接的方法——用手把辄辘摆好。看上去，这还算不错。可是，他没有想到这样的车是不能移动的，一动就要出问题。虽然我给了他两次暗示，但他仍然坚持自己的做法，我也就接受了，希望为他提供探索的空间。

果然，当靖靖与几个小伙伴一起玩各自做好的小汽车时，发现自己的小汽车总是不听话，怎么也开不起来。看着他不知所措的样子，我及时引导他去研究同伴的车。在玩与交流的过程中，他调整了自己的想法，用数棒当轴。终于，他的小汽车可以开起来了，他玩得好开心!

**分析解读**

靖靖平时做事喜欢依赖别人，今天却一直在努力尝试怎么将辄辘与车身连在一起。我很庆幸没有一开始就急于将方法与答案告诉他。虽然费了许多周折，但他始终没有放弃。当小汽车开起来的时候，他是发自内心地开心。我今天也很开心，因为看到了一个不一样的靖靖：他有想法和主见，能够按照自己的设计完成小汽车的制作;他的小手很灵巧，能够选择毛线连接车身与辄辘，看上去有模有样;他能够听取建议，遇到问题时努力寻找解决方案，整个人也更加自信了。

**教育策略或下一步观察计划**

☆抓住靖靖喜欢动手制作小汽车的兴趣点，鼓励其继续收集不同的材料进行制作，从中体验材质不同，连接轴辘方法就不同，探索解决不同技术难点的方法。

☆在低矮的玩具柜上提供不同功能的汽车玩具，满足靖靖和其他喜欢小汽车的幼儿的需求，从中观察，支持幼儿进一步的探究。

☆在班内办车展，引导靖靖在集体面前讲述自己制作小汽车的故事，发展其语言表达能力。

☆与靖靖父母沟通，阐明幼儿兴趣背后的学习和发展价值，鼓励家长支持幼儿的想法，为靖靖的深度学习提供宽松的家庭氛围。

（案例提供：刘　健）

4. 促进教育评价能力提高

教育评价是了解教育的适宜性和有效性，调整和改进工作，促进幼儿发展，提高教育质量的必要手段。幼儿成长档案收集了幼儿的作品、照片、语言等不同内容。教师依据这些内容，对幼儿的活动表现、达到的水平和发展可能性做出价值判断，进行客观评价。评价的最终目的是调动幼儿学习的主动性和积极性，促进幼儿全面发展，同时提高教育的实效性。因此，教师对幼儿的评价，应该具有科学性、合理性、客观性，这样才有利于达到良好的教育效果。

我们深知教师的观察、分析、判断能力的提高不是一蹴而就的，它将经历一个漫长的过程。伴随着幼儿成长档案研究的深入开展，教师积累了大量的观察记录和分析案例，这些为教师评价幼儿和自身教育适宜性提供了有力支撑，便于教师在分析、解读的基础上及时调整教育行为，促进教育评价能力提高，帮助幼儿获得发展。

下面的案例（见案例1-12）展示了教师是如何通过调整思考问题的角度，提高分析判断的能力，从而更加客观地对幼儿进行教育评价的。

**案例1-12　明明的故事**————————————————————

（一）

**观察对象：**明明

**观察时间：**2007年10月17日

**观察背景：**集体活动

**观察记录**

教师开始给大家讲故事，明明是最后一个搬小椅子坐过来的，他刚一坐下就开始摆弄衣服上的扣子。5分钟后，明明被窗外传来的声音吸引，然后他把头转向了窗外。这时其他小朋友都在抢着回答问题，于是教师提醒他："明明，注意听小朋友是怎么说的。"9：25，教师组织幼儿讲述故事时，明明表情茫然，左看右看，直到活动结束。整个活动过程中他没有发言。

**分析解读**

在整个活动过程中，明明虽然和大家坐在一起，但并没有实际参与活动，对于故事内容不关注，没有回答问题的意愿，是不喜欢这个故事吗？周围环境和声音总是会吸引明明的注意，教师需要更多地了解明明的兴趣和需求。

**教育策略或下一步观察计划**

☆观察明明在其他活动中的表现，进一步了解其兴趣点。

☆与家长沟通交流，了解明明在家中的活动情况。

（二）

**观察对象：**明明

**观察时间：**2007年10月18日

**观察背景：**益智区

**观察记录**

早饭后，明明选择了益智区的磁板图形组合玩具。

8：40—8：45　组成一幅有树、有蝴蝶的图案。

8：45—8：50　重新组成新的图案：三个长条形在下面，上面有云彩的图案。

教师说："你拼的是什么呀?"

明明说："是一条马路。"

教师说："马路上都有什么呢?"

明明说："这条马路可以变成河。"（拆掉这幅图，重新拼）

8：55—9：05　继续丰富马路的画面，有树、房子，还有不知名的组合，各种图形贴满了磁板。

收区音乐响起时，明明才开始收拾，离开益智区。

在半个小时的活动过程中，明明一直在玩磁板拼图，中间有教师来喂药、其他孩子之间的争吵，都没有影响到明明的活动。

**分析解读**

在自选游戏中，明明能够专注、认真地完成自己的游戏内容，有自己的想法，不受其他因素干扰，有一定的坚持性。

**教育策略或下一步观察计划**

☆在集体活动中，增加与明明的互动频次，吸引其注意力，逐渐培养其专注力。

☆根据不同活动目的，通过完成特定任务等形式，提高明明的持续注意时间，形成良好的学习品质。

## （三）

**观察对象**：明明

**观察时间**：2007 年 10 月 19 日

**观察背景**：早、午餐

**观察记录**

吃早饭时，明明就一直注视着某一个地方发呆。教师提醒他多次，每次都是提醒一次吃一口，或者在教师的督促下才一口接一口地吃。

午饭时间，最后只剩他一个人了，明明还是看看这里，看看那里，最后在教师提醒下才吃完。

**分析解读**

明明在集体活动和进餐环节中，注意力特别容易转移；而在自选游戏中，他自始至终都能专注地完成游戏内容，不受外界干扰。明明的注意力表现出两个极端。通过初步分析，教师发现明明可能在倾听方面存在一些问题，没有接收到教师和其他人的语言信息，因此无法转化为自身的行为。而在自选活动中，明明可以完全按照自己的意愿进行活动。从这点可以看出，明明的注意力能够集中，而且不易受干扰，教师需要一种教育策略先解决明明倾听习惯的养成问题。

**教育策略或下一步观察计划**

☆进一步观察明明在各项活动中倾听、理解方面的行为表现，给予适宜的指导和帮助。

（案例提供：张　颖）

通过案例1-12我们可以看出，该教师在针对记录进行客观分析方面的能力还有待提高，而且这也是大多数教师普遍存在的问题。于是，在征得她的同意后，我们将这份个案作为典型案例开展了集体反思。通过思想的碰撞，大家共同归纳出三个在评价中应注意的问题：一是观察目的要明确，观察记录方法要适宜，这样信息才会全面、具体，分析才更有针对性；二是教师要把握幼儿的年龄特点和幼儿在所观察项目方面的现有发展水平，这样分析才能到位；三是教师要掌握所观察项目的相关理论知识，确保分析的科学性和准确性。

该教师在她的研究心得中重新对明明的表现进行了分析解读，并提出了预想教育策略。

中班的明明在活动中经常表现出精神不易集中的现象，为了探明原因，我在一日生活的不同环节对其行为进行了观察与记录。三次的观察结果表明，在集体活动和进餐环节中，明明的注意力易分散或转移；而在自选游戏中，他不仅能积极参与，而且认真专注，在活动中积极思考，并实践自己的想法，还做到了不受外界干扰，坚持做一件事情。

为了能更准确地分析造成明明在不同活动中注意力表现不同的原因，我重温了幼儿注意发展的特点：幼儿期注意发展不稳定，易分散；无意注意占优势，有意注意初步发展。

由此看来，幼儿感兴趣的、喜欢的事物更容易引起幼儿的无意注意，因而明明能够在自选游戏中长时间地专注于自己感兴趣的磁铁玩具。中班幼儿的有意注意正在逐步发展，明明在集中活动和进餐环节的行为表现较同龄幼儿有差距，一方面说明他对于讲故事、进餐等兴趣不足；另一方面说明他在语言发展方面需要培养，特别是倾听能力的培养。我会在接下来的活动中帮助明明学会倾听与主动表达，例如：进餐前通过介绍食谱引发明明及其他幼儿对饭菜的兴趣；集体活动中多给明明创造表达与表现的机会；鼓励明明在亲身感知、实际操作和亲身体验中学习，不断延长其有意注意的时间，培养幼儿良好的学习品质。

通过案例1-12中同一名教师对同一案例的两次分析，我们可以看到，教师的评价能力在慢慢提升，尽管在研究初期，她的一些分析和教育策略还有待完善，但教师已经开始有意识地针对幼儿的年龄特点及具体的观察项目来学习相关的理论知识作为分析的依据，并能够针对幼儿的个体表现提出具体的预想教育策略。这就是可喜的进步。下面的这份档案（见案例1-13）记录来自一名青年教师。

## 案例1-13　为动物园建门

**观察对象**：端端（4岁7个月）

**观察时间**：2014年3月18日

**观察背景**：积木区建构游戏

**观察记录**

今天，在建构区里，端端和同伴一起搭建动物园，由于孩子们有搭建房子的经验，所以很快就搭出了恐龙馆、大象馆、老虎馆。哲哲给动物园搭了围墙。

恬恬问："动物园都没有门，我们可怎么进去啊?"

端端说："我们拆掉围墙中的一块积木，然后建一个大门。"说着端端拿掉一条长方形积木，拿来两个圆柱形积木当作大门。

佳和说："你这个大门太简单了，不像动物园的大门。"

端端听了同伴的想法，继续改造大门，可是试了几次都没有成功。于是，我走过去帮他扶住两个圆柱形积木，请他看准两个圆柱体之间的距离再去选积木。端端继续尝试，最终选择了一块较长的积木在两个圆柱体上立住了，端端又在上面加了三角形、星星等形状的异形积木进行装饰。

图1-7

**分析解读**

端端有一定的搭建基础，很快就与同伴搭建好了动物园。在搭建大门的过程中，他善于听取同伴的意见，而且有自己的想法，并努力去实现。在多次尝试搭建"桥式"的过程中，由于掌握不好两个桥墩之间的距离而没有成功。但他并没有气馁，在教师的帮助下进一步尝试，最终获得了成功的体验。

**教育策略或下一步观察计划**

☆运用观察"桥式"的建筑物、模型等方式，帮助端端建立建筑物"桥式"的空间关系，并鼓励他学习与同伴共同协商解决问题。

（案例提供：郝建营）

在案例1-13中，通过教师对端端的分析解读可以看出，教师已能从合作游戏水平、交往能力、积木建构水平、学习品质等多个视角看待幼儿的发展变化。教师评价能力的提高正是在幼儿成长档案的创建与运用中实现的，这也使得教师对自己的专业成长更有信心。

5. 提高自我反思能力

教师成长等于经验加反思。反思能力的提高是教师主动发展、获得专业化成长的核心要素。教师的反思能力是随着反思实践活动的深入而不断发展和提高的。幼儿成长档案的创建和运用为教师搭建了一个极佳的平台。教师通过记录幼儿的表现，分析幼儿的特点，不断审视与思考，学会自我反思与剖析，对自身的教育行为进行考量，解决教育过程中存在的问题，因而，反思能力也得到了明显提高。

## 案例1-14　打电话

**观察对象：** *涵涵*

**观察时间：** 2014年3月

**观察背景：** *自主游戏活动*

**观察记录**

今天，涵涵选择了娃娃家。她来到娃娃家的第一件事就是给妈妈打电话："妈妈，我是涵涵，我在幼儿园给你打电话呢，涵涵想妈妈!"然后，她又给奶奶打电话："奶奶，你在幼儿园门口等我。"涵涵又给爸爸打电话……看到涵涵打电话时开心的样子，正在旁边哄宝宝睡觉的婷婷赶紧放下宝宝，也拿起电话机，给妈妈打电话。她打了好几遍，没有听见妈妈的声音，只好求助会打电话的涵涵："涵涵，你给我妈妈打电话。"涵涵很无奈地说："打不通。"婷婷不相信："你帮我打电话。"涵涵只好实话实说："我是假装打电话。"婷婷似乎相信了涵涵的话，继续哄宝宝睡觉，涵涵又开始打电话了。

**分析解读**

涵涵能够根据自己的想法做事情，并且在游戏中采用打电话的方式表达自己想念家人的情感。她虽然很爱自己的家人，但正在努力学习适应集体生活，学习与小朋友一起游戏。

**教育策略或下一步观察计划**

☆利用一日生活各环节了解涵涵与同伴的交往情况，实施有针对性的指导。

☆通过开展角色游戏及创设背景墙饰，让涵涵对家有更多的了解和认识，迁移生活经验，丰富幼儿的角色意识及交往技能。

☆帮助涵涵建立规则意识并提供多层次的游戏材料，激发幼儿与材料的互动。

（案例提供：原　帅）

在幼儿成长档案的运用过程中，我园通过定期交流来分享幼儿的进步和教师的成长。这样的一个平台有效地促进了教师反思能力的不断提高。

### （三）促进幼儿园课程的发展

幼儿总是在不断地变化、发展的，通过分析幼儿成长档案中的记录，教师能够了解幼儿的发展轨迹，从其行为的发生、发展判断幼儿的需求，敏锐地捕捉这些发展变化的行为中所蕴含的教育契机，挖掘教育价值，有针对性地设计适宜的课程。下面的案例（见案例1-15）就是教师在观察的基础上，借助幼儿成长档案了解幼儿的兴趣需求，与幼儿共同设计、调整的课程活动。

### 案例1-15　皮影戏

**活动来源**

开学了，东东带来的一个皮影引起了大家的关注，孩子们对这个能动的皮影充满了好奇，一个个问题从他们的头脑中冒了出来。

三名教师利用午休时间，重温了幼儿成长档案中记录的幼儿对话，意识到孩子们对皮影产生了浓厚的兴趣，表现出很强的探究欲望。于是，教师对开展皮影相关活动进行了价值判断，发现这个活动蕴含着符合大班幼儿年龄特点的教育目标，幼儿在参与活动的过程中可以了解更多的民间艺术及其文化内涵。教师通过开展多种形式的活动不断建构多领域的新知识与新经验，促进幼儿语言表达能力、创造能力、探究能力、合作能力等的发展。由此，皮影戏这一主题活动生成了。

**活动一：交流欣赏**

随着年龄的增长和原有经验的丰富，大班幼儿能够更加主动地在自己的生活中去寻找、获取与活动相关的信息。教师顺应幼儿需求，为幼儿创设宽松的氛围，通过集体交流、同伴分享等策略，给予幼儿经验共享的机会。在交流中幼儿丰富了原有经验，也获得了从不同渠道获取信息的新经验。幼儿在收集皮影相关材料的同时，也获取了关于中国民俗艺术的内容，比如泥人、剪纸、风筝、青花瓷等。孩子们把带来的相关图片、实物等材料摆放在美工区展示。在交流和欣赏中，了解民俗艺术的多样性，感受不同艺术品在色彩、构图、结构、韵味等方面的美。

### 活动二：操纵皮影

皮影制作成功后，孩子们开始尝试操纵皮影。在操纵过程中一个个问题出现了，比如双手怎样摆弄操纵杆才能让皮影的手或脚动起来，有三根操纵杆的皮影怎么拿才能便于皮影活动自如，等等。当台下观看表演的幼儿看到皮影在幕布上显出来的栩栩如生的影子时非常兴奋，露出了惊喜的神情，情不自禁地拍起了手，还会不时地提醒台上表演的幼儿："皮影拿得再近点，再举高点。"渐渐地，孩子们会根据故事内容不断变化皮影的姿势。此时，表演皮影戏成了幼儿的兴趣需求。幼儿参与表演的过程，也是幼儿主动探究、不断丰富经验的过程。

### 活动三：皮影小剧院

为了更好地满足幼儿的兴趣需求，我们班的皮影小剧院成立了，为幼儿提供了更多的表现空间，同时又引发了幼儿更多的关注点。小剧院每天要表演的剧目怎么安排？每个幼儿都有自己的建议，于是大家决定通过投票来决定。教师先选取了孩子们最喜欢的几本绘本，然后请每个人给自己喜欢的绘本投票，最后得票最高的绘本《白雪公主》便成了第一个表演剧目。

在表演了一段时间后，幼儿开始自主续编、创编故事情节，重新绘制剧本，自编自演了《白雪公主之奇遇记》《白雪公主之王子的冒险》等新的剧目。看到孩子们在积极地准备表演，教师提出了新的问题："谁来做观众呢？怎么让观众知道

图1-8

今天你们表演什么呢？""我去邀请好朋友。""我们要画宣传海报。""还得卖门票。"孩子们想出了很多办法。就这样，新的活动内容又开始了，孩子们绘制海报、设计门票、安排张贴座位号、确定开场时间、协商剧场人员的分配等。

在新年的开放活动中，孩子们为幼儿园其他班级的小朋友和爸爸妈妈们表演了皮影戏，得到了大家的赞扬，孩子们非常自豪和高兴。每个参与游戏的幼儿都在积极主动地完成各自的任务，同时又能和同伴友好协商，共同配合。教师也在尊重幼儿学习方式的基础上，适宜地给予回应和支持，为幼儿搭建台阶，促进幼儿主动发展。

**活动四：制作皮影**

随着皮影戏表演的深入，幼儿又出现了新的需求，他们不再满足于使用现成的皮影进行表演，而是想要表演自己喜欢的绘本故事。但是现成的皮影里并没有这些人物，于是幼儿萌发了自己制作皮影的愿望。根据前期对皮影结构的了解，幼儿收集了他们认为可以使用的

**图 1-9**

材料，比如用卡纸、透明膜、纸夹子等来做皮影主体，用一次性筷子、吸管、铅笔等来做操纵杆。在连接皮影部位时，有的幼儿尝试用透明胶带，但是粘上的胳膊却不能动，于是又改用钉子把胳膊与躯干连在一起，这下可以活动了但钉子很容易掉。就这样，孩子们尝试着，探究着，在成功与失败的交替中不断地积累经验，在探究中获得乐趣。

在制作皮影的过程中，幼儿遇到了一些技术难点，比如如何连接、如何让人物的影子更清晰等。在这些活动中，幼儿更多的是采用探究式的学习方式，经验的获得需要幼儿通过实践操作才能完成。教师在科学区投放了相应的材料，如投放现成的皮影，可以引导幼儿进行观察，发现连接的方法和原理；又如，投放连接的辅助材料，可以让幼儿不断尝试，找到最适宜的连接材料；再如，组织开展光影的科学活动，帮助幼儿感知科学原

理。教师在观察的基础上设计适宜的活动支持幼儿的探究，解决幼儿在制作皮影过程中遇到的困难，帮助幼儿获得了成功的体验。

在皮影戏活动中，教师观察记录幼儿的行为表现，发现幼儿的兴趣需求，有针对性地设计课程，帮助幼儿学习有计划地做事，养成认真专注、不怕困难、敢于尝试和探究、乐于创造和想象等良好的学习品质。

（案例提供：张　颖、曹　菁、杨　杨）

在课程实施过程中，幼儿的发现、探究、学习过程都被教师细心地记录在幼儿成长档案中，并依据每一次观察的结果，与幼儿共同设计新的活动。在第六章中，我们还将就如何将观察结果和课程设计有机结合进行进一步阐述。

总之，教师的专业化水平要在教育实践中磨炼、发展和提高，而幼儿成长档案的创建与运用为教师提高教育实践智慧提供了最真实、最鲜活、最具挑战性、最有效的平台。所以说，运用幼儿成长档案的过程是教师有目的地将教育实践及时记录，通过科学的分析上升为教育理论，然后再将教育理论运用于教育实践的过程。这一过程将引导教师实施适宜的教育，使教育理论和教育实践有机地结合，对教师的专业化成长将产生不可替代的重要影响。

# 第二章　幼儿成长档案的创建准备

基于多年来为幼儿创建成长档案的经验及探索，通过与众多来自全国各地同行的交流，我们觉得要想开展此项工作，或者说要想将幼儿成长档案工作有效地推进下去，不仅需要物质上的投入，还要做好心理建设。只有明确了开展此项工作的真正目的及意义，才能因地制宜地投入，保证此项工作的顺利实施。那么，创建幼儿成长档案之前应做好哪些必要的准备呢？

## 一、必要的物质准备

从第一章的案例中，我们可以看到，为幼儿创建成长档案，物质材料是必不可少的，它是成功创建幼儿成长档案的必要条件和根本保证。我园根据实际情况，为幼儿、教师制作幼儿成长档案提供了大量物质支持。

### （一）幼儿成长档案的结构

幼儿成长档案到底是什么样子的？由哪几部分组成？幼儿成长档案既有以册子形式存放的，也有以袋子形式存放的。在最初创建幼儿成长档案时，我们会先选择档案册来收纳，这样便于所有人阅读。之后，随着幼儿成长档案内容的不断增多，一些比较有价值的内容或幼儿自己希望保留但不是典型内容的资料，也会收纳到档案袋中保存。档案册或档案袋作为幼儿成长档案的物质媒介，集合了幼儿成长的各种信息资料。

幼儿成长档案一般包括以下几个部分。

◆ **幼儿基本情况介绍**

第一页或前几页应有幼儿的生活照及简单介绍，包括姓名、年龄、生日、兴趣爱好、身体状况、饮食习惯以及能力等方面的情况。

◆ **典型信息资料**

记录幼儿成长历程的部分，包括幼儿的作品、照片、视频光盘、教师或家长对发生在幼儿身上的真实事件的记录、幼儿的作品分析、评价表格等。这些内容反映了一段时间内幼儿付出的努力，取得的进步与潜在的发展空间。它是幼儿在真实情景中表现出来的各种信息，是幼儿成长过程的真实体现。

◆ **个性化标志**

贴在档案册的侧脊上，方便幼儿找到自己的档案册，如便利贴、照片、图片以及幼儿自己设计的小标记等。

◆ **分隔画页**

用来将不同年龄班的内容隔开，便于读者了解幼儿不同时期的成长历程。

以东东的幼儿成长档案为例，里面收录了东东在园期间各个年龄阶段的典型资料，读者可以对档案的实际样貌有一个初步认识。

微信扫描二维码，阅读
东东的幼儿成长档案

**（二）创建幼儿成长档案所需的物质材料**

1. 档案册（袋）

档案册（袋）是档案内容的载体。每年我园都为入园的新生提供2~3个40页的档案册和1个档案袋，以满足教师为每个幼儿制档的需求。

2. 数码相机、录音笔和录像机

每班配备1台数码相机，有条件的幼儿园还可准备录音笔和录像机等，便于教师对幼儿的情况进行及时有效的真实记录，为事后分析解读提供客观信息。园所应根据这些设备性能的情况定期更换，便于教师为幼儿保留影像、照片、声音等重要的原始资料。手机也可作为教师收集原始资料的重要工具。

3. 幼儿照片

幼儿照片包括头像照片、生活照片及活动照片等，为档案侧脊布置、幼儿基本情况介绍、幼儿活动中的真实表现等提供鲜活素材，同时辅助家长、教师对幼儿表现做记录与分析，方便读者理解观察记录的内容。园所应为每个班级提供照片冲印的经费，保证教师能及时将幼儿的照片冲印出来并放入幼儿成长档案之中。

4. 各类表格

各类表格包括《年度幼儿整体发展状况表》《幼儿作品分析记录表》《幼儿观察记录及分析表》等。这些表格由幼儿园根据不同年龄班幼儿年龄特点进行编制、印制并定期发放至各班，剩余表格存放到幼儿园资料室中，以便教师随时续领。

5. 彩色纸

彩色纸可以用来衬托幼儿照片、作品以及文字记录等。利用不同颜色的衬纸以区分档案的留存时间、内容或不同的记录形式等，使档案更加美观有序、便于阅读。我园还为教师提供了一些印有不同边框图案的记录纸，方便教师根据需要取用。

6. 即时贴

也称便利贴，教师可随身携带，便于随时随地记录幼儿的行为表现，根据需要粘贴到观察记录纸上。

7. 卡通贴纸、彩笔、剪刀

这些都是制作幼儿成长档案的必备材料和工具，平时储存在幼儿园资料室，教师可根据需要随时领取，特别是一些漂亮小贴纸，使得教师拥有了更丰富的素材，让幼儿成长档案变得活泼生动。卡通贴纸一般会放在班里的公共区

图 2-1

域，便于幼儿取用。幼儿可以按照自己的想法来美化自己的成长档案，也可以使用不同的贴纸对自己的内容进行分类。

8. 固定摆放档案的柜子

每班有固定摆放幼儿成长档案的柜子，且柜子高度适合幼儿取放。摆放位置要在幼儿视线之内，便于幼儿取放并随时回顾自己的档案、参与档案的创建与整理。

为幼儿创建成长档案可能会引发大家对另一个现实问题的思考，即投入成本的问题。

不同地区的条件不尽相同，投入的物质材料也有所区别，特别是在一些偏远、欠发达地区，是不是就无法开展幼儿成长档案的创建工作了呢？当然不是！即使是在物质条件艰苦的环境中，创建幼儿成长档案仍然是可行的。

从成本的角度来看，档案的形态是不固定的。如前所述的幼儿成长档案形态，只是一些例证，教师可以根据实际情况进行调整。记录的方式方法也可根据当地的实际状况进行调整以适于自己所在地区的经济水平。只要教师将幼儿成长档案的建立过程视为发现过程，在每天的工作中将幼儿的心理及行为改变有意识地记录在幼儿成长档案中，并据此不断地调整自己的课程计划、教育行为，更好地促进不同幼儿的健康发展，那么就发挥了幼儿成长档案的价值。

## 二、充分的思想与能力准备

幼儿成长档案工作的开展为幼儿成长、教师专业发展、家长素质提高、园所理念确立带来了不可忽视的价值。因此，我们认为，幼儿成长档案以什么方式制作乃至物质资源是否丰富，与对幼儿成长档案的正确认识相比，都是次要的。有充分的思想和能力准备，有效利用幼儿成长档案，是关注与促进幼儿学习与发展的需要、促进教育公平性的体现。

**（一）树立正确的儿童观**

儿童不同于成人，正处于发展之中，有自己独特的认知方式和成长特点。现代儿童观强调，儿童的本质是积极的，他们本能地喜欢和需要探索学习。他们的认知结构和知识宝库是其自身在与客观环境交互作用的过程中自我建构的。

在幼儿成长档案创建初期，很多教师由于没有很好地把握正确的儿童观，导致对于幼儿行为的观察、记录、分析等都没体现出幼儿的发展变化及成长特点。

对幼儿成长档案的研究不断深入，不仅促进了教师对于儿童观的正确理解，使教师更加准确地把握了幼儿发展的本质，而且形成并提出了本园倡导的儿童观，即"幼儿是富有个性色彩的主动学习者"。我们相信，每个幼儿都是与众不同的个体，他们成长的轨迹被披上了一层神秘的、带有个性色彩的面纱；每个幼儿又是个人学习与发展的主宰者，他们会随时触发内在的学习动机，通过与人、物的相互作用，构建新的经验。

通过创建和运用幼儿成长档案，教师教育现场的实践行为能更好地体现出"幼儿是富有个性色彩的主动学习者"这一儿童观的科学内涵。儿童观的转变，让教师更加理解幼儿、更加珍视幼儿的学习与发展变化。

下面的案例（见案例2-1）是高老师和班里的青年教师杨老师通过对幼儿成长档案的研究，将儿童观落实到幼儿发展上的教学故事。

## 案例2-1　管画

### （一）

**观察对象**：睿睿、晴晴、妮妮、圣圣

**观察时间**：2015 年 4 月 1 日

**观察背景**

塑料管筒在开学初已投放到美工区，孩子们渐渐对塑料管筒产生了浓厚的兴趣，开始有了讨论声。

**观察记录**

兴许是孩子们在上学期已经积累了画纸筒画的经验，因此当看到这些管筒后，他们兴奋地问："老师，我们可以在上面画画吗？""你们想画什么呢？"为了更好地了解孩子们的想法，我和孩子们展开了谈话。

在与孩子们的谈话中，他们争先恐后地发表着自己的看法。

睿睿说："我觉得我们可以画蓝天、白云和大树，还有我喜欢的一些小动物。"

晴晴说："我想画星星、月亮。"

妮妮说："我想画春天的各种小花。"

圣圣说："我想画一座无烟大厦。"

……

美工区热闹的讨论声，引起了其他小朋友的关注，他们也纷纷参与到谈话中，大胆表达自己的想法。这些想法体现了他们的原有经验，我们决定尊重孩子们的想法，给予他们大胆创作的空间。

### （二）

**观察对象**：乐乐、霖霖、大宝

**观察时间**：2015 年 4 月 3 日

**观察背景**

美工区提供了塑料管筒，孩子们和老师共同讨论想画的内容。今天美工区开放前，孩子们已经准备好了各种颜料，迫不及待地想开始创作了。

**观察记录**

管画创作开始了。在美工区，我们每天都能看到认真专注创作的小身影。

这一天，美工区不同以往，好几个小朋友围站在乐乐身边。我悄悄走过去，只见乐乐在调色盘中配好了天蓝色，刷在了管筒的这一半，另一半则是草绿色的（这是她昨天的劳动成果）。

还没等她刷完，旁边的霖霖小声说："都没图案，好看吗？""是呀！"周围的几个小朋友也附和。

乐乐说："你们知道什么呀，这叫底色。我上周在二楼中班门口的窗台上，看到了几个刷了不同颜色的管子，妈妈告诉我那叫上底色。"说话间，她并没有停下画笔，眼睛始终盯着刷上去的颜料。

大宝说："你刷的这个可真漂亮，像蓝天和草地，是吗？"

乐乐回答："对！"然后，她看向大宝笑着点头。

其他小朋友说："我觉得你搭配上小鸟就更好看了！""我觉得草地上要有好多好多小花。"

……

就这样，乐乐周围的小朋友接纳了她的想法，并欣赏着她的创作，还不时地给她提建议，乐乐开心地笑了。乐乐有一双善于发现的眼睛。

之后，班里的管画中出现了几幅"色块"管画，这些是受乐乐的启发而创作的。孩子们通过不同底色的搭配表达了自己对事物的认识。

一幅幅生动、别样的管画作品相继展现在大家面前，每件作品背后都有一个孩子们自己的故事。从他们的眼神中，我看到了发自内心的满足。

## （三）

**观察对象：**大一班全体幼儿

**观察时间：**2015 年 4 月 10 日

**观察背景**

在管画创作完成后，孩子们对管画的展示方式产生了异议。

**观察记录**

管画创作完成后，孩子们时时刻刻都关注着自己的作品什么时候挂上墙面。一天，孩子们看着刘大大（后勤师傅，孩子们都亲切地叫他"刘大大"）在楼道里挂管画，他们跑到我身边问起来。

默默说："我觉得这个管画这样挂不好看，我不喜欢！"

格格说："我觉得我画得特别好看，为什么把我的管画挂在了边上？"

教师说："那你们去问一问刘大大，为什么要这样挂呢？"

此时，我意识到孩子们对挂画的方式产生了异议。他们跑到刘大大的身边问："刘大大，您为什么这样挂呢？"刘大大说："我是按照深浅颜色搭配挂的。"

孩子们闷闷不乐地回到了教室里。

刘园长听说了这件事，向我们详细地了解了情况："孩子们是不是有自己的想法呀？"我们就把观察记录交给了她。经过和刘园长一起商议，我们意识到成人的想法和孩子们的想法是有差异的，我们应该尊重他们。排列管画同样是学习的机会，应该把这个机会留给孩子们。

于是，后来就有了这样的画面：刘园长来到我们班，郑重地把布置管画的任务书交到了小朋友的手中。"能完成任务！"伴随着孩子们洪亮又整齐的承诺声，我们看到了孩子们惊奇的表情、兴奋的神态，感受到"责任"二字已经在大家心里扎下了根。

## （四）

**观察对象**：大一班全体幼儿

**观察时间**：2015 年 4 月 17 日

**观察背景**

孩子们在接到刘园长的"任务书"后，开始完成管画排列的新任务。

**观察记录**

当一百多个管画摆在大家眼前时，孩子们皱起了眉头："这么多呀！"

教师说："这么多管画，我们该怎样做呢？"

孩子们说："我们一箱一箱地排。""我们把所有的管画都拿出来排。"

孩子们争先恐后地发表自己的看法。经过协商，我们最终采用了拿出所有管画进行排列的方法。但是，当我和孩子们把所有管画拿出来摆在地上时，却发现面对 100 多个管画根本无从下手。

教师说："这可怎么办呢？"

格格说："杨老师，不如我们分分类吧！"

大家纷纷表示赞同："格格，好样的，你帮助大家解决了一个大难题！"

图 2-2

于是，孩子们经过认真商量，决定将管画大致分成三组：第一组是色块和线条，第二组是动物和自然，第三组是抽象画。接着，孩子们自愿分组动起手来，很快便将管画分好了。

## （五）

**观察对象：**大一班全体幼儿

**观察时间：**2015 年 4 月 24 日

**观察背景**

孩子们把管画分成了三组，分别是色块和线条组、动物和自然组以及抽象画组。分组后，孩子们开始了新一轮合作。

**观察记录**

故事 1：色块和线条组

这一组的孩子不到 10 分钟便完成了。我走过去发现，他们将色块和线条分开排列。

珈珈说："我们在排列线条管画的时候是根据颜色来排列的，我们尽量把相同或者相近颜色的管画分开，这样看上去会比较好看。"

"你刚刚说相同或者相近颜色的管画放在一起不好看，但是这些色块看上去都差不多呀？"我指着一旁的一排管画问。

珈珈说："这些确实不好看，我不知道怎么把这两组搭配到一起。"

教师说："你可以去问问其他小朋友有没有更好的方法，也许会有惊喜。"

经过与同伴几次协商尝试后，珈珈和其他小组成员兴奋地跑到我身边，珈珈说："杨老师，我发现我们先排好这些线条管画，然后将色块管画隔一个插到排好的线条管画中，这样排起来不仅有规律而且非常好看，但是我们排着排着色块管画就不够了。"这时，他们又皱起了眉头。

教师说："色块不够了，最后这几个线条管画排在一起确实两面不太对称。"

我只是用到了"对称"这个词，孩子们便发现了其中的奥秘。这次，我看到几个孩子分工合作，分别从两边向中间插放色块管画，最后中间的几个是线条管画，但从整体上来看呈现出了"对称美"。这次，孩子们成功了，并将这组管画取名为"七彩乐园"。

**故事2：动物和自然组**

这组的孩子在管画排列中出现了一些分歧，有一组管画是十二生肖，宝宝将十二生肖有序地排列在一起；还有一组管画的底色是蓝绿色，佳鸿将这些管画摆放在一起，取名为"绿色大草原"。

正当我为他们的创意感到惊喜时，很多孩子跑到我身边七嘴八舌地说："我们认为在这组动物世界中，应该将其他的动物管画隔一个插入到十二生肖中，这样看上去会比较好看。""这组他们想取名为'动物展览馆'，如果按照宝宝的方法，就只能叫'十二生肖'。但是，很多管画并不是十二生肖，还有很多其他的小动物。"

他们的话听上去还挺有道理，于是我先征求了佳鸿的意见。他同意听取大家的建议。宝宝还是坚持自己的意见，嘴里说着自己的理由，还掉下了伤心的眼泪，活动陷入了僵局。

教师说："我们这组小朋友是最有想法的小团队，我们可以一起来商量一下怎么办。遇到了困难，我们总要有一个解决的办法呀！"

最终大家决定："我们举手表决！"10个人的小组里有9个人同意更改方案，只有宝宝依然坚持自己的想法："我并不是觉得他们说得不对，我只是

图2-3

觉得我的更好看！"

这时，佳鸿说："杨老师，我们先按这样的方法摆一周，下周换成宝宝的想法可以吗？"

图 2-4　　　　　　　　　　　　图 2-5

教师说："宝宝你同意吗？"

宝宝擦擦眼泪使劲地点点头，终于露出了满意的笑容。

**故事 3：抽象画组**

小雨抱着一个管画找到我，说："杨老师，这个画他们都说不好看，不想排进去！"

轩轩走到我身边说："我本来已经把这个管画排在了里面，可是我觉得这个实在不好看，所以才不想要它了。"

教师说："小雨，你是怎么想的呢？"

小雨说："我觉得这是每个小朋友辛辛苦苦画出来的，应该把它挂在楼道里，不能抛弃它，管画也会伤心的。"

教师说："轩轩，如果这是你的作品呢？"

听了我的话，轩轩想了想，拉起小雨的手回到组里。他俩拿着这个管画一个位置一个位置地尝试，终于找到了一个合适的位置，然后告诉我："这样一排，这个画一点儿都不难看了！"我为他们竖起了大拇指。

孩子们给这组管画取名为"彩虹之家"。

**分析解读**

孩子们能够与同伴友好相处，活动时能够与同伴分工合作，遇到困难能够一起克服，与同伴发生冲突时能够自己协商解决。当别人的想法和自己的不一样时，幼儿能够倾听和接受别人的意见，不能接受时也敢于坚持自己的意见并说明自己的理由。

**教育策略或下一步观察计划**

☆认真听取幼儿的建议，为幼儿提供自由交往和游戏的机会，鼓励他们自主选择，自由结伴开展活动。

☆教师认真倾听、接受幼儿的合理要求，并提供必要的帮助，支持幼儿实现自己的想法。

（案例提供：杨　珺、高　轩）

在上述案例中，我们不难发现幼儿的发展和变化，同时也可以看到教师因为儿童观的改变所带来的教育思想和行为的转变。例如，从观察记录的字里行间可以看到教师对幼儿想法的耐心倾听、对幼儿行为的仔细观察；当幼儿对如何排列管画提出意见时，教师不再武断地依据自己的意愿下决定，而是尊重幼儿的想法，将环境布置的主动权交给幼儿，相信他们是有思想、有能力的主动学习者；在幼儿积极想办法进行管画排列和布局的过程中，教师更是尊重不同幼儿的意愿，允许他们按照自己的方式实现内心的想法……这些转变都证明了，在"幼儿是富有个性色彩的主动学习者"的儿童观引领下，教师逐渐把儿童摆在了平等的地位，越来越赏识和相信每个幼儿，越来越注重对幼儿进行良好学习品质的培养。

**（二）具备观察幼儿和解读幼儿行为的能力**

观察是走进幼儿的内心世界，了解他们的兴趣、特点和需要，有效地帮助其拓展经验，促进其主动学习与发展的必要手段。如何观察了解幼儿才能为我们的教育提供指向性的帮助呢？我们在观察中又该注意哪些问题呢？

1. 在全面了解幼儿的基础上有目的地观察幼儿并解读幼儿行为

首先，教师应在深入学习和了解《指南》等文件精神的基础上，理解各领域目标下不同年龄阶段幼儿具有关键意义的典型表现，这样可以帮助教师在观察、了解幼儿的时候把握好方向和维度，使观察更具目的性、更有意义。

其次，教师对每个幼儿应进行比较全面和完整的观察。教师通过综合观察，全面了解幼儿的整体发展情况，为他们提供适宜的环境和经验，促进其全面发展。

最后，在对幼儿进行全面观察了解的基础上，教师还要根据不同幼儿的发展特点，有目的、有计划地对其某些方面实施重点观察。例如，一个幼儿在活动中表现出了对某一现象或某一事物的特别关注，说明这一现象或事物已引起了他的极大兴趣，但他的这种表现究竟是由什么引发的，会持续多久，又会将其引向何方，就需要教师重点关注，多方观察，了解幼儿行为背后的原因，从而为其提供及时有效的帮助。

下面的案例（见案例2-2）展现了教师通过对一个中班插班新生的细心观察，透过茜茜不敢说话的表象，解读其真实的发展需求，进而促进其发展变化的故事。

## 案例2-2 茜茜说话了

### （一）

**观察对象：** 茜茜

**观察时间：** 2009 年 3 月 3 日

**观察背景：** 午餐时间

**观察记录**

中班第二学期，小朋友开始学习用筷子吃饭。今天中午，在柔美的音乐背景下，孩子们开始吃午餐。"茜茜哭了！"一个孩子的喊声打破了原本安静的氛围。我一看，茜茜正低着头对着饭抹眼泪。我一边示意别的孩子继续进餐，一边快步走过去，轻声地问她："茜茜怎么了？"这一问，她的眼泪立刻扑簌簌地滚落下来，但一句话也不说。我又问："是不爱吃吗？"她还是不说话，继续哭。我接着猜："是不舒服吗？"每次猜测都没得到回应，直到我问她："是不会用筷子吗？"她才一边抹泪一边点了下头。"那用勺子好吗？"她坐着不动，继续抹眼泪。直到教师把勺子递到她的手里，她才开始吃饭。

**分析解读**

茜茜在班里年龄最小，自小与外婆在老家湖南长大。她在入园前基本讲家乡话，加之情绪敏感，担心自己说话会被别人笑话，所以着急时不愿意开口讲话，便用哭来表达自己的情绪，希望以此得到成人的帮助。

**教育策略或下一步观察计划**

☆教师平时多关心、鼓励茜茜，创设安全温馨的环境，引导茜茜逐步放下心理负担，建立在园的心理安全感。

☆家园共同为茜茜创设与小朋友一起游戏的机会，帮助其尽快构建起良好的同伴关系，逐步建立起对教师、小朋友的信赖。

☆建议家长在家中鼓励茜茜学习用普通话与家人交流，表达自己的需求。

☆请家长帮助录制一盘茜茜讲故事或念儿歌的磁带并带到幼儿园来，帮助其他幼儿尽快熟悉并认可茜茜的声音，减轻茜茜的心理负担。

（二）

**观察对象：**茜茜

**观察时间：**2009 年 5 月 8 日

**观察背景：**午餐前

**观察记录**

五一劳动节放假回来，茜茜家长带来一盘茜茜在家讲故事的磁带。我决定在餐前将茜茜讲故事的录音放给孩子们听，请大家猜猜磁带里是谁在讲故事，以帮助孩子们熟悉茜茜的声音，借此鼓励茜茜在班内大胆讲话。孩子们都在安静地听故事，当听到有趣的地方时，大家都哈哈大笑。茜茜也低着头偷偷地笑，眼睛还偷偷地看我。我向她微笑，并悄悄地竖了一下大拇指。录音放完了，我问孩子们："故事好听吗？""好听！"孩子们大声回答。"这个讲故事的声音你们喜欢吗？""喜欢！""她就在咱们班，你们猜猜她是谁?""是茜茜。"我望着茜茜,她一直在低头微笑,我对她说:"茜茜的声音真好听,我们愿意听你说话,以后经常讲故事给大家听,好吗?"她使劲点了一下头。

**分析解读**

通过播放故事录音,茜茜感受到了小朋友对自己所讲故事的喜爱,也体会到了小朋友对自己声音的认可,她非常开心,这可能会增加茜茜的自信心。同时,茜茜表示以后会经常讲故事给大家听。录制故事音频的方法架起了茜茜与大家沟通的桥梁。

**教育策略或下一步观察计划**

☆为茜茜创设更多学习、运用普通话的机会。从鼓励茜茜开口说话,逐步过渡到能正确地使用普通话与人交流。

☆发挥同伴的带动作用,引导班内语言能力发展较好又爱交往的小朋友多和茜茜一起游戏。鼓励茜茜与更多的小朋友一起玩,扩大其同伴交往的范围。

(三)

**观察对象:** 茜茜

**观察时间:** 2009 年 5 月 14 日

**观察背景:** 午睡起床

**观察记录**

午休起床后,有孩子来跟我说茜茜又哭了。我问茜茜:"有事吗?"她点点头。"什么事?用我帮忙吗?"她不说话,只是哭。"你不说,我不知道该怎么帮助你?"她抬头看看我,嘴动了动但没发出声音。我又鼓励她:"大点儿声,我听清楚了好帮你呀!"她又眼泪汪汪地看着我,半天才挤出两个字:"夹子。""夹子"指的是什么呢?我突然意识到可能是发卡。我立刻帮她找来她的发卡,问她:"这是你的吗?"她这才破涕为笑地点了点头。我一边帮她戴好发卡,一边说:"只要你说出来,老师和小朋友都愿意帮助你。你看,你告诉我需要什么我就帮你找来了吧。""嗯。"这是她第一次对教师说的话有了较快的回应。"这个发卡真好看,不哭的茜茜更好看。"她笑了。

**分析解读**

茜茜在近一段时间已经和大部分小朋友比较熟悉了，也能一起游戏。教师发现，茜茜在交往中能比较自然地讲普通话。但面对今天的突发事件，她在希望得到教师的帮助时，心理负担再次出现了，她又以哭的方式寻求教师的帮助。在教师的引导下，她终于简单地表达了自己的想法，并且懂得了只有将自己的想法说出来，才能得到他人帮助的道理。

**教育策略或下一步观察计划**

☆教师与茜茜家长及时沟通，请家长在家多与茜茜聊天，经常询问她关于幼儿园的事情，鼓励她在幼儿园要多参与游戏。

☆教师在日常生活中多与茜茜交流，让茜茜感受到教师的爱，进而增强对教师的信任，建立起更稳定的安全感。

## （四）

**观察对象**：茜茜

**观察时间**：2009 年 7 月 2 日

**观察背景**：喝水

**观察记录**

午睡起床后，孩子们开始陆续去喝水，突然传来吵吵嚷嚷的声音。"你插队！""果果不排队。"果果并没有理睬大家的话，还在使劲往队里挤。"老师说要排队接水。"果果回头瞪了一眼说话的林林。这时大家一挤，果果没站稳，正好撞在接水返回的茜茜身上，水洒了一地。我走过去故意问茜茜："怎么把水洒了呢？"果果抢着说："他们推我。"他指了指后面的孩子。"茜茜，怎么回事？"我又问她。"是他插队往里挤撞上我，才把水洒了。"没想到茜茜说了完整的话。我高兴地摸摸她的头，又问果果："是这样吗？"这下他不说话了，只好去排队了。我拉着茜茜的手对她说："茜茜能把事情的原因说清楚了，老师真高兴。多亏你说了出来，刚才咱们才能把问题解决好，茜茜真棒！"

**分析解读**

茜茜已经能够运用普通话正确表达事情的原委，并且能较为自然地与教师进行沟通，这也进一步说明她已经能较好地适应集体生活了，而且还对规则有了清楚的认识。

**教育策略或下一步观察计划**

☆茜茜已基本度过了入园适应期，也能较好地运用普通话进行交往，但作为班内年龄最小的孩子，在今后的学习、生活中还可能会出现各种问题。教师应在以后的活动中对其给予更多的关注，顺应其自身的发展水平，使其在原有水平上最大限度地获得发展。

（案例提供：苏 静）

通过上述案例，我们可以较明显地看到发生在幼儿身上的变化其实有两条轨迹，一条是关于茜茜说话问题的发展轨迹，另一条是茜茜在幼儿园的适应能力、安全感和归属感变化的轨迹。在发现茜茜作为中班新入园的小朋友出现了语言退缩的现象时，教师没有就事论事，而是进行了细致观察和整体分析，从而了解造成其语言退缩的原因。从表面上看，一方面是方言问题，茜茜害怕自己说话被别的小朋友嘲笑；另一方面是性格问题，敏感导致其特别在意别人的评价。从根本上讲，其实是茜茜适应环境的能力欠缺、对幼儿园的安全感不足。为此，教师通过在园创设宽松的心理氛围、家园共育、录音先行、同伴学习等多种教育策略逐步引导茜茜放下了心理上的负担，建立了安全感。同时，茜茜不敢说话的问题也就相应得到了解决。

2. 运用多种观察方法

我们应根据观察目的灵活地运用不同的观察方法，如系统式观察、跟踪式观察、随机式观察等。

**★系统式观察**

教师根据同年龄段幼儿发展的普遍特点制订观察计划并进行比较全面和完整的观察，称为"系统式观察"。

如小班幼儿如厕、进餐、饮水、午睡以及情绪等方面的表现，是新生入园后需要重点观察的内容。因此，在开学初，教师利用表格、照片等形式有计划地对幼儿进行系统观察，目的是更好地了解和分析幼儿，同时使家长及时了解幼儿在园情况，帮助幼儿尽快地适应幼儿园的生活。下面是教师为小班幼儿设计的入园适应进餐情况记录表（见表2-1）。

**表2-1　小班幼儿入园适应进餐情况记录表**

观察对象：贝贝

| 观察时间 | B | T | Z | D | X | S |
|---|---|---|---|---|---|---|
| 2012 年 9 月 3 日— 9 月 25 日 | √ | | | | | √ |
| 2012 年 9 月 26 日— 9 月 30 日 | | √ | | | | √ |
| 2012 年 10 月 8 日— 10 月 16 日 | √ | | | | | √ |
| 2012 年 10 月 17 日— 10 月 24 日 | | | √ | | √ | √ |
| 2012 年 10 月 25 日— 11 月 24 日 | | | | √ | √ | √ |

备注：

B：成人帮助下进餐——完全由成人喂饭

T：成人提醒下进餐——在成人的提醒下进餐，其间需要成人的部分帮助

Z：幼儿主动进餐——能主动地进餐，其间需要教师提示正确的进餐方法

D：独立进餐——能运用正确的进餐方法，主动独立地进餐

X：良好进餐常规——坐姿正确、不东张西望、安静进餐

S：良好的饮食习惯——不挑食

（案例提供：孙　静）

#### ★跟踪式观察

教师根据某个幼儿的发展特点对其某一方面进行连续性观察，可称为"跟踪式观察"。

如小班的洋洋性格较内向，在幼儿园一天只会说几句话，"我解小便""不吃了""不脱这个"。她从不主动和他人交流，在与小朋友发生冲突时，也是无声的"抵抗"。经了解，她父母的年龄偏大，工作忙，平时很少与其沟通，家中缺乏语言环境和活跃的气氛。在与家长多次沟通后，班

内教师达成了共识，要尽量为洋洋创设支持性的语言环境，提高其语言表达能力，激发其运用语言的主动性。于是，教师运用跟踪式观察法，记录了自己采用各种支持性策略引导洋洋主动表达想法，并在与同伴、教师的交谈中体验交流乐趣的全过程，将其收录在幼儿成长档案中。下面是洋洋档案（见案例 2-3）中的部分观察记录。

### 案例 2-3　洋洋的变化————————————————————

（一）

**观察对象：**洋洋（3 岁）

**观察时间：**2013 年 9 月 5 日

**观察背景：**早上入园后

**观察记录**

早上洋洋来到班里，我帮她脱掉衣服，把她抱在怀里，在她的脸上亲了亲，开始和她聊天。我找了很多话题，她只是看着我，偶尔会点点头或轻轻地说："是。"

**分析解读**

洋洋在与人交往的过程中是一个被动的接受者，还不能主动运用语言与他人交流。

**教育策略或下一步观察计划**

☆创设宽松温馨的语言环境，使洋洋有充分的安全感和信赖感，使其想说、敢说、愿意说。

☆为洋洋提供倾听和交谈的机会，提高其语言表达的愿望。

☆建立亲密的师幼关系。教师主动亲近、关心洋洋，经常和她一起游戏或活动，让洋洋感受到与成人交往的快乐。

（二）

**观察对象：**洋洋（3 岁）

**观察时间：**2013 年 9 月 12 日

**观察背景：**户外玩沙

**观察记录**

沙池中，孩子们都在兴高采烈地玩沙子，洋洋的后背不小心弄上了一些沙子，她走到我的面前，后背朝着我，头向后扭着，用期待的眼神看着我。我马上意识到她的用意，她想让我帮她把沙子弄下来。我并没有马上动手帮她，而是和身边的杨老师使了个眼色，我俩谁也没理她。过了一会儿，洋洋看到我们没有管她，先是试着自己弄了几下，感觉不行，才细声细语地说："老师，我后背有沙子。"于是，我马上帮她弄干净了，并对她主动请求帮助的行为给予了鼓励："遇到事情时要大胆地说出来，这样才能得到帮助。"

**分析解读**

洋洋遇到问题的时候，能主动运用动作向教师请求帮助，但还不愿意主动运用语言进行交流。在感受到教师"没有理解"她动作的用意后，她终于说出了自己的想法。

**教育策略或下一步观察计划**

☆在与洋洋的互动中，教师可以反应"迟钝"一些，把说话的机会留给洋洋，让她充分感受到运用语言交流的快乐。

☆发现洋洋感兴趣的事物或问题，以此为话题多为洋洋创造表达的机会，鼓励其运用简单的语言进行交流，并给予积极的回应。

## （三）

**观察对象**：洋洋（3岁）

**观察时间**：2013年9月17日

**观察背景**：区域活动

**观察记录**

洋洋来到娃娃家旁，看到琪琪和文文正在忙着给娃娃做饭吃。她拿起手中刚刚拼插好的照相机，对她们说："看，我的照相机好看吗？我给你们照张相吧！我再给你们的菜照张相吧！"娃娃家里的孩子们听了都积极地配合着这个摄影师。不一会儿，小风也来模仿着洋洋的样子给大家照相。一时间，娃娃家周围异常热闹，洋洋露出了自豪的笑脸。

**分析解读**

洋洋能够通过简单的语言和行动表达自己的想法，并得到了大家的响应，丰富了游戏的内容。在与小伙伴共同游戏中得到的愉快体验，使她获得了极大的自信，这是洋洋语言和交往能力发展的一个里程碑。

**教育策略或下一步观察计划**

☆继续观察洋洋是否能在其他生活情境中，继续保持与同伴或教师交往的热情，引导其进一步体验表达与交往的乐趣，从而支持其在语言、社会性等领域获得新的发展。

（案例提供：孙　静）

### 3. 在不同情境中观察

在日常生活中，我们可在多种情境中对幼儿进行观察，具体包括教学活动、过渡环节、区域活动、户外活动、午睡环节、进餐环节等。可以说，幼儿在园及在家的一日生活各个环节都是教师或家长进行观察的途径和渠道。下面的案例（见案例2-4）来自东东的幼儿成长档案，教师在不同情境中对东东的生活习惯、生活能力等方面的发展变化进行了连续观察。

### 案例2-4　收拾整理

（一）

**观察对象**：东东（5岁）

**观察时间**：2013年10月6日

**观察背景**：入园环节

**观察记录**

晨间入园后，东东脱下衣物，走到衣柜前，把书包、帽子、外套一股脑儿塞进了柜子。他试图关上柜门，但东西一下子全掉了出来。他捡起地上的书包和衣物，重新用力塞进柜子里，然后强行关上柜门后走开了。

**分析解读**

东东乐于自己做事情，有一定的自我服务意识和能力，但是做事欠缺细心和条理。

**教育策略或下一步观察计划**

☆与东东家长进行沟通，通过家长问卷调查等方式了解幼儿在家收拾整理自己物品的情况，共同引导东东按类别、整齐地整理自己的物品。

（二）

**观察对象**：东东（5岁）

**观察时间**：2013年10月21日—11月15日

**观察背景**：过渡环节

**观察记录**

第一周，东东虽能将物品塞进柜子，使物品不至于掉落下来，但柜子里不够整齐。在教师提醒下，他才会再次整理。因此，这周他只得到了两颗星星。看到周围的小伙伴得到的星星比自己多，东东开始有意识地提醒自己，主动向同伴学习叠放衣服的方法，还总是悄悄学习其他小朋友收纳衣物的方法。经过努力，东东在第四周获得了五颗星星，他高兴地向小伙伴展示自己的"星星表"，并将其小心翼翼地放到自己的档案中。

**分析解读**

东东在自尊心的驱动下，通过向同伴学习习得了整理物品的方法，经过一段时间的努力，提高了自己的生活自理能力，养成了良好的生活习惯。这对东东来说是一个很大的进步，所以当他拿着贴有五颗星星的"星星表"给小伙伴看时，他的喜悦心情不言而喻。

**教育策略与下一步观察计划**

☆支持东东做班里的小监督员，和小朋友互相学习，分享收拾整理的经验。

☆建议家长引导东东在家里整理小衣柜，并对东东的整理过程进行拍照记录。

（三）

**观察对象**：东东（5岁）

**观察日期**：2013年12月2日

**观察背景**：入园环节、过渡环节

**观察记录**

早晨入园后，东东先脱下自己的衣物放在桌子上再细心地叠整齐，然后走到衣柜前。他先把书包放在衣柜最下层，然后双手托起叠好的外套放到书包上面，最后把防寒坎肩放到最上层。户外活动结束后，他也没有忘记将防寒坎肩重新叠好放回原处。东东的柜子里，衣物摆放得既有序又整齐。

**分析解读**

东东已经能够坚持每天主动整理自己的衣物，并整齐有序地摆放物品了。可以说，他已经养成了良好的生活习惯。在摆放自己的衣物时，东东考虑到参加户外活动时要穿上防寒坎肩，所以把它放在最上层，这样便于取放。东东做事越来越有计划性了，自我服务的意识和能力得到了进一步发展。

**教育策略或下一步观察计划**

☆东东能否坚持有序收拾整理自己物品的行为，并养成愿意自我服务的意识和习惯。

☆东东能否将自己有序收拾整理衣柜的经验迁移到其他地方。

☆在加强自我服务意识的同时，东东是否乐于服务集体或他人。

（四）

**观察对象**：东东（5岁）

**观察时间**：2013年12月17日

**观察背景**：区域活动环节

**观察记录**

选区活动结束后，图书区的图书摆放凌乱无序，东东和几个小朋友主动去收拾整理图书。东东对大家说："咱们先把书分一分，一种书放在一层就不乱了。"小伙伴们都同意他的想法，大家开始对图书进行分类。他们边商量边整理，自制图书放在第一层，故事书放在第二层，工具书放在第三层，其他书放在第四层。"这回可好找了。"东东说。

**分析解读**

东东能把收拾整理衣物的经验迁移到图书收拾整理的过程中，并能较好地将图书进行分类整理并有序摆放，收拾整理能力得到了进一步提高。另外，东东能与小伙伴友好合作，并大胆表达自己对于图书分类与整理的想法，他凭借自己的能力和经验不仅为集体做出了贡献，还得到了同伴的认同。

**教育策略或下一步观察计划**

☆利用经验梳理的环节，请东东把分类整理的好方法分享给小伙伴。

☆根据幼儿兴趣，开展为已分类图书做标记的活动，请东东与小伙伴一起探讨做标记的方法。

☆引导东东进一步思考有序整理的经验还能运用在哪里。

（案例提供：杨　珺）

4. 观察中应避免的问题

教师心中始终要坚持观察目的，这也体现为教师日常是否有随时观察的意识以及是否做好了充分的准备。一名具备观察意识的教师，应随时带着笔和便利贴。有条件的幼儿园可以提供照相机、录音笔等设备，以便支持教师进行及时的观察记录。教师在观察幼儿的过程中应尽量避免以下问题的发生。

**★观察影响到幼儿的活动**

在观察幼儿活动的过程中，教师应创设自然的观察环境和氛围。观察者不应对幼儿的活动进行干预和限制，不要离幼儿太近，尽量避免被幼儿发觉和注意到观察者的意图，使幼儿保持自然的活动状态。这种在幼儿自然状态下的观察，才会更加真实和客观。

**★观察中出现主观倾向**

应以眼见为实作为观察的重要宗旨。教师每天都和幼儿在一起，往往会对全班的幼儿有不同的印象，观察中会有意无意地凭借主观意识对幼儿接下来发生的行为做判断，因而使观察失去客观性。所以，教师在观察的过程中，应像一台录像机一样，始终本着客观的态度，有始有终地对幼儿的某一行为或某一事件进行完整观察，以便了解幼儿的真实意图，进而做出科学判断。

**★ 观察的盲目性**

一些教师对幼儿的观察过于随意，缺乏目的性，势必会造成对某些行为观察的遗漏，甚至观察记录了幼儿的许多行为表现，但其中很多是没有意义的内容。因此，教师应尽量避免盲目的观察，使观察具有一定目的性。当然，这里所说的目的性有两种：一种是由于不了解幼儿的某些情况而进行观察；另一种是我们看到了幼儿的某些情况，预测可能还会有其他的情况而进行观察。无论哪种情况的观察，观察前都应清楚，我们想要知道的是什么。只有抱着一颗真正想了解幼儿的心，我们才能减少观察的盲目性。即使是随机观察，也应在及时判断幼儿行为后有一个基本的观察定位。

**★ 观察不够细致**

在日常观察中，观察不细致的现象也是时有发生的。造成这一现象产生的主要原因有三：一是观察时心不静，被其他事务干扰；二是在观察中急于指导，不能做一个耐心的观察者；三是缺乏观察的经验。针对这些原因，应做到以下三点。

一要做到班内教师的分工配合，以免观察的教师分心处理其他事务。

二要随时提醒自己观察者的身份，明确细致观察才是有效指导的前提。无意义的干预，不仅会造成观察的不细致，还有可能影响幼儿的主动学习和发展。

三要不断提高观察技能。特别是新入职的教师，对此项工作有一个了解、熟悉和实践的过程，在观察过程中难免会出现一些问题。我们的做法是，提示他们在没有真正弄清幼儿意图的情况下，多做观察者，少做参与者。此外，我们还为每名新入职教师配备一名有经验的教师进行带教指导。

### （三）做好幼儿成长档案创建计划

随着幼儿成长档案的作用逐渐被大家所认识，为幼儿创建成长档案已成为当今幼儿园教师日常工作的重要内容。档案制作需要教师在日常工作中对幼儿的行为进行认真观察、记录与分析，这必然会占用教师一定的工作时间，为了保证档案工作的"质"和"量"，教师需要在开学初确立幼儿成长档案创建的切入点，并纳入日常工作计划。

1. 分析幼儿上学期发展状况

在每学期初，教师会通过对幼儿的先期观察、翻看幼儿成长档案、与同事商议等方式分析幼儿上学期的发展情况，以寻找新学期观察幼儿的切入点，确定促进幼儿进步的方向。初次接手新班的教师，还可向原带班教师了解幼儿发展情况，为接下来的幼儿成长档案创建工作做好必要的经验准备。

2. 与家长共同商讨

家长是幼儿园工作的支持者、合作者。幼儿在家会有怎样的表现？家长希望自己的孩子克服哪些不足，获得哪些方面的发展？怎样更好地实现家园配合？与家长共同商讨不仅有助于教师更加全面、深入地了解幼儿，而且在与家长沟通的过程中，幼儿成长档案创建的主线也会更加清晰，切入点的确立也会更加适切。

3. 将确定好的观察切入点纳入《学期教育教学手册》

确定好每个幼儿的观察切入点后，教师将其写入《学期教育教学手册》的学期计划之中，便于教师随时翻看。教师也可根据幼儿发展情况及时调整，明确幼儿成长档案创建内容。

幼儿成长档案创建与运用的过程，是教师深入了解幼儿的过程，是实施有效教育的过程，是班级课程构建的过程，是评价教育适宜性的过程，这些过程恰恰就是教师日常工作开展的过程，它们是不可分割的。

如下表 2-2、表 2-3 分别是小小班教师、大班教师在学期初依据前期对幼儿发展的了解制订的新学期幼儿成长档案工作计划。

表 2-2 ___2014___ 年至 ___2015___ 年 第 ___二___ 学期幼儿成长档案工作计划

| 幼儿姓名 | 观察切入点 | 幼儿姓名 | 观察切入点 |
|---|---|---|---|
| 王×× | 语言表达 | 张×× | 语言表达 |
| 王×× | 同伴交往、共同游戏 | 赵×× | 同伴交往 |
| 朱×× | 入园适应 | 王×× | 大胆表达 |
| 孙×× | 自我服务能力 | 郭× | 自我服务能力 |
| 王×× | 大胆表达 | 王×× | 敢于在集体面前大胆表达、表现 |
| 杨×× | 同伴游戏 | 沈×× | 动手能力 |
| 鲍×× | 生活习惯 | 吴×× | 参与集体活动 |
| 高×× | 入园适应 | 陈× | 入园适应 |
| 石×× | 动手能力 | 梁×× | 自我服务能力 |
| 邹×× | 自我服务能力 | 梁×× | 语言表达 |
| 张×× | 敢于在集体面前大胆表达 | | |

表 2-3 ___2014___ 年至 ___2015___ 年 第 ___二___ 学期幼儿成长档案工作计划

| 幼儿姓名 | 观察切入点 | 幼儿姓名 | 观察切入点 |
|---|---|---|---|
| 王×× | 与人分享行为的发展 | 张×× | 口齿清楚，乐于表达 |
| 贾×× | 社会交往能力提升 | 戴×× | 同伴交往与合作 |
| 褚× | 社会交往能力提升 | 马×× | 坚持完成任务、专注力 |
| 荀×× | 语言表达能力发展 | 李×× | 自我服务能力 |
| 张×× | 美术方面的发展 | 任×× | 自信心的建立 |
| 杨×× | 创造力、想象力培养 | 马×× | 动手能力 |
| 孙×× | 与人合作、协商能力发展 | 任×× | 乐于参与集体活动 |
| 刘×× | 养成良好进餐习惯 | 孙×× | 自我服务能力 |
| 董×× | 有计划做事、专注力 | 陈×× | 敢于在集体面前大胆表达、提高想象力 |

　　这样便于班级全体教师在整个学期的教育教学工作中，有目的、有重点地观察记录幼儿在某些方面典型的行为表现和发展变化，并以此为突破口，深入了解幼儿，进而实施有针对性的教育。同时，这样做的目的，也可以避免在观察记录中无主次，出现为观察而观察的现象，无章法的多而全并不一定能真正反映幼儿的实际发展水平，特而精反而会线索清晰，使得创建与运用幼儿成长档案的工作变得简单而富有实效。值得注意的是，每个幼儿的观察切入点，在一个学期中不完全是一成不变的。随着教师对幼儿的深入了解或是幼儿的发展变化，也会出现对个别幼儿观察视角的微调或转移。因此，教师要根据实际情况随时对幼儿的观察切入点做出调整，这对全面、深入地了解幼儿也是十分重要的。

# 第三章　幼儿成长档案的创建

## 一、收纳典型内容的阶段

### (一) 多途径收集内容

为幼儿创建成长档案并不是随意地放几幅作品或几张照片，而应采用恰当的途径，使档案发挥更大作用。

1. 集体商讨，确定收集内容的范围

开学初，教师会根据班内幼儿发展状况及潜在发展点对每个幼儿进行分析，并根据课程目标等进行集体商议，制订有目的的观察计划，确定幼儿成长档案内容资料收集的方向及范围。

2. 权衡价值，随时随地收集内容

除了进行有目的的观察记录外，幼儿在园的一日生活和游戏中以及在家中随时会发生一些意想不到的趣闻逸事、突发事件等。这些素材虽不像按计划收集的材料那样会带有我们预期的效果，但同样具有重要的研究价值，有些内容甚至会帮助我们调整对幼儿的认识和了解。

3. 共同商讨，依幼儿意愿收集内容

在幼儿成长档案创建的过程中，教师要充分调动幼儿主动参与的积极性。在定期的幼儿成长档案内容回顾过程中考虑幼儿的意愿，将其喜爱或认为有必要的内容资料收纳到幼儿成长档案中，这不失为一种资料收集的好办法。当然，这种方法比较适合在年龄大一些的班级中使用。教师可以尝试和幼儿共同完成幼儿成长档案的创建及整理工作。对于幼儿来说，幼儿成长档案就像是一幅自画像，它是每个人生活的真实反映。幼儿在与教师、家长一起收集作品、描述作品、回顾自己成长经历的过程中，必将获得自主发展。但是受幼儿年龄特点所限，其自主参与的程度会有所不同。教师以大班为试点，对幼儿自主参与创建幼儿成长档案进行了研究。研究发现，幼儿不仅可以参与幼儿成长档案的创建，而且通过师幼共同商讨后呈现的幼儿成长档案更能反映幼儿的想法，真正做到"我的档案我做主"，发挥幼儿自主性。

**（二）筛选有价值的内容**

筛选有价值的内容即教师有目的地筛选反映幼儿发展的相关材料，用以评价幼儿发展，为课程提供决策。幼儿成长档案应收集记录反映幼儿成长历程的典型表现。教师在筛选有价值的内容及施教的过程中，促进幼儿学习与成长。研究发现，教师在进行档案内容筛选时必须了解幼儿学习与发展的基本规律和特点，把握每名幼儿特有的发展需要，这样才能使观察更有针对性，记录更加典型、更有实效。

1. 根据幼儿年龄特点筛选

每个年龄段的幼儿都有着自己不同的特点和发展水平，因此教师在制定档案创建方向与规划时应有一定的目的性。

小班幼儿刚刚离开家庭来到幼儿园，对新的环境、新的生活会有很多不适应的地方；加之年龄小，很多方面的能力相对薄弱，因此刚入园的他们会遇到很多方面的问题，如离开亲人后产生的焦虑，不能独立进餐、如厕、午睡等，这些都是小班幼儿遇到的普遍问题（见表3-1）。因此，在小班幼儿成长档案内容的选择上，我们可更多地关注幼儿入园适应方面的问题，将幼儿的每一点进步都记录在档案中。

## 表 3-1 幼儿观察记录及分析表

观察者： __张舒__          记录编码： __S30-5__

| 观察对象： __小二__ 班 __灵灵__ | | | | | | 观察时间 | | 2013 年 9 月 5 日 | | |
|---|---|---|---|---|---|---|---|---|---|---|

<table>
<tr><td rowspan="3">观察背景</td><td colspan="11"></td></tr>
<tr><td colspan="11"></td></tr>
<tr><td colspan="11"></td></tr>
<tr><td rowspan="2">观察线索</td><td>身心状况</td><td>动作发展</td><td>生活习惯与生活能力</td><td>倾听与表达</td><td>阅读与书写准备</td><td>人际交往</td><td>社会适应</td><td>科学探究</td><td>数学认知</td><td>感受与欣赏</td><td>表现与创造</td></tr>
<tr><td>（ ）</td><td>（ ）</td><td>（ ）</td><td>（ ）</td><td>（ ）</td><td>（ ）</td><td>（ ）</td><td>（ ）</td><td>（ ）</td><td>（ ）</td><td>（ ）</td></tr>
<tr><td colspan="12">学习品质：好奇与兴趣（ ）    反思与解释（ ）    积极主动（√）    不怕困难（ ）    认真专注（ ）    敢于探究和尝试（ ）    乐于想象和创造（ ）    良好行为倾向（√）</td></tr>
<tr><td colspan="12">

**观察记录：**

    开始午餐了，灵灵一边把碗里的青菜挑出来，一边哭着说："我不爱吃！"见状，张老师走过去抱抱她，让她坐在自己的怀里，她终于停止了哭泣。张老师帮她擦干眼泪，并且拿起勺子喂她吃。待她情绪稳定后，张老师让灵灵坐在小椅子上，鼓励她自己试试看，和小勺子做好朋友。她看看张老师，又看看身边的小伙伴，拿起勺子自己吃起来。

**分析解读：**

    1. 入园初期，灵灵情绪不稳定，但在成人安抚下，能平静下来。

    2. 灵灵有些挑食，在教师鼓励下可以自主进餐。

    3. 愿意向小伙伴学习。

**教育策略或下一步观察计划：**

    1. 创设更加温馨的班级环境，缓解幼儿的分离焦虑。

    2. 发挥同伴的榜样作用，鼓励幼儿相互学习与进步。

    3. 进行"饭菜真好吃"的教育活动，培养幼儿不挑食的好习惯。

</td></tr>
</table>

    注：请在涉及的观察线索相对应的括号内画"√"。

中班是承上启下的阶段，也是幼儿身心发展的重要时期，同样有其显著的年龄特征。我们不难发现，中班幼儿好动但缺乏技巧，喜爱游戏而问题不少，与同伴交往的愿望与能力逐渐发展，联合性游戏逐渐增多；非常喜欢模仿，语言学习能力大大提高。针对中班幼儿，我们更应关注其交往技能的提高，在游戏中发展幼儿的注意力和观察力以及做事的主动性和持久性，提高其表达能力等。因此，在中班的幼儿成长档案中，我们应更多地记录相关方面的内容（见图3-1）。

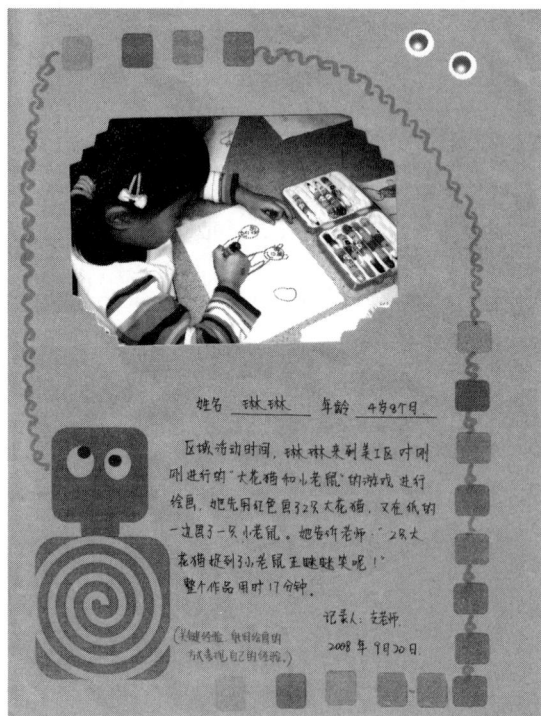

**图3-1**

大班幼儿正处于幼小衔接的特殊时期。《指南》明确指出，儿童从幼儿园走进小学，所经历的不仅是生活空间的转换，更是生活方式、角色身份、人际关系以及行为准则等诸多方面的变化。每一次社会环境的转换对幼儿来说，都是一次挑战。因此，幼儿在入学前应做好心理和能力上的充分准备。我们要多关注幼儿此方面的发展变化历程，将幼儿成长档案记录的重点放在幼儿的社会适应能力（如时间观念、任务意识、交往能力、责任感、规则意识、自理能力）以及认知能力的培养上。幼儿通过与幼儿成长档案的自主互动，教师通过幼儿成长档案与家长进行交流，可以更好地为幼儿入小学做好准备，为幼儿的一生发展奠基。

2. 根据幼儿个性特点筛选

除了根据幼儿的学习与发展的基本规律和特点确定幼儿成长档案的主要内容之外，我们还应针对每个幼儿的特点制定观察的切入点及内容收集的侧重点。这样幼儿成长档案的内容对不同的幼儿来说才具有针对性，才能捕捉到有价值的内容，也能避免教师盲目地进行观察记录，提高幼儿成长档案的实效性。

下面是教师对喜欢玩建构游戏的东东所做的连续观察记录（见案例3-1）。

**案例 3-1 东东与建构游戏**————————————

（一）

**观察对象：**东东（3 岁）

**观察时间：**2011 年 9 月 2 日

**观察背景：**积木区

**观察记录**

自选游戏时，东东自主选择了动物镶嵌积塑玩具。他先按照玩具小动物的外形特征一一对应地镶嵌在方形的积塑模具中，并呈一字形摆放整齐，又将自己镶嵌好的积塑很快地顺接拼摆好。这时，他发现对面玩叠高拼插玩具的文文只搭了几块就停下来了。东东对文文说："我帮你吧！"他用同类积塑分别从两端开始衔接，然后叠在文文搭建的基础上，直到伸手够不到时，他开心地笑了。

**分析解读**

东东能自主选择喜欢的玩具材料，通过使用观察、比较的方法辨认小动物的外形特征完成镶嵌游戏，理解了一一对应的关系。他还掌握了横排、连接等拼搭方式，并尝试探究了从两端衔接的方法将多块积塑向纵向空间延伸。游戏中他乐于尝试和探究，有了初步的创新意识，愿意帮助同伴并一起快乐游戏。

**教育策略或下一步观察计划**

☆东东是否能选择多种游戏材料，坚持性如何？

**（二）**

**观察对象：** 东东（3岁）

**观察时间：** 2011年9月9日

**观察背景：** 积木区

**观察记录**

在自选游戏中，东东选择了灯笼状的积塑玩具进行拼搭。他反复尝试了单排、双排、横向、纵向延伸等不同的连接方式，用时7分钟，终于搭成了满意的样子。他举起作品给教师看，并大声说："老师，你看我搭的机器人！"搭建中，东东能按照玩具的颜色、数量进行有序排列。

**教育策略或下一步观察计划**

☆继续在自选游戏中观察东东兴趣的持久性和建构水平发展的稳定性。

**（三）**

**观察对象：** 东东（3岁）

**观察时间：** 2011年10月25日

**观察背景：** 积木区

**观察记录**

自选游戏时，东东再次选择了灯笼状的积塑玩具进行拼搭。他说："我要搭火车侠！"他坐下来开始拼插。他先将黄色的玩具排开当底座，又选择了红色、蓝色玩具按照两红、两蓝的顺序排列整齐。东东看了看，又选择了几块玩具重新拼插，最后选择了3个连在一起的红色玩具，将其中一个玩具拼插在基座上，另两个玩具探出悬空当作火车侠的"头"，之后继续拼搭直至音乐响起，整个搭建过程持续17分钟。

**分析解读**

通过观察记录（二）和（三），我们可以发现东东在近期的自选游戏中表现出对灯笼状的积塑材料很有兴趣，能在横排、顺接、叠高等联结方式的基础上反复尝试悬空、左右对称等方法来表现自己的搭建意图。从边搭建边说出自己想象的物体形象到先说出自己想拼插的物品再拼搭，东东的搭建目的不断明确，搭建经验不断丰富，搭建持续的时间不断增长，他能专注于自己喜欢的游戏，有一定的坚持性和创造力。

**教育策略或下一步观察计划**

☆为幼儿提供多种建构材料，支持、引导幼儿尝试探索运用多种材料进行建构游戏。在环境中出示关于不同搭建方法的图示及照片，提高幼儿的搭建技能。

☆观察东东对搭建游戏是否有持续的兴趣。当他选择其他材料进行搭建时会有什么样的惊喜呢？

## （四）

### 表 3-2 时间抽样记录表

**观察对象**：东东（3岁）

**观察时间**：2011年12月8日

**观察背景**：选区活动

| 时间 | 9：00 | | | 9：05 | | | 9：10 | | | 9：15 | | | 9：20 | | |
|------|---|---|---|---|---|---|---|---|---|---|---|---|---|---|---|
| 游戏 | T | P | H | T | P | H | T | P | H | T | P | H | T | P | H |
| 形式 | √ | | | | √ | | | √ | | | √ | | | √ | |

注：T表示独自游戏；P表示平行游戏；H表示合作游戏。

从表3-2中我们可以看出，东东有80%的时间是在玩平行游戏，20%的时间是在独自游戏，没有表现出合作行为。

**观察记录**

选区活动中，东东选择了积木区，开始一个人玩了起来，他搭了一个"U"形的家，然后将犀牛放了进去。不一会儿，杨杨走进了积木区，她看见东东给犀牛搭了一个家，自言自语地说："我要给长颈鹿搭个家。"两个孩子各自游戏。东东又给恐龙搭了一个"U"形的家，而杨杨搭了一个方形的、封闭的家。东东看了看杨杨搭的家，说："你把长颈鹿围起来了，它怎么出去啊？看我搭的，它们就能出去。"东东边说边指了指自己的作品。杨杨看了看东东搭的家，然后拿走了一块积木："这样就行啦。"两个孩子一起笑了起来。两个人又开始了各自的游戏，直至收区音乐响起。

**分析解读**

游戏过程中，除了杨杨进区之前东东在独自游戏外，两个孩子一直处于平行游戏的状态。搭建过程中，东东一直专注、认真，能按照自己的想法为不同的小动物搭家。他把动物的家设计成"U"形的开放空间，能够方便小动物进出，并能运用联结及转向等搭建方式。两个小伙伴的交流不多，但是，当东东看见杨杨搭的家没有门时，能主动向同伴发起互动，把自己的想法清晰地表达出来，给予小伙伴建议，在建议得到采纳后非常开心。

**教育策略或下一步观察计划**

☆进一步提高东东的搭建技能，并创造条件鼓励他与小伙伴之间多进行互动。

（五）

**观察对象**：东东（3岁）

**观察时间**：2012年4月13日

**观察背景**：积木区

**观察记录**

在与教师讨论后，东东确定自己今天要选择小积木搭建动物园。开始搭建后，他将积木一块一块顺接起来。到了一定的长度后转向连接，但不能顺利围拢。他仔细看了看墙饰上关于动物园的照片，又开始搭了起来，尝试了一会儿还是没有形成相对封闭的空间。教师建议东东观察围合图式，之后握着他的小手沿着积木搭建的半封闭区间边缘数空，到了缺口处停下来。教师问："这里断开了，怎么能连过去呢？"东东的小手从缺口处继续向前连至下一块积木。然后他用积木在刚才的缺口处继续拼搭直至形成一个封闭的空间，又在封闭的空间里用积木分隔成不同的小空间。他对旁边的畅畅说："让你的动物住进动物园来！"畅畅立刻高兴地将动物摆放到动物园的笼子里。东东说："这儿有门！"说着移开一块积木，"让动物从这儿走进来。"

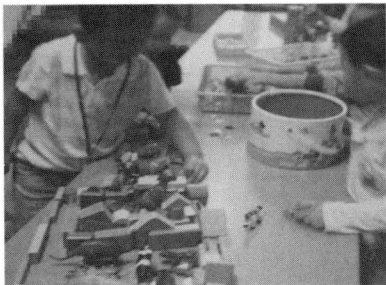

图 3-2

### 分析解读

近期班内开展了有关小动物的主题活动，东东很喜欢。今天是他第一次选择小积木来搭建动物园。在教师的帮助下，他理解了围合、封闭的意义，能将经验迁移到小积木搭建中。在搭建的过程中，他能不断克服困难，学习边看图边搭建，并有意识地留出了供小动物出入的大门。东东在活动中能主动运用语言、动作等与同伴互动，是个很友好的游戏伙伴。

### 教育策略或下一步观察计划

☆与家长沟通，建议带孩子参观动物园，丰富幼儿关于动物园的经验。

☆进一步拓展东东的搭建能力，为幼儿提供足够的大积木及游戏的空间场地，关注其搭建能力和水平以及在搭建过程中解决问题的能力，适时地给予指导。

### （六）

**观察对象**：东东（4岁）

**观察时间**：2012年10月17日

**观察背景**：积木区

**观察记录**

积木游戏时，东东和钧钧玩了一会儿后，钧钧就离开了，东东没有理会，仍然坚持搭建直至完成。东东说："我搭的是动物园，每种小动物都有自己的家，这是它们的家门。"说着东东将积木错开一个小口，让牛从里面走了出来。这时，钧钧回来了，他看了看围墙，说："这里没对齐！"

东东想了想，就蹲下来用两只小手扶住两块积木将衔接处对整齐。钧钧也加入进来，两人一起将每一处积木的衔接处调整好。最后，东东自己搭了一座高楼。

### 分析解读

东东很喜欢动物园的搭建主题，能将自己的生活经验运用到游戏过程中，搭建范围进一步扩大。在积木搭建过程中，东东不断习得围绕主题进行建构、通过搭建行为表达自己想法等新经验。今天他采用顺接、围合等方式进行搭建，开始注意到动物园的整体布局。开始出

图 3-3

现一层塔式建筑，能够尝试利用四角支撑的方式使拼搭的中空的立体塔式高层建构物保持平衡稳定状态。与过去的将玩具简单叠高相比有了质的飞跃，初步掌握了建构物之间的空间关系。在搭建活动中，东东能倾听、采纳小伙伴的建议，不断调整作品的细节部分，如将衔接处对整齐、用小积木装饰楼顶等。他将不同动物分类放进不同的房子里，理解了辅助材料与建构物之间的关系。

### 教育策略或下一步观察计划

☆引导幼儿收集多样建筑物及场景的图画。

☆提供多层建筑物的模型。

☆提供异形积木及辅助材料。

### （七）

表 3-3　同伴互动观察分析表

| 观察对象 | 东东 | 观察时间 | 2012 年 12 月 18 日 |
|---|---|---|---|
| 特殊朋友 | 可可和伟一 | 观察背景 | 积木区 |

1. 发起活动让其他幼儿参加 （√）
2. 主动领导但往往不能成功 （　）
3. 常常听从他人的领导 （　）

4. 花很多时间观察同伴游戏（　　）

5. 游戏发生冲突时，愿意让步或离开（　　）

6. 对自己的活动比他人的活动更感兴趣（　　）

7. 常常邀请其他人参加游戏（ √ ）

8. 经常指导他人的行动（ √ ）

9. 执行自己的想法时，具有坚持性（ √ ）

10. 直接请求并接受他人的帮助（　　）

11. 常常被其他幼儿排斥（　　）

12. 与同伴合作（ √ ）

13. 经常独立游戏（　　）

14. 游戏中，常常比其他幼儿说得多（ √ ）

15. 常常难以听从他人的请求（　　）

16. 基于对活动本身的兴趣选择区域，而不是是否有自己所喜欢的同伴（　　）

17. 在转入不同的游戏区时，跟从同伴并能顺利进行互动（　　）

18. 当同伴需要帮助时，给予关心和帮助（ √ ）

19. 能向同伴展示自己的成果及游戏方法（ √ ）

分析解读

结果表明，东东在游戏中更多时候处于促进者与领导者的角色。他邀请了好朋友可可和伟一与自己共同游戏，他们边商量边一起搭建，具备了初步的同伴合作意识。在搭建的过程中，他会充分表达自己的想法，也愿意接受同伴的意见。在东东的提议与小伙伴的相互配合下，他们用 20 分钟完成了三座楼房的搭建，还布置了停车场、路灯、座椅及草地。游戏结束后，东东作为代表向全班小朋友介绍了他们的作品。

注：序号 3、5、11、17 为集体成员角色；序号 1、8、10、14 为领导者角色；序号 7、12、18、19 为促进者角色；序号 6、9、13、16 为独立者角色；序号 2、4、15 为过渡的角色。

## （八）

**观察对象：** 东东（4 岁）

**观察时间：** 2013 年 4 月 10 日

**观察背景：** 积木区

**观察记录**

今天东东与同伴商量一起搭亭子。他们将积木一块挨一块地排列起来，却多次倒塌。东东想了想来到了图书区，仔细看了看书中的亭子图样，又返回重新搭建。东东搭了一层塔式建筑后，尝试用扁宽的长条积木进行覆盖。一层成功后，又往上搭建了一层，并在顶部选用异形积木进行装饰。同伴在建构物前面铺了草坪，东东又继续进行了多层建构，采用中空的方式搭建了一座又高又大的塔。活动结束时，他们向全班小朋友介绍了作品。

**分析解读**

东东在经历了多次失败后仍不放弃，遇到困难时能通过查找工具书的方式进行学习。看得出他很享受这个过程，他不断尝试和探究新的搭建内容和方法，在掌握一层塔式建构的基础上，初步尝试了多层网式塔建筑的搭建方法，并能够使用异形积木及辅助材料进行装饰，使建构物越来越丰富。东东在搭建过程中表现出敢于尝试和探究、乐于创造和想象、不怕困难等良好的学习品质，体验了成功的喜悦。

**教育策略或下一步观察计划**

☆帮助东东梳理搭建中遇到的问题，总结在搭建过程中获得的经验。

☆引导其加强与同伴的交流与互动，并为其创造语言表达的机会。

☆提供多种建构材料，进一步学习多层网式塔建筑的搭建方法。

☆观察东东能否利用多种材料及方式进行建构活动，能否与同伴共同游戏，建构中能否按计划与同伴合作搭建。

（九）

表 3-4　5—6 岁积木区活动检核表

观察对象：东东　　　　　　　　　　　观察时间：2013 年 9 月 20 日

| 积木区设定目标 | 是 | 否 | 附言 |
|---|---|---|---|
| 1. 是否能够搭建比较大型的建筑物 | √ | | 圆柱体中空塔式建筑 |
| 2. 是否能够运用多种建构技法 | √ | | 联结、围拢、塔式 |

续表

| 积木区设定目标 | 是 | 否 | 附言 |
|---|---|---|---|
| 3. 是否有空间知觉、理解数量关系 | √ | | 用柱子支撑由半圆形积木围成的圆形积木，需要幼儿有空间感，并寻找适宜的支撑点 |
| 4. 是否能运用语言表达建筑内容 | √ | | 能表达自己的想法，与同伴协商解决遇到的问题 |
| 5. 是否能手眼协调地搭建 | √ | | 能边观察边搭建，并不断调整 |
| 6. 是否有审美观 | √ | | 能够尝试使用异形积木，使搭建物更美观；在搭建的过程中注意到对齐、对称、平衡等问题 |
| 7. 是否有与别人协商、合作共同建造的能力 | √ | | 与同伴协商搭建中遇到的问题，相互配合搭建 |

分析解读：

这是东东第一次与小伙伴合作搭建圆柱体中空塔式建筑。圆柱体的楼房搭建，需要将半圆形积木联结成圆环，并用圆柱体的柱子作为圆环的支撑。刚开始搭的时候，由于找不准支撑点的位置，所以以第一层的建筑倒塌多次。但东东没有放弃，在多次失败的情况下，与小伙伴商量解决问题的方法，并继续尝试。最后，东东终于找到了平衡点，将柱子放在半圆弧的中心部位和两个半圆的接缝处支撑好，这样就稳固了。他高兴地把自己的发现告诉小伙伴，并且与同伴合作，用这种方法搭起了二层、三层、四层。新型楼房搭好了，他们高兴地笑了。

## （十）

**观察对象：** 东东（5岁）

**观察时间：** 2013年10月17日

**观察背景：** 建构区

**观察记录**

东东今天选择了建构区活动，他采用废旧纸盒进行搭建。他先用五个纸盒环绕中心呈圆柱状进行围拢，再对上部进行覆盖。然后在上面再建构新的一层。搭建中出现了两次倒塌。但东东坚持搭建，并拒绝教师的帮助，独立探索寻找平衡点，直至成功地完成作品。

**教育策略或下一步观察计划**

☆引导东东向全班小朋友介绍搭建方法，鼓励其创新精神。

☆引导东东与同伴共同讨论搭建主题，合作完成搭建。

（十一）

**观察对象**：东东（5 岁）

**观察时间**：2013 年 11 月 2 日

**观察背景**：建构区

**观察记录**

今天东东与 3 个小朋友一起商量了一个新的搭建主题——超人基地。他们用图画的方式做搭建计划（见图 3-4）。这是东东第一次与小朋友一起合作完成计划书。经过商议，东东负责搭主体塔楼，同伴负责搭花园等其他部分的建筑。

搭建活动中东东和同伴按计划

图 3-4

合作搭建超人基地。塔楼搭好后，他又用小块积木在各建筑物之间铺上小路。教师用玩具汽车从空地上开过，结果撞上了他的小路。教师说："怎么才能让小汽车顺利地从这座楼开到另一座楼呢？"东东想了想，然后说："对，架一座空中走廊就好了，汽车可以从走廊上直接开过去。"接下来他和同伴一起搭建空中走廊，他选择圆柱积木做支撑，并用长条积木在上面架起走廊。"桥式"方法建起的空中走廊将几个主体建筑连接起来，并让小汽车从上面开过。

**分析解读**

在合作搭建游戏的过程中，东东发挥着主要作用。他能和同伴愉快游戏，按照计划分工合作。遇到问题时，他能积极思考，结合自己的生活经验，大胆想象和创造，通过搭建空中走廊解决交通不畅的问题，进一步理解了建构物之间的空间关系，并习得了"桥式"等搭建技能。他能够带动同伴共同完成搭建任务，是个很好的合作者与领导者。

**教育策略或下一步观察计划**

☆引导幼儿进一步丰富搭建内容，注意交叉联结和斜式联结的使用。

☆观看一些四通八达的交通视频，丰富幼儿此方面的经验。

## （十二）

**幼儿对象**：东东（5岁）

**观察时间**：2013年12月6日

**观察背景**：建构区

**观察记录**

东东："这个空中走廊四通八达，可以到任何一座楼。"

宥宥："可以走汽车吗？"

东东："能走，不信你试试。"

乔乔："往这儿走，这儿能下坡。"

东东："对，很方便。涵涵，你能帮我扶一下吗？"

涵涵："好的。东东，你们搭得很棒！"

活动结束时，东东向全班小朋友介绍他们的作品（见图3-5）："我们搭的是超人基地，最高的楼是观察用的，各个楼房和发射塔可以用空中走廊联结起来，我们还种了许多花。"

**图 3-5**

**分析解读**

东东今天搭的超人基地较之前有较大变化，他选择了积木、纸盒、薯片桶、小型玩具等多种材料。他能灵活地运用多种材料实现搭建构想，搭建了双层空中走廊，掌握了十字交叉、坡道等搭建方法，实现了

83

建构物间的四通八达。这次搭建由东东与宥宥合作完成，搭建时间持续了近 1 个小时。东东在搭建时能运用语言请求同伴的配合和帮助，能用连贯的语言清楚地向小朋友介绍自己的作品，交流与表达的内容较之前丰富了许多。

**教育策略或下一步观察计划**

☆进一步丰富材料的种类，为其解决下坡平缓问题提供支持。

☆提供小组交流的机会，鼓励东东尝试更多与同伴合作游戏的方式。

（案例提供：支　娜、苏　静、张　薇、赵颖颖）

通过东东在建构方面成长与发展历程的记录，我们不难发现，教师正是在观察中抓住了东东独特而又持久的兴趣，不断深入地进行了跟踪观察与记录，才会让我们看到了东东喜欢什么，是怎样学习的以及他是如何发展变化的。通过典型事件的观察记录而形成的幼儿成长档案，展示了幼儿与众不同的个性特征。因此，教师要做一个有心人，当幼儿在某一方面有突出表现，或在某一方面表现出浓厚而持久的兴趣，或展现出有别于其他幼儿的发展特点时，教师要及时记录下幼儿的表现，持续跟进观察，并收集在档案中。这种有侧重的观察与记录，彰显了幼儿的个性特点，使得幼儿成长档案极具针对性。

3. **基于档案素材类型筛选**

幼儿成长档案中包含幼儿的作品照片、文档、影像等方面的材料，每一方面的材料都应选取能突出反映幼儿的发展状况、成长历程，也就是说，要充分注重材料的典型性。

★**收集代表幼儿发展里程碑的典型作品照片**

幼儿某一方面能力的发展都有其发展轨迹。我们在收集作品照片时，必须做到研究每一张作品照片，深入了解幼儿。不必把幼儿的所有作品照片都呈现在档案中，而应收集能代表幼儿发展里程碑的、具有典型意义的作品照片。

在幼儿成长档案创建初期，由于我们所做的研究不够深入，因此幼儿成长档案成了精美的幼儿作品夹，根本看不到教师对幼儿内心世界的诠释和分析。造成这种现象的原因有两点：一是收集幼儿作品照片简单易行；二是对档案中所收集的内容缺乏细致分析，不了解其在研究幼儿过程中的价值，盲目性较大。针对这一现象，教师围绕"幼儿成长档案中应纳入哪些作品？这些作品能说明什么？还应有哪些内容？"等问题展开了探索并达成了以下研究共识。

☆幼儿成长档案呈现出来的应是能代表幼儿发展里程碑的典型作品或照片，不是数量越多越好。

☆体现教师正在研究幼儿，即在选择幼儿作品时充分考虑"幼儿在完成这件作品时，是否发生了特殊事件或有无特殊背景？""作品是否体现了幼儿在某一方面的发展情况？"等，教师必须给予客观的分析并记录在档案里。

对于每个幼儿来说，我们所收集的作品应可以反映他们在不同年龄阶段的成长轨迹，记录他们的成长历程。这样，幼儿在阅读自己的成长档案时，也可以从中看到自己的进步，体验成功的喜悦。

例如，在分析小班幼儿绘画水平时，可先选择涂鸦阶段、控制涂鸦阶段的作品各一张。如遇到水平相同的作品，建议由幼儿来决定把哪张放进成长档案袋。个别绘画能力较强的幼儿，可以再选择一张图示阶段的作品，这样能清楚地看到幼儿在绘画方面的发展过程（见图3-6、图3-7、图3-8）。然后，我们再分析幼儿在绘画这些作品时的想法、情感、语言等，这样就可以全方位了解幼儿的内心世界。

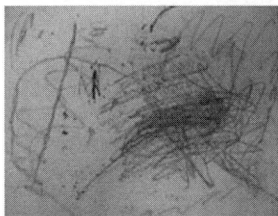

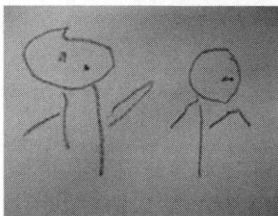

图3-6 涂鸦作品　　图3-7 控制涂鸦作品　　图3-8 图示阶段作品

以下是幼儿成长档案收录的一名3岁幼儿的绘画作品（见图3-9）以及教师对作品的分析（见图3-10）。

图 3-9

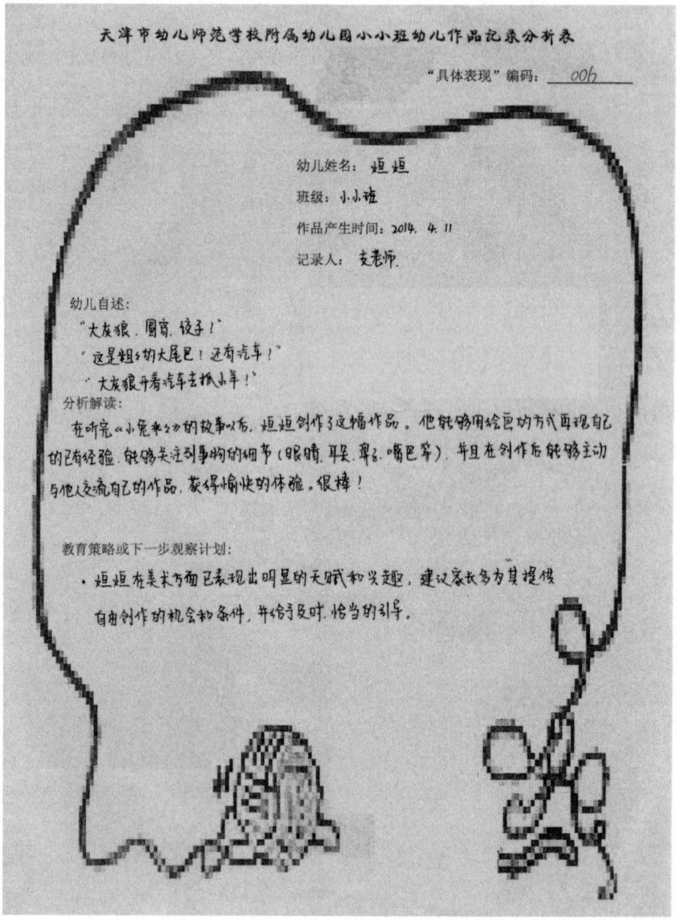

天津市幼儿师范学校附属幼儿园小小班幼儿作品记录分析表

"具体表现"编码：_____006_____

幼儿姓名：垣垣
班级：小小班
作品产生时间：2014. 4. 11
记录人：支老师.

幼儿自述：
"大灰狼. 圆窗. 杯子！"
"这是粗粗的大尾巴！还有汽车！"
"大灰狼开着汽车去找小羊！"

分析解读：
在听完《小兔来了》的故事以后，垣垣创作了这幅作品。他能够用绘画的方式再现自己的陌经验。能够关注到事物的细节（眼睛、耳朵、鼻子、嘴巴等），并且在创作后能够主动与他人交流自己的作品，获得愉快的体验。很棒！

教育策略或下一步观察计划：
• 垣垣在美术方面已表现出明显的天赋和兴趣，建议家长多为其提供自由创作的机会和条件，并给予及时、恰当的引导.

图 3-10

**★筛选反映幼儿发展并客观记录幼儿行为的文档材料**

幼儿成长档案中文字材料也占有很大比例而且具有重要作用。如幼儿想法的记录、幼儿对作品的描述、幼儿之间的故事、教师的观察和分析、家长的记录和反馈等。其中，教师的观察和分析最能体现教师对幼儿差异的了解。为了保证客观地描述幼儿，我们需要对写下的每一段文字进行研究，具体应做到以下两点。

☆真实地记录幼儿的行为表现，不要轻易地给幼儿下结论。

☆针对幼儿的行为表现，运用相关的理论进行正确分析、判断，提出有针对性的教育策略。

下面的案例（见案例3-2）是小萌的老师通过对她的观察记录下的内容。

**案例3-2 小萌变自信了**————————————————

（一）

**观察对象：**小萌（6岁）

**观察时间：**2014年5月5日

**观察背景：**选区活动

**观察记录**

在选区活动中，畅畅和怡宁在玩多米诺骨牌。小萌没有参与，只是默默地坐在自己的位子上，但两只眼睛一直盯着同伴操作骨牌，从未离开过。哪怕有小朋友从她面前经过，她都会赶快挪动身体，侧着身子继续看。这时，怡宁不小心碰倒了一张牌，结果，所有的骨牌全部倒了下去，两个孩子咯咯地笑了起来，坐在一旁的小萌也跟着笑了起来。我走过去对小萌说："多米诺骨牌真好玩呀，小萌想玩吗？"她点点头。"那我们和他们一起玩好吗？"她却不讲话，低下了头。

**分析解读**

班里换了新老师，身边的小伙伴也和以前不同了，所以小萌显得有些拘束。小萌一直在观看畅畅和怡宁的游戏，看得认真且专注，应该是在学习如何玩多米诺骨牌。看得出来，小萌想加入游戏，但当我邀请她一起加入时，她却低下了头，不敢融入其中。

**教育策略或下一步观察计划**

☆创造同伴游戏的机会并鼓励小萌大胆地与小伙伴交往。

☆请交往能力较强的幼儿带小萌一起学习和游戏，增加她的集体归属感。

### （二）

**观察对象：**小萌（6岁）

**观察时间：**2014年5月9日

**观察背景：**排图讲述活动

**观察记录**

在今天的排图讲述活动中，小朋友们积极参与活动。小萌很专注，但一言不发。我请小萌说说自己的想法。她说："因为其他图片中，小女孩的帽子已经没有了，所以这幅图讲的是小女孩的帽子刚刚被风刮走了。"小萌的想法很符合逻辑，只是她回答问题的声音太小了，要仔细听才能听清。我鼓励她用洪亮的声音说出自己的想法。小朋友们为她鼓掌，她微微地笑了。在接下来的活动中，小萌渐渐能够主动发言啦！

**分析解读**

小萌能认真、专注地参与活动，也能运用流畅的语言表达自己的想法，思路清晰。但她不愿主动发言，害怕失败。在教师和同伴的鼓励下，她渐渐大胆起来，增强了自信心。

**教育策略或下一步观察计划**

☆多为幼儿创造机会，鼓励幼儿在集体面前大胆地表现自己。

☆在日常活动中，多关注小萌，及时发现她的优点，肯定她的点滴进步，帮助其建立自信心。

### （三）

**观察对象：**小萌（6岁）

**观察时间：**2014年5月15日

**观察背景：**餐前讲故事环节

**观察记录**

通过与小萌家长的交流，我了解到小萌在家里很喜欢讲故事。我请小萌从家中带来了自己的故事书，请她给大家讲故事，但是小萌摇头拒绝了。于是，我选了其中的一个故事在餐前活动中讲给孩子们听。我找了一个靠近小萌的座位，讲起了她熟悉的故事，她前面听得很认真，讲了一会儿，我故意停了下来，说：“老师忘了，讲不下去了，谁能帮我讲下去呢？”孩子们都说：“这个故事我们不会讲。”我说：“老师知道，我们班有个小朋友会讲这个故事，你们还想听吗？”孩子们都说：“是谁呀？”我看了看小萌，她也在看着我。我知道，在这个时候，小朋友都觉得能把老师讲不下去的故事讲下来，一定是很了不起的。我就趁势说：“我们先来拍拍手鼓励她一下，这个小朋友其实很会讲故事。”在小朋友们的一片期待中，小萌走到集体面前。她起先还有些拘谨，有点怕，可是她仍然鼓起勇气在大家面前续讲了这个故事。在听到小朋友们的掌声后，她的脸上露出了开心和自豪的神情，她看着我，笑得很甜很甜。

**分析解读**

小萌在餐前听故事活动中很专注，因为故事是她所熟悉的，所以一定程度上增加了她的自信心。她鼓起勇气将故事讲完，是一个非常大的进步。另外，小萌的语言表达能力较强，能用连贯、清晰的语言将故事续讲完整，并且内容表达清楚。

**教育策略或下一步观察计划**

☆发现小萌的更多优点，引导她充分发挥自己的长处，帮助她增强自信心。

☆继续为她搭建展示自己的平台，并鼓励她主动参与，大胆地表现自己，并体验其中的快乐。

**（四）**

**观察对象：** 小萌（6岁）

**观察时间：** 2014年5月20日

**观察背景：** 选区活动

**观察记录**

选区活动开始了，畅畅很快做好了选区计划，她选择了益智区的钓鱼游戏。小萌和恒语一起吃完了早饭，这时，畅畅叫小萌一起玩钓鱼游戏，小萌说："好，我做完值日就来。"小萌对恒语说："一起擦桌子吧。"恒语说："好。"两人高兴地做值日，有说有笑地一起擦桌子。擦完桌子后，小萌做好选区计划，与畅畅一起玩起来。在游戏过程中，小萌非常开心，并且与畅畅高兴地交谈，还不时地帮助畅畅一起数钓上来的鱼的数量。过了一会儿，她们的钓竿线缠在了一起，两个人哈哈大笑起来。两人共同游戏直至收区音乐响起。

**分析解读**

小萌愿意接受畅畅的游戏请求，但并没有忘记自己的值日生任务。她主动邀请恒语一起做值日，说明她有任务意识和责任感，愿意为集体服务。在完成值日生任务后，小萌参与到畅畅的游戏当中。在游戏过程中，小萌非常开心。

**教育策略或下一步观察计划**

☆应充分发挥教师与同伴的积极影响，在与她的互动之中促进她的进步。

☆拓宽小萌的交往范围，使其能够与更多的小朋友交流和相处，建立自信心。

☆及时肯定小萌的进步，帮助她进一步增强自我认同感。

（案例提供：赵颖颖）

上述案例反映了小萌在自信心建立和主动交往方面取得的进步。教师通过对幼儿的前期观察和了解，设定观察目的和计划，展开细致的观察，并有针对性地分析和调整教育策略，促进了幼儿的进步。这样的文档材料真实再现了幼儿的表现，客观反映了幼儿发展变化的过程，具备典型性。

**★呈现具有代表性、反映幼儿行为的影像材料**

除了幼儿的作品照片以及文档材料外，幼儿更喜欢欣赏幼儿成长档案中与他们有关的照片。照片在幼儿成长档案中的作用是毋庸置疑的，它可以清楚而又真实地记录发生的事件，并能持续记录幼儿在一段时间里的发展状态或进步情况。教师能从中寻找事件发生的时间、地点以及一些细节，从而为分析事件、研究幼儿提供较为丰富和立体的资料及有力的帮助。为实现"关注幼儿的个体差异，注重幼儿学习品质的培养"，教师应有目的地收集影像材料，使其成为承载幼儿成长历程的"写真集"而非简单拼凑的"影集"。每一次影像材料筛选的背后都蕴含着教师的支持性策略选择，从而使幼儿以及家长在与档案材料的互动中，能有所发现，有所收获。

有了对幼儿作品内涵与价值把握的基础后，教师在拍摄和收集影像资料时，就比较慎重了。大家明确了影像资料在了解与研究幼儿过程中的意义和价值，并达成了以下共识：教师不仅要随时捕捉幼儿在活动过程中的典型表现，还要对影像材料进行及时分析，挖掘幼儿在活动中具体表现背后的原因。

经过细致思考，教师在选取影像材料的时候更加得心应手，从而为研究幼儿提供了有力的保证。

## 二、选择可行的档案记录方法

幼儿成长档案要反映教师、家长与幼儿互动的过程，更要记录每个幼儿富有个性色彩发展的瞬间。其中有些场景是转瞬即逝的，而有些画面则是连续发生的，要保证幼儿成长档案内容的实效性、发展性，就必须选择可行的记录方法，以求记录快速、内容精准。那么，有效的记录方法有哪些呢？我园经常使用的记录方法有逸事记录法、时间抽样法、事件抽样法、检核表、评量表、影像记录法等。下面就以具体案例来说明如何利用不同的方法进行有效的记录。

### （一）逸事记录法

逸事记录法是指教师在日常生活中，将幼儿自然表露的行为进行原始、真实的记录的方法。教师以此来了解幼儿的发展状况，有的放矢地进行教育。在观察记录中，逸事记录是比较容易掌握的一种方法，因此我们会经常使用，随时根据需要记下我们看到的一般的或特殊的行为。如何撰写逸事观察记录呢？

1. 选取反映问题的典型情境进行记录

教师首先要确定自己的观察内容，有选择地对某个幼儿进行观察记录，这样的记录才能拥有明确的中心意图，为后面的分析问题、解决问题打好基础。

**案例 3-3　伤疤** ————————————————————————

**观察对象：**艾艾

**观察时间：**2014 年 4 月 16 日

**观察背景：**午睡起床

**观察记录**

天气开始暖和了，孩子们在午睡的时候会把秋裤脱了再睡。

第一天，艾艾坐起来半天才穿衣服。等大家都穿好后，她才下床穿衣服。

第二天，她又钻进被子里，在那里鼓捣着穿衣服。

今天，我走到床边，她的动作快了很多。可是，当我看到她的左腿上有好大一块伤疤时，她很快用裤子盖上，生怕被别的小朋友看到。

**分析解读**

经过几天的观察，我发现艾艾总是在上床后才脱掉秋裤睡觉。通过回忆和翻看幼儿成长档案，我发现艾艾从来没有穿裙子的照片。即便是夏天和爸爸妈妈去海边玩，照片里的艾艾也是穿着长裤子。这到底是为什么呢？经过与家长沟通，我了解到原来艾艾小时候被烫伤过，留下了很大一块伤疤。随着年龄的增长，她越来越在意自己的伤疤，怕被别人看到后不喜欢自己了。她是一个自尊心极强的孩子。

**教育策略或下一步观察计划**

☆教师组织幼儿开展"夸夸好伙伴"的活动，让艾艾理解她在别人眼中最美的是什么，帮助艾艾正确评价自己，知道自己的一些优点和长处，树立自信心。

☆通过家园沟通，教师引导家长重视幼儿的情绪情感变化，帮助幼儿健康快乐成长。

（案例提供：刘　欣）

### 2. 抓住关键语言或表现进行记录

在进行逸事记录时，教师要抓住幼儿在活动中的某一时刻或某一段时期的典型行为表现及关键语言，有针对性地进行记录。这样的记录更能凸显幼儿的行为意图或阶段性表现，以便教师及家长通过了解、比较、分析，实施有效的支持策略。

### 案例3-4　小医生————————————————

**观察对象：**惠惠、赵赵

**观察时间：**2012 年 6 月 13 日

**观察背景：**娃娃家

**观察记录**

赵赵说："快点给她（娃娃）打针。"

惠惠说："给她喝点药，她受伤了。"

（赵赵拿起小药瓶，朝着娃娃的嘴里倒进去，惠惠把娃娃放到地毯上。然后，赵赵拿起针管，在娃娃的身上扎了进去。）

惠惠说："应该打屁股，娃娃生病了，28℃，不对，39℃。"

（惠惠边说边在娃娃的屁股上打了一针。）

（赵赵把输液管缠在自己的身上。）

惠惠说："这是输液用的东西，我妈妈的医院里就有。"

（赵赵拿着输液管用力往墙上扔，试图挂住，没有成功。）

惠惠说："咱们让老师给钉个钉子吧。"

赵赵说："我去找老师。"

**分析解读**

惠惠和赵赵是一对友好的游戏伙伴，他们凭借自己的经验在游戏中不断丰富主题情节，体验着照顾、救助小宝宝带来的乐趣。赵赵观察能力较强，动作先于语言发展，符合小班幼儿思维特点，带有明显的直觉行动性。惠惠语言发展较好，具有初步交往意识和解决问题的能力。

**教育策略或下一步观察计划**

☆为幼儿提供更丰富的游戏材料，进一步拓展他们的想象游戏。

（案例提供：魏　冬）

在案例3-4中，教师在观察的同时快速地记录了幼儿之间的对话以及几个典型的行为动作，虽然语言简单，但充分反映了幼儿的原有经验、语言发展、合作水平等，利于教师的后期分析和解读。

3. 采用白描手法进行真实记录

使用白描手法进行真实记录要求教师对事件的描述要尽可能客观、准确，达到还原事件现场的目的，这就意味着教师要用具体的、非评判性的语言来叙述所观察到的事件。记录的内容是某一个幼儿在某一特定时间、特定地点的表现，而不是教师带有主观臆想的转述。在记录的过程中，教师要避免使用带有强烈感情色彩和主观推测的语言，这样，在原始真实的记录中才能有更多的发现。

**案例3-5　我给老鼠做面条**————————————————————

**观察对象：**彬彬（3岁3个月）

**观察时间：**2013年3月11日

**观察背景：**美工活动

**观察记录**

在今天的美工活动中，彬彬打算为小老鼠制作一碗面条。彬彬左手拿着一张手工纸，右手的大拇指和食指拿着剪刀在手工纸上吃力地剪着，可是并没有剪开。我走到他的身边，他对我说："老师，我不会剪。"我握着他的小手边剪边说："小手变把小手枪，剪刀洞里来睡觉，剪刀张开大嘴巴，一上一下工作忙，咔嚓——咔嚓——剪出一根面条啦！"看着剪好的面条，彬彬笑了。接下来，他自己努力尝试着，终于剪下了一根又一根面条，然后放到小碗里。他开心地捧着小碗，把面条送给了小老鼠。

**分析解读**

彬彬在学习使用剪刀的过程中遇到了困难，但他乐于向教师学习，主动请求教师的帮助。在教师的指导下，彬彬大胆尝试，终于习得了使用剪刀的方法。

**教育策略或下一步观察计划**

☆在区域活动中多为彬彬提供动手操作的机会，进一步关注彬彬使用剪刀的情况。

☆通过提供多种材料，帮助彬彬增强小肌肉的灵活性。

（案例提供：窦　靖）

## 案例3-6　想办法粘起来

**观察对象：**莉莉

**观察时间：**2012 年 5 月 11 日

**观察背景：**手工活动

**观察记录**

莉莉在手工区制作图书时忽然大哭起来，其他小朋友跑过来告诉教师，但她却没有来找教师，而是哭着继续做。过了一会儿，教师发现她手中的图书被剪断的地方又重新用胶带粘了起来。教师轻轻走到她的身边，朝她竖起大拇指，她挂着泪珠的小脸上露出了笑容。

**分析解读**

莉莉做事认真仔细，对自己要求较高，追求完美。因此，莉莉在不小心把虚线剪断后很伤心。但是，今天她不像往常那样遇到困难只是哭，而是边哭边想出了解决方法。她已经在很努力地调整自己的情绪并尝试自己解决问题了。教师没有急于干预，让莉莉获得了自主发展的机会。

**教育策略或下一步观察计划**

☆关注莉莉在其他活动中遇到问题时的表现，为其适度搭台阶，引导她慢慢找到解决问题的方法。

☆在有需要的情况下，与莉莉讨论班级新投放的工具和材料可以怎样用，扩展其原有经验。

☆在一日生活中有计划地帮助莉莉养成乐观积极的态度。

（案例提供：谭婉欣）

## 案例 3-7　时代奥城

**观察对象：** 大宇（3 岁 10 个月）

**观察时间：** 2013 年 5 月 23 日

**观察背景：** 结构游戏

**观察记录**

区域游戏时间，大宇选择了玩小型积木。他在搭建好作品后，一边拉着我的手，一边指着搭建的建筑物说："王老师，快来看，时代奥城。""你去过时代奥城吗？""我去过，是妈妈带我去的。时代奥城就是这个样子的。"

大宇跟妈妈去时代奥城时，记住了时代奥城的外观。他在将这个建筑物搭建完成后，就将其命名为"时代奥城"。

**分析解读**

妈妈带大宇去时代奥城时并没有特意给他讲解时代奥城的建筑特点，也没有要求他记忆，因此他对时代奥城的记忆是无意记忆。妈妈是两周前带他去的时代奥城，现在他还能记住这件事，说明他能将这些信息保留较长时间，具有较好的信息保存能力。

**教育策略或下一步观察计划**

☆与大宇妈妈沟通，请她带幼儿再去一次时代奥城，有意识地引导大宇观察建筑物的特点，看看能否为他提供更多的经验和学习机会。

（案例提供：王 冰）

### 案例3-8 我也想当服务员

**观察对象：** 骅骅

**观察时间：** 2015 年 3 月 1 日

**观察背景：** 自主游戏

**观察记录**

骅骅和若若今天都选择了去甜品店玩，两人都想当服务员。

这次，若若先站在了柜台前。

骅骅说："我当服务员行吗？"

若若说："不行，我还要当服务员呢。"

骅骅继续询问："你当做蛋糕的，行不行？"

若若说："不行，我要当服务员。"

骅骅没有再说什么，选择了做蛋糕。

没过多久，若若就不想当服务员了，对骅骅说："对不起，骅骅，还是你当服务员吧。"

骅骅高兴地笑了。

骅骅对买小点心的顾客说："欢迎光临，我家有很多种类，还有很多口味的马卡龙，您可以随意品尝。"

一位顾客说："可以免费品尝吗？"

骅骅找出会员卡说："请您刷卡吧，要黑色磁条放到这里。"

顾客说："你帮我刷吧。"

骅骅将卡刷完又递给顾客，说："好啦，你就坐这儿吃吧。"

在没有顾客的时候，骅骅做起了宣传："今天半价销售，你们快来买吧！我这儿有很多种类，还有很多口味的马卡龙，快来尝一尝呀！"

**分析解读**

骅骅能大胆表达自己的想法，尝试与同伴商量解决问题。在同伴没有同意的情况下，他能够选择妥协。游戏中，他能主动向同伴发起互动，语言较丰富，能够带动其他幼儿一起玩游戏，表现出了良好的交往能力。

**教育策略或下一步观察计划**

☆进一步观察骅骅在其他游戏中的交往行为。

☆引导骅骅在与同伴共同游戏中不断拓展游戏情节，提高游戏水平。

（案例提供：张宇琦）

**案例3-9　服装设计师**

**观察对象：** 乔乔

**观察时间：** 2015 年 5 月 13 日

**观察背景：** 主题游戏

**观察记录**

今天，你和乐乐一起在服装厂中制作衣服。你们花了很长时间，非常专注地按照自己的想法设计了一件漂亮的上衣。最后，你们在衣服的上面用剪刀剪出了一个领口，并邀请客人来试穿。小客人在试穿时领口裂开了。乐乐马上惊呼："坏了！裂开了！怎么办呢？"你们相互看了一下，然后你提出："我觉得可以再剪得大一点。"乐乐同意了你的意见。最终，小客人成功穿上了你们设计的服装，你们真是出色的服装设计师。

**分析解读**

乔乔，你很会和别人合作，一起为你们制作的衣服设计花纹和图案。在出现问题时，你并不急躁，还能善于思考，并且了解到衣服的领口要比客人的头大一些才能穿上，你们一起合作解决了问题，让来定做服装的小顾客非常满意。

**教育策略或下一步观察计划**

☆重点观察乔乔在服装工厂中作为设计师如何满足不同客人对服装的

设计要求。

☆发现并及时记录乔乔的新奇想法与闪亮的设计灵感。

☆当乔乔遇到服装设计难点与游戏瓶颈时，在其自主解决问题的基础上，抓住适宜时机给予技巧或方法上的支持。

（案例提供：梁　彬）

从以上观察记录案例（见案例 3-3 至案例 3-9）中，我们可以看到，逸事记录有很强的灵活性，可长可短，可以是一件小事，也可以是一个时段发生的事。使用这种方法要求教师随时留意，保持敏锐的观察力。看似随意的观察记录，其实是教师心中装着大目标，随时调整小目标的有计划记录。

逸事记录着重在掌握事情的精髓，可当场记录，也可在事后及时补记。描述时可呈现时间、主要人物、在哪里、做什么、怎么做或有什么语言行为、过程如何等主要内容。在特别注意描述观察对象的同时，不要忽略相关的影响因素，尽量以详细客观的句子描述，将描述与说明或解释等区分清楚。逸事记录虽然容易，但如果欠缺观察经验，就容易只记录主观的资料，把握不到重点，给研究分析带来不便，因此，教师要有意识地不断练习，提高自己观察的敏锐性。

**（二）时间抽样法**

时间抽样法是在规定的时间间隔内观察记录预选行为是否出现的方法，主要适用于幼儿经常出现的行为和容易被观察到的外显行为。

时间抽样是对行为进行量的观察。量的行为观察指标基本上来自幼儿的现场行为。教师经过思考、整合，将错综复杂的幼儿行为化繁为简。在将行为类别化后，教师将现场行为在被分类、定义清楚的观察过程中，以更准确、客观且有效率的方式记录下来。

下面的案例（见案例 3-10）是教师为了了解有有的游戏水平而设计的观察记录表格。

## 案例 3-10　犀牛和坦克

### 表 3-5　时间抽样记录表

**观察对象：** 有有

**观察时间：** 2013 年 5 月 16 日

**观察背景：** 自选游戏

| 9：00 | | | 9：05 | | | 9：10 | | | 9：15 | | | 9：20 | | |
|---|---|---|---|---|---|---|---|---|---|---|---|---|---|---|
| T | P | H | T | P | H | T | P | H | T | P | H | T | P | H |
| √ | | | | √ | | √ | | | | √ | | √ | | |

注：T 表示独自游戏；P 表示平行游戏；H 表示合作游戏。

**观察记录**

有有在操作区选择了插塑粒，塑粒投放的时间不长，插起来有难度。同伴问有有："你插的是什么？""坦克。"他摆弄着长方体前面的一小块活动的长方片："我说错了，这是犀牛的头，我忘了犀牛的角是怎么插的了。"同伴插了一个宝剑给他看，有有说："我用犀牛和你顶。"做了一个顶的动作后，他便说："下一个任务是搭坦克。"他听到同伴的作品得到教师的鼓励，大声自言自语："第二个是坦克，我要搭成功了。"这时与他平行游戏的两个同伴把一篮塑粒挪到了旁边的桌上。他见状有些生气，说："你说我怎么够得着呢？讨厌鬼，你们都是讨厌鬼。"之后，有有转移到两个同伴那儿继续插。同伴正在合作游戏，他没有加入，自己继续插，直到收玩具。教师说插好的作品可以摆在展示台上请小朋友欣赏，但有有却把自己插的犀牛、坦克都拆了，他说自己搭得不好。

**分析解读**

从表 3-5 中可以看出，有有有 80% 的时间在进行独立游戏，有 20% 的时间在进行平行游戏，没有合作行为出现。

有有自尊心很强，喜欢独自游戏，能安静思考，专注游戏，不受周围环境的影响。他的想象力极强，语言表达较丰富，个别语音发音不准确。

当看到同伴的作品得到教师的鼓励时，有有很不服气，他也想得到关注，但没有勇气展示自己的作品。有有不愿意加入同伴当中，只是自己争取做得更好，当自己认为不成功时，不愿意让别人看到。

**教育策略或下一步观察计划**

☆创设合作游戏情境，引导有有学习与同伴交往的策略，积极主动地与同伴游戏并从中体会快乐。

☆在日常活动中多为有有创造大胆表达与表现的机会和条件，帮助他增强自信心。

（案例提供：沈文瑛）

案例 3-10 采用时距取样的方法，每隔 5 分钟记录一次。在此时距内，不管该行为持续的时间多长或出现几次，都只记一次。时距的长短可根据具体情况进行调整。出现频率较高且外显的行为宜采用此种方法，同时要考虑时间、地点、环境等因素的影响，以保证能看到具有代表性的行为。

教师要事先准备好观察的表格，能够在短时间内快速准确地判断幼儿的行为并予以记录。它要求教师熟练掌握什么是独自游戏、平行游戏、合作游戏等专业知识，才能保证记录的准确性。另外，还可配合一些描述性的记录，以便了解幼儿行为的真实情况。

时间抽样的方法省时省力，容易记录，而且较为客观准确。量化的资料易于统计分析，配合描述性记录能更好地了解行为发生的情境及过程。但是，观察前需做较充分的准备，单独采用时间抽样一种方法时，有可能忽略行为过程中质的方面的一些资料。

**（三）事件抽样法**

事件抽样法是观察者事先确定观察目的，选择某种或某类事件作为观察的内容，在观察中等待该事件发生并仔细观察记录事件全过程的方法。事件抽样法在描述行为时能更直接地把握重点，对行为做更深入的研究。由于它是在关注的行为出现时才开始记录，所以它的针对性较强。

## 案例 3-11　我给你们讲

### 表 3-6　幼儿互动行为观察表

记录时间：2013 年 5 月 17 日

| 姓名 | 年龄 | 发生背景或环境 | 指向对象 | 动作 | 语言 | 出现的问题 |
|---|---|---|---|---|---|---|
| 妮妮（女） | 4 岁 | 图书角，和小朋友一起看书 | 浩浩和辰辰 | 主动给两个小朋友讲书 | "我知道奥特曼的故事，我给你们讲。" "咱们一块看。" "我知道两人一块变身就是合体。" | 给别人讲书，自己却不拿书；小朋友不看书时，她也不看；小朋友换区时，她也换区 |

**分析解读**

妮妮总是很安静，但却是小朋友们都喜欢的伙伴，她是怎样与同伴互动的呢？从记录中我们发现她能够主动与同伴互动，积极表达自己的想法，语言表达清晰，在活动中与同伴友好相处，但对于自己的想法不明确，喜欢跟随别人做事。

**教育策略或下一步观察计划**

☆引导妮妮通过制订选区活动计划，明确自己的想法，鼓励她按照自己的想法选择活动。

（案例提供：沈文瑛）

事件抽样法无法控制时间，但可以深入地了解、分析行为的背景、过程和结果。事件抽样法是为观察特殊的行为而设计的，它能记录其他观察法无法深入的行为，也可记录一般常见的行为。但是，该方法存在着不易整理和分析的问题。虽然它记录了一件完整的事，但事件以外的相关因素并没有被完全反映，因此有时需要配合其他记录方法一起使用。

### （四）检核表

检核表是观察行为是否出现的方法，即"有"或"无"，"是"或"否"。我们可以依据教育目标制定出一系列明确的具体行为，用来观察行为是否出现或完成。当幼儿出现检核表中的行为时，即以打钩或其他记号表示。以下两张表格（见表3-7、表3-8）是教师在研究过程中根据需要编制的。

**表 3-7　5—6 岁积木区活动检核表**

观察对象：　　　　　　　　　　　　　　　　　　　　　观察时间：

| 积木区设定目标 | 是 | 否 | 附言 |
|---|---|---|---|
| 1. 是否能够搭建比较大型的建筑物 | | | |
| 2. 是否能够运用多种建构技法 | | | |
| 3. 是否有空间知觉、理解数量关系 | | | |
| 4. 是否能运用语言表达建筑内容 | | | |
| 5. 是否能手眼协调地搭建 | | | |
| 6. 是否有审美观 | | | |
| 7. 是否有与别人协商、合作共同建造的能力 | | | |

分析解读：

### 表3-8 幼儿选区活动情况检核表

日期：

| 幼儿姓名 | 积木区 | 益智区 | 表演区 | 美工区 | …… |
|---|---|---|---|---|---|
|  |  |  |  |  |  |
|  |  |  |  |  |  |
|  |  |  |  |  |  |
|  |  |  |  |  |  |
|  |  |  |  |  |  |

教师可以利用现成的工具来检核幼儿的行为，也可根据本班幼儿的不同情况自行编制检核表。检核表可以作为观察幼儿、创设环境的工具，如我们可以将对幼儿选区活动情况的检核作为区域创设的参考。

在连续检核几次后，我们就可获得相关信息，同时还可以发现某个幼儿的兴趣所在。我们还可以在学期末检核幼儿在各方面发展的情况，根据学期教育目标设计检核表，从而做出阶段性评估。但是，检核表无法反映该行为的原因，因此还必须根据需要配合分析性的文字说明，以了解行为的全貌。

**（五）评量表**

评量表主要用于判断幼儿行为的强度或表现如何，以观察为依据做出评量。

数字量表可以用符号代表数字的强度。描写量表以文字描述行为的特质，并按程度顺序呈现，教师选择最合适的一项。强迫量表中列举几组形容词或短句，教师可以选择较为接近的选项。描写量表使用方便、快捷，教师可以在较短的时间内对全班的幼儿进行评量。评量表不需较高的专业判断水平，为家长参与记录提供了可能。我园幼儿家长曾使用过《早操行为评量表》（见表3-9）、《活动风格观察记录表》等，效果很好。

表 3-9 早操行为评量表

观察对象：　　　　　　　　　　　　　　　　观察教师：

| 日期<br>观察内容 | 第一次<br>月 日 | 第二次<br>月 日 | 第三次<br>月 日 | 第四次<br>月 日 |
|---|---|---|---|---|
| 参与积极性 | △ | ○ | ○ | √ |
| 做操位置 | △ | ○ | √ | √ |
| 精神状态 | × | √ | √ | ○ |
| 动作情况 | ○ | √ | ○ | √ |

符号代表：良好 √　　一般 ○　　不佳 ×　　不清楚 △

评量表适用的范围很广。量化的资料分析方便，能判定行为程度，可以使我们发现幼儿之间的差异。但是，评量表仅凭我们的判断难免有误，而且大家对于幼儿行为认同的程度受成人价值观的影响，可能不一致，评量结果往往带有主观色彩，不一定完全代表幼儿行为的真实意义，因此应结合现场的观察记录，以便呈现资料质和量的不同方面。

**（六）影像记录法**

影像记录是保存和呈现幼儿学习情况的有效方法之一。在幼儿成长档案中利用照片、视频、音频等记录方式，可以清楚而又真实地记录所发生的事件，并能持续记录幼儿在一段时间里的发展水平。利用录音笔对幼儿的语言进行记录，可以有效地帮助教师回顾、整理，从而使记录内容更为真实、完整。利用照片、音频和视频，在寻找事件发生的时间、地点以及一些细节时，很多东西一目了然，可以减少教师的文字记录，减轻工作负担，同时也为分析事件、研究幼儿提供较为丰富和立体的资料。

图 3-11

在图 3-11 的照片中，佳佳在娃娃家中给娃娃包饺子吃。她先用皱纹纸团成团放在饺子皮中，对准按扣，认真地一个一个地按，终于包好了一个，她很开心。接着，她又拿出很多"菜"（不同的细碎材料），一个个地尝试。

在图 3-12 的照片中，兴兴在区域活动中选择了益智区，他用积塑插了一个近似方形的东西，跑到教师面前大声地说："老师，看我插的相机。"他边说边给我拍照，然后便兴奋地变换不同的角度和姿势，给旁边的小朋友及娃娃家桌上的菜品拍照。

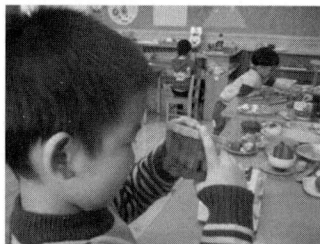

图 3-12

在图 3-13 的照片中，默默站在门框中间，用身体和胳膊的一曲一伸来模仿自动门的开关。每当有小朋友经过，他都会抬起胳膊，嘴里还伴随着"嗯……嗯……"的开门声。

在我园教室中，数码相机会摆放在一个教师都知道且随手可取的地方。在日常生活中，当教师发现幼儿的典型表现，如正在探索新材料的玩法、运用材料以及肢体进行象征性游戏

图 3-13

或绘制作品时，教师便可用拍照的方式将幼儿的学习时刻记录下来。一张即时的照片和附加的说明文字，将直接记录幼儿学习与发展的真实瞬间。

在创建与运用幼儿成长档案的过程中，文字记录能够全面、真实地反映幼儿的兴趣、特点和需求，也能体现教师独特的观点和洞察力。但是大段的文字记录不仅需要时间，更需要教师精准的表达，这对于大多数教师来说确实存在一定的困难，尤其是面对我园目前班额比较大的情况，这个问题解决不好，会浪费教师有限的时间，牵扯教师的精力，同时影响班级其他日常工作的开展。

那么，如何让教师记录既简便易行又富有实效呢？近年来，我园在借鉴相关理论并开展一系列实践研究的基础上，探索出了多种简单有效的记录和评价方式，教师可以在实际工作中根据幼儿的特点和观察目的灵活地使用，大大提高了工作效率。

教师可以同时观察记录几个幼儿的活动状况，然后再针对每个幼儿进行不同的分析，这样可以一举多得，提高应用档案的效率。例如，2007年1月12日，教师在表演区同时观察了三个幼儿的言行，并做好了观察记录。此次观察记录被复制了三份，每份记录上用波浪线画出其中一个幼儿的言行，并针对其在活动中的表现进行了分析。将分析后的观察记录分别放置在他们的幼儿成长档案中，避免了反复抄写活动过程的麻烦，既简便又富有实效性。图3-14便是教师放置到其中一名幼儿成长档案中的记录内容。

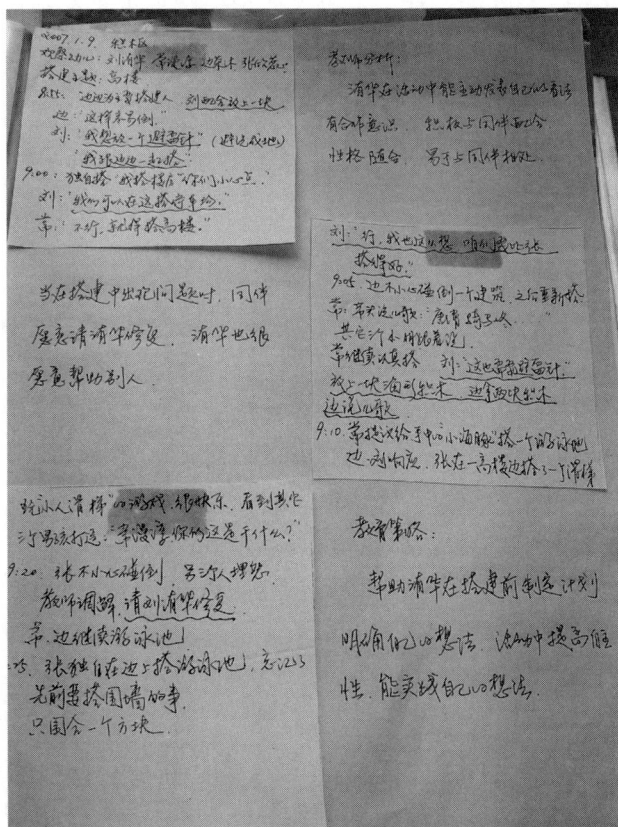

**图 3-14**

另外，教师要熟练掌握多种观察记录方式，依据观察目的选择适宜的方式，追求实效，真正反映幼儿某方面的发展过程，使得参与到教育中来的所有人以及幼儿本人都能看到这种连续的发展和变化过程。如在运用逸事记录法的基础上，教师可经常使用各种表格，既简洁明了又高效。前文提到的时间抽样法（见表 3-5）和检核表法（见表 3-7）都是很好的记录方法。

最后，第一章展示的我园教师配套使用的《幼儿观察记录及分析表》（表 1-1）、《幼儿作品分析记录表》（表 1-2）与《年度幼儿整体发展状况表》（表 1-3）也非常值得推荐。教师可针对不同年龄阶段幼儿的学习与发展特点，将终结性评价与日常观察相结合，以便在学期末对幼儿的整体发展状况进行综合性的评估，不仅能使评价结果更具客观性，同时还转变了过去那种日常观察与学期评估脱节的现象，避免学期末再重做评估，既体现了动态性，又避免了不必要的时间与精力的浪费。

以上记录和评估方法简单有效，只要教师熟练掌握多种观察记录方式，并针对观察目的选择适宜的方式，就能更好地发挥幼儿成长档案的作用。

## 三、多类型的档案素材

幼儿成长档案中所呈现的素材是多元化、不同类型的。这些档案素材的呈现可以更好地帮助我们捕捉幼儿进步的每一个瞬间，描绘幼儿成长的每一条轨迹，从而真正记录每一个幼儿的学习与发展。多类型的档案素材可以包括哪些呢？

### （一）作品照片类

在幼儿成长档案中，作品照片是记载幼儿学习与发展的主要内容的主要方式。

作品包括绘画作品、美工作品、积木搭建作品、拼插作品、舞蹈作品、语言表达作品等，而里程碑式的作品，是能代表这一时期幼儿情感、能力、态度等多方面发展的典型作品，能真实地反映幼儿的所思所想，能真实地反映其发展的进程和特点。

作品一般都应配上作品记录表，包括幼儿的姓名、年龄、作品完成的时间、记录人的姓名以及幼儿对作品的讲述记录等（见图 3-15 至图 3-

18）。讲述记录应包括幼儿在创作作品时的想法以及幼儿对作品的介绍，教师可从中分析幼儿的情感和思想、语言表达能力等。教师还可以记录下自己的简短分析，如作品是否代表幼儿在某一方面的进步、是否显示幼儿能运用或扩展已知的观念等。这对于了解幼儿学习、评价幼儿发展状况是很有价值的。

图 3-15

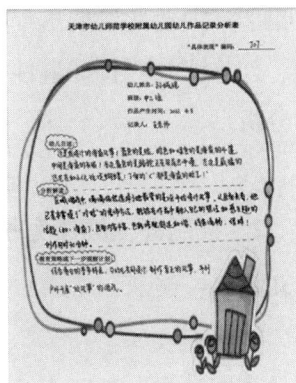

图 3-16

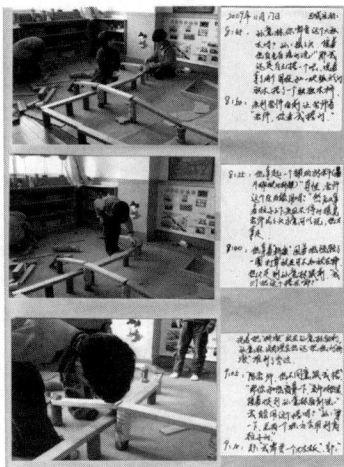

图 3-17

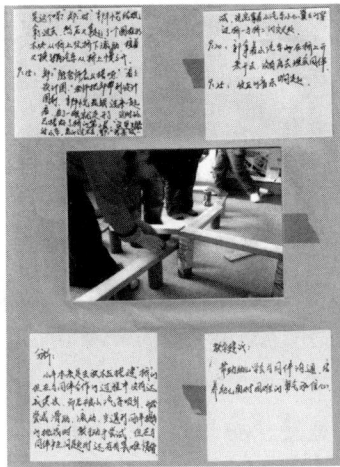

图 3-18

1. 美术作品照片

根据美工作品的特点，教师可制作不同的档案素材。立体手工作品不容易保存，除了可通过照片方式呈现，也可采用录像方式。教师采用录像方式记录制作过程，采用照片形式记录幼儿的创作成果。

绘画作为幼儿自我表达的一种手段，可以反映幼儿内在的情感，因此绘画作品在幼儿成长档案中最为普遍。持续收集幼儿的原创图画，可以反映幼儿在情感、认知、想象力等多方面的发展。因此，教师可以有目的、有计划地和幼儿共同收集其不同时期、不同方面的作品。应注意的是，教师要收集能反映幼儿发展里程碑的典型作品，不追求数量。对于作品完成的时间、创作背景、特殊事件、幼儿对作品的表述等，教师应给予客观的记录和分析。

### 案例 3-12　在月亮上面建房子

**幼儿姓名**：*涵涵*

**班　　级**：*大班*

**作品产生时间**：2014 年 5 月 23 日

**幼儿自述**

地球上的人太多了，也制造了好多污染。在月亮上建房子，可以让一部分人搬过去住，地球上的污染就会减少。

**分析解读**

大班幼儿已经具有了一定的环保意识。在"保护我们的地球家园"活动中，涵涵抒发心中所想，创作了《在月

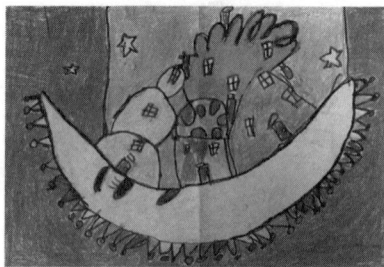

图 3-19

亮上面建房子》（见图 3-19）这幅作品。通过她对作品的描述，我们可以感受到她要保护地球的美好愿望，体现出她具有的一定社会责任感以及大胆的想象力。整幅作品画面整洁，布局合理。涵涵能运用多种自己喜欢的色彩作画，线条流畅、有力，能清晰表达主题内容。涵涵能够把自己的想法用图画的形式生动地表现出来，真棒！

**教育策略或下一步观察计划**

☆涵涵的涂色和配色能力非常强，可以引导她把好的经验介绍给身边

的小伙伴，促进同伴共同进步。

☆提供更丰富的创作原料，支持涵涵及其他幼儿运用不同的材料和方式进行美术创作。

☆在"保护我们的地球家园"主题下进一步拓展，增强涵涵的环保意识。

（案例提供：苏　静）

### 案例3-13　美丽的花瓶

**幼儿姓名：**然然

**班　　级：**大班

**作品产生时间：**2015年3月

**幼儿自述**

这是我设计的花瓶，里面用了回形纹、凹凸线和卷曲线装饰。在这里，我用了好多"田字格"装饰。

图3-20

**分析解读**

然然画画时认真专注，持续了20分钟。从她的自述及作品中，我们可以看到，她能够使用多种元素进行装饰，构图合理，颜色使用丰富。她是个内心阳光、乐观、细腻的孩子，能大胆地表达自己的想法，并乐于与同伴分享自己的作品。

**教育策略或下一步观察计划**

☆找时间与然然一起回顾她的幼儿成长档案，引发她对作品的进一步描述，观察其运用描述性语言进行表达的情况。

（案例提供：杨　杨）

2. 搭建或拼插作品照片

教师可通过拍摄一组照片来清晰记录幼儿的搭建或拼插过程，突出幼儿与材料、同伴的互动状态，附上教师的文字记录，并将反映幼儿与同伴互动的语言及行为用彩笔标注出来。这样，通过复印及画线能同时收集两个或两个以上幼儿的观察记录，这也是一个提高效率的好办法。拍摄照片的记录方式为教师分析幼儿的学习过程与发展变化提供了更为真实和鲜活的素材。

## 案例 3-14　拼插玩具

**观察对象：** 奕一

**观察时间：** 2014 年 11 月 6 日

**观察背景：** 入园后晨间活动

**观察记录**

晨间活动时，奕一选择了拼插玩具。他先插了一个方形的环绕轨道，然后又插了一辆火车头，随后就在轨道上驾驶起来。在驾驶过程中，由于火车头不能很好地沿着轨道行驶，于是他不时地调试着轮胎。最终，火车头在轨道上顺畅地跑起来了，奕一高兴地笑了。

**图 3-21**

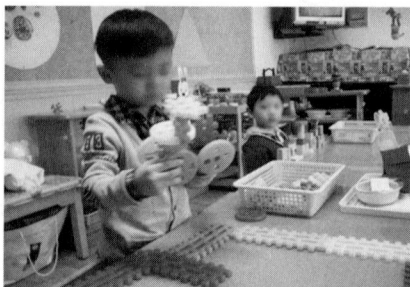

**图 3-22**

**分析解读**

奕一喜欢玩拼插类玩具，他能按照自己的想法拼插出物体形象，并乐在其中。在今天的活动中，他运用横排、转向连接、围合等方法拼出了火车轨道，并拼插出了较为形象的火车头。在驾驶过程中，奕一发现火车头总是跑偏，于是他反复调整车轮的位置，直至把两侧的车轮调至对称，火车头终于可以在轨道上正常行驶了。

**教育策略或下一步观察计划**

☆为奕一创设作品展示的平台。

☆提供多种类型的拼插、搭建玩具，为奕一的创作提供进一步支持。

（案例提供：孙　静）

3. 语言作品照片

反映幼儿语言发展的作品，称之为语言作品，如幼儿的口述记录、阅读情况、续编故事、创编儿歌、表现幼儿读写能力的书写作品等。下面两张图片（见图3-23、图3-24）来自小兴的档案，教师运用照片展现了小兴在图书区阅读的情况。

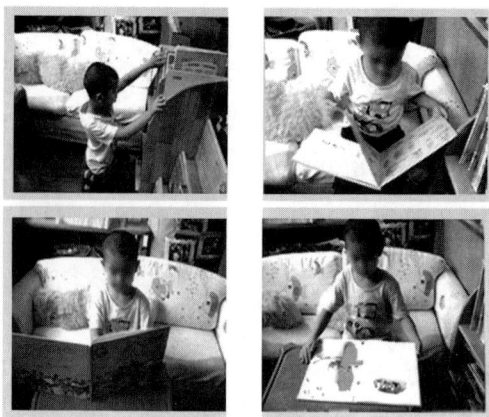

**图 3-23**

### 天津市幼儿师范学校附属幼儿园幼儿观察记录及分析表

观察者：　孙老师　　　　　　　　　　　　　　　　　　　　记录编码：　016

| 观察对象： | 中一班 | | 小兴 | | | 观察时间 | | 2013 年 9 月 21 日 | | |
|---|---|---|---|---|---|---|---|---|---|---|
| 观察背景 | 选区活动 | | | | | | | | | |

| 观察线索 | 身心状况<br>（　） | 动作发展<br>（　） | 生活习惯与生活能力<br>（　） | 倾听与表达<br>（　） | 阅读与书写准备<br>（　） | 人际交往<br>（　） | 社会适应<br>（　） | 科学探究<br>（　） | 数学认知<br>（　） | 感受与欣赏<br>（　） | 表现与创造<br>（　） |
|---|---|---|---|---|---|---|---|---|---|---|---|

学习品质：好奇与兴趣（　）　　反思与解释（　）　　积极主动（　）
不怕困难（　）　　认真专注（√）　　敢于探究和尝试（　）
乐于想象和创造（　）　　良好行为倾向（　）

**观察记录：**
　　选区活动开始了，小兴选择了图书区。他来到书架前，精心地选择着他喜欢的图书。他拿起一本《大嘴狗》在沙发上看了起来。开始时，他一页一页地翻，看了三页就几页几页地连续快翻，直到最后一页。合上书，他又从头看了一遍。小兴认真地看了第一页、第二页，当看到第四页后，又开始快速翻起来，几下就翻到了书的结尾。将这本书放回原处后，他选择了一本《达芬奇想飞》，从头开始看。他边看边讲述，一直专心地看了七分钟。看完后，他跑到我面前说："老师，你看这只小鸽子会飞了。"我说："是吗？你能给我讲讲发生了什么事情吗？"他点了点头，认真地一页一页指着图讲了起来。讲完后我表扬了他，然后问："刚才的《大嘴狗》能给我讲讲吗？"他摇摇头说没有看懂。

**分析解读：**
1. 小兴能选择自己喜欢的图书阅读。对于喜欢的图书，能非常专注地看，阅读姿势正确。
2. 愿意把自己看到的与他人分享，语言表达较为流畅、完整。

**教育策略或下一步观察计划：**
1. 提前筛选适合本班幼儿年龄的图书。
2. 在讲述中，小兴有一些齿音字，教师在日常生活中注意帮他纠正。
3. 引导小兴联系上下文，理解图画书所传递的信息。

　　注：请在涉及的观察线索相对应的括号内画"√"。

**图 3-24**

（案例提供：孙　静）

4. 肢体活动照片

幼儿动作的发展，很难用语言具体描述。利用照相的方式记录肢体的动作（包括基本动作、舞蹈韵律动作等），最能准确地反映幼儿肢体的发展情况。辅以教师的简要分析和说明，能很好地体现幼儿肢体动作的学习与发展情况。

## 案例3-15 过独木桥

**观察对象：** 小兴

**观察时间：** 2013 年 12 月 10 日

**观察背景：** 户外游戏

**观察记录**

图 3-25：在教师的帮助和鼓励下，小兴站上了平衡木，并成功地脱离了教师的搀扶。

图 3-26：在平衡木上，小兴先右脚向前蹭，然后左脚蹭到右脚边，接着右脚再向前蹭……

图 3-27：其他小朋友都是双脚同时向下跳，小兴的身体上下蹲起试了几次，没敢往下跳，最终还是右腿用力蹬着平衡木，左腿先迈了下来。

图 3-25　　　　　　图 3-26　　　　　　图 3-27

**分析解读**

起初，小兴并不敢走上平衡木，但在教师的搀扶和鼓励下，他勇敢地走上去了，并成功地脱离了教师的搀扶，让我们看到了他的勇气和自信。虽然在游戏中他还不能做到自然地左右脚交替走平衡木，但他能大胆尝试、挑战自己的平衡能力，已经突破了自己，动作协调能力得到了进一步发展。

**教育策略或下一步观察计划**

☆及时对小兴的进步予以鼓励，增强其自信心和参与体育游戏的兴趣。

☆把小兴在游戏中的表现与其家长进行沟通，发挥家园合力，为幼儿提供不同种类的体育锻炼机会，使其肢体动作得到进一步发展，运动能力有所提升。

（案例提供：孙　静）

### 5. 作品分析

作品分析是幼儿作品呈现时不可缺少的部分，它与幼儿作品配合出现，分析解读幼儿作品，并提出相应教育策略。在此提出幼儿作品分析的方法，供读者参考。

**★分析作品是否充分表达了幼儿的真实想法或美好愿望**

作品是幼儿表达自己所思所想的重要方式。例如，有的孩子羞于说出自己的想法，有的孩子不太善于表达，有的孩子遇到了开心的事情或心情不好时就不想说话，等等。不论怎样的情况，一幅绘画作品、一段律动或舞蹈、一件搭建的作品等往往成为他们表达内心想法、抒发情绪情感的载体。因此，透过作品可以了解幼儿创作作品的初衷。教师在见到幼儿作品的时候，首先要分析该作品表达了幼儿怎样的想法或愿望，捕捉作品中表达出的蛛丝马迹，对幼儿进行积极的肯定或引导。下面的案例（见案例3-16）叙述了教师通过对幼儿作品的分析走进幼儿内心世界，然后采取有效措施，帮助幼儿从心理阴影中走出来的故事。

### 案例3-16　透过作品解读幼儿的内心世界————————————

在绘画活动中，教师播放古筝乐曲《渔舟唱晚》，鼓励幼儿大胆想象并把自己的所思所想画下来。一幅幅美丽的图画跃然纸上，明亮的月光、蓝蓝的大海、可爱的小船、稚气的小朋友、风中的小树等。当教师的视线落在蒙蒙的作品上时不觉惊呆了，只见一座坟墓上插着一个十字架，一团团黑色色块散乱在周围。这么优美宁静的音乐怎么会在蒙蒙的脑海中生出这么悲哀的画面呢？通过与蒙蒙的交谈，教师了解到原来蒙蒙的父母正在闹离婚，经常吵架，他很害怕，每天生活在紧张的气氛中。

蒙蒙爸爸是一位教师，有着先进的教育理念和丰富的教学经验，工作很忙，很少接送孩子。于是教师与蒙蒙爸爸进行了约谈。

约谈前，教师将对蒙蒙的观察进行了整理，并记录在幼儿成长档案中。

教师利用幼儿午睡的时间，在安静的接待室里与蒙蒙爸爸展开了谈话。教师首先谈到蒙蒙的智能强项和在活动中的独特表现，肯定了他的进步。看着孩子的档案，听着教师对孩子的描述，蒙蒙爸爸笑出了声。原本有些紧张的情绪一下子放松下来。接下来，教师又拿出了蒙蒙在绘画活动中的作品请蒙蒙爸爸看，他很是愕然，说自己真没想到孩子会画出这样的画。蒙蒙爸爸告诉教师，虽然自己平时陪孩子的时间不多，但很重视孩子的智力培养，为他报名参加了外教班、绘画班、钢琴班等。

教师针对绘画作品与蒙蒙爸爸共同进行了分析，讲述了孩子内心的恐惧和担忧，请蒙蒙爸爸想一想孩子最近还有哪些变化。蒙蒙爸爸若有所思地说："您这么一说，我觉得孩子最近很少跟我撒娇了。以前总是吵着让我带他出去玩，可是近来见到我时，话不多，总是不太开心，可能是我陪孩子时间太少的缘故吧。"在教师的帮助下，蒙蒙爸爸意识到自己平时忙于工作，并不了解孩子内心的真实感受，加之近期夫妻关系不和谐，使孩子的心理处于紧张状态。这是问题产生的根本原因。教师又说："随着年龄的增长，孩子掌握的知识会越来越丰富，但如果他的心理得不到健康发展，他的生活也会缺少幸福与快乐。"蒙蒙爸爸也表示，自己知道智力发展固然重要，但是健康的心理更使孩子终身受益。

最后，教师向家长介绍了如何走进孩子的内心世界，应怎样与孩子交谈。蒙蒙爸爸表示自己以前常因工作忙而忽略孩子，今后一定多挤时间陪孩子玩，尽可能地为孩子创设温暖的家庭氛围，并经常与教师交流。

此后，蒙蒙爸爸来接蒙蒙回家的次数逐渐多了起来。教师又与蒙蒙妈妈进行了多次约谈，共同探讨促进孩子健康成长、创设温暖家庭氛围的有效方法。一天，蒙蒙脸上洋溢着幸福的笑容，悄悄地告诉教师："爸爸妈妈和好了。"其实教师已经从孩子作品中鲜明色彩的增多，感受到他内心的阳光与幸福感了。

（案例提供：沈文瑛）

通过这个案例，我们可以发现，正是教师在看到幼儿作品的第一时间敏锐地捕捉到其内心的情绪情感变化，才会通过谈心了解到幼儿的内心世界以及他的所思所想，进而有的放矢地与家长进行了有效的约谈，使得幼儿在家园共育中获得了心灵的健康成长。

**★分析作品是否展现了幼儿某些方面发展所处的水平**

在落实《指南》的背景下，在进行作品分析时，教师只有更好地了解幼儿在每一个年龄阶段的特点和认知水平，才能通过由观察而获得的一些信息；只有认真审视幼儿的作品，从作品所呈现的幼儿发展水平、能力、原有经验、学习品质等各个方面进行分析与解读，才能有的放矢地提供适宜的指导。

### 案例 3-17　蛋糕订单

**幼儿姓名：**姗姗

**班　　级：**中班

**作品产生时间：**2015 年 4 月 30 日

**幼儿自述**

这是我设计的蛋糕花边，把它放到蛋糕上，多漂亮啊！

**分析解读**

这是姗姗第一次接触排序卡，不仅能将注意力放在图形顺序的排列上，而且能自行画出排序的初步规律，还能理解图形与空间的关系。同时，姗姗在游戏中能贡献自己的想法。

**教育策略或下一步观察计划**

☆建议姗姗自己设计一款蛋糕并进行实际操作，鼓励姗姗与同伴共同游戏。

☆将一些适合排序使用的图形或图案投放在活动区，支持姗姗在设计蛋糕花色时建构有关排序的经验。

（案例提供：尹　萌）

图 3-28

## 案例 3-18　等车

**幼儿姓名：** 甜甜（2 岁 6 个月）

**观察时间：** 2014 年 10 月 9 日

**观察背景：** 区域游戏

**观察记录**

区域游戏时间，2 岁半的你走到小型积塑玩具架前选择了一筐小动物玩具。你先是一个一个地把小动物拿出来摆在桌子上，然后将它们排成一列。我走到你身边问："小动物们在干什么？"你说："它们在排队。""排队干什么？"我继续问。你回答："排队上车。"说完把

图 3-29

一辆玩具汽车开到队伍前面，把排在第一个的小熊放在小汽车上开走了。

**分析解读**

游戏中你可以根据自己选择的游戏材料创设游戏情境，并乐在其中。在等车的情境中，你知道了要让小动物排队上车，将在生活中排队喝水、排队洗手、排队上车等经验迁移到游戏中。现在的你已经具有了初步的社会规则意识，学会有规则有秩序地做事情了。

**教育策略或下一步观察计划**

☆通过多种方式，不断巩固甜甜的良好行为，帮助其在各环节中建立

规则意识。

☆观察甜甜在其他情境中是如何游戏和使用玩具材料的。

（案例提供：张　妍）

在以上两个案例（见案例3-17、案例3-18）中，教师通过作品分析，分别解读了幼儿在图形空间、社会规则意识、经验迁移等方面的发展水平，为我们了解幼儿提供了客观依据。

当然，教师在分析幼儿作品时，还要注意以下几个方面。

◆不能过于看重技能技巧的发展水平而忽略情绪情感的变化。

◆不能仅看到某一领域或某一方面的发展而忽略学习品质的发展。

◆不能仅分析作品本身而忽略其产生的背景及原因。

### （二）文字记录

文字记录是教师以文字的形式对幼儿语言及行为进行的真实描述，包括谈话记录、口述记录以及观察记录等。

### 1. 谈话记录

谈话记录主要包括与幼儿及家长谈话的内容记录。与幼儿的谈话记录主要记录幼儿之间以及教师与幼儿之间就一个主题进行交流的对话内容。例如，教师和幼儿就最近读过的一本书或玩过的游戏进行交流。在此过程中，教师可以引导幼儿口述对于图书或游戏的感想。对这些内容的记录有助于教师了解幼儿在阅读或游戏中遇到的困难与需求。又如，教师对两个幼儿之间就某一个动画片中的角色或人物展开的谈话或多个幼儿在合作创编诗歌过程中的谈话内容进行记录。在此过程中，教师应记录下每个幼儿的发言，这样的谈话记录有助于教师或家长了解幼儿的语言、经验及想法等，以便给予幼儿及时的反馈。

还有一种记录是教师与家长之间的约谈记录（见图3-30、图3-31）。教师在与家长就近期幼儿的进步情况或某一问题进行沟通后，将主要内容记录下来并进行分析，有利于后期的家园合作，共同促进幼儿的成长。

| 班级 | 大一班 | 日期 | 2017年4月 | 约谈对象 | 李××家长 | 约谈教师 | 杨老师 |
|---|---|---|---|---|---|---|---|

**天津幼师附幼家长约谈记录表**

| 约谈意向 | 关于幼儿生活及学习习惯养成的问题 |
|---|---|
| 约谈记录 | 最近佳佳总喜欢从家里带一些玩具入园，集体活动时他不但不参与，还带领其他的小朋友玩自己的玩具。有时他的玩具并不安全，如珠子、气球等，就此问题，我安排了与佳佳家长的谈。<br>我对佳佳妈妈说："佳佳很聪明，老师们都很喜欢他。但这几天他爱从家里带一些不安全的玩具具或小物品入园，参加活动也变得不专心了，还影响其他小朋友。"佳佳妈妈惊讶于佳佳现在的现状，分析原因说道："孩子常年由爷爷奶奶带，而老人又特别溺爱孩子，他要什么就给他买什么，要去哪里玩就让他去哪里玩，有什么好吃的由他挑任他选。时间长了，孩子就养成了任性霸道的坏脾气了。"<br>我向佳佳妈提出了几点建议：<br>1. 父母要多抽时间陪伴孩子，教育管理好孩子才是最重要的事情。<br>2. 对待孩子的缺点和错误不要打骂，要慢慢地引导。<br>3. 对待孩子的优点和进步，要及时地鼓励和肯定，逐步引导孩子改掉任性的坏脾气。<br>4. 爷爷、奶奶和父母对孩子的教育要保持一致。 |
| 教师反思 | 大班阶段，培养幼儿的自我管理能力对于幼儿做好入学准备非常重要。要做好这点，需要教师和家长形成合力，共同努力。在幼儿一日生活中，不断地引导、培养，帮助幼儿不断进步。 |

图 3-30

| 班级 | 小小班 | 日期 | 2017年11月 | 约谈对象 | 张××家长 | 约谈教师 | 杨老师 |
|---|---|---|---|---|---|---|---|

**天津幼师附幼家长约谈记录表**

| 约谈意向 | 关于幼儿不能自己入睡的问题 |
|---|---|
| 约谈记录 | 诺诺从入园以来都不能自己入睡，每天都是老师抱着，否则不肯自己的小床。针对这个问题，我与诺诺妈妈进行了一次约谈，希望帮助诺诺解决无法独立入睡的问题。<br>杨老师说："诺诺妈妈，诺诺在家睡午觉吗？能够独立入睡吗？"<br>诺诺妈妈说："平日在家都是我陪着诺诺入睡的，而且她睡觉还很轻，我只要一离开，过不了多久她就会哭着找妈妈。"<br>杨老师说："我也发现了诺诺这个问题，她从来不愿意自己的小床，每天都是老师抱着睡觉，哄着了，只要放到小床上她就会醒，然后哭闹着不肯再睡。在来园前，您跟诺诺是如何沟通的呢？"<br>诺诺妈妈说："我告诉诺诺，上了幼儿园妈妈就不能陪着你了，你要和小朋友老师生活在一起，妈妈下班来接你。"<br>杨老师说："我也告诉诺诺，能来上幼儿园的小朋友都是长大的孩子，不需要妈妈陪伴了，是大姐姐了，要学会自己做事情了。"对于诺诺不能独立入睡的问题，您多给孩子一些心理上的安慰，在家培养她独立入睡的能力，在园，我们也会多鼓励她，与其他小朋友一起入睡。先观察一段时间，我们看看诺诺是否有进步，再做进一步沟通。 |
| 教师反思 | 幼儿期养成的习惯可以影响她的一生，对于刚刚入园的幼儿，还不适应幼儿园的习惯，此时正是可塑性较强的时期，是培养幼儿良好的行为习惯的良好时期，但此时，需要教师和家长共同配合，在平时琐碎的工作中，不断地对她进行引导、培养和强化，同伴间的学习也是很好的方法。对于年龄较小的幼儿，多鼓励他们的积极行为，让幼儿在生活中充满自信。 |

图 3-31

### 2. 口述记录

针对幼儿创编、仿编的儿歌、散文、故事以及口述日记等，教师以文字的形式将其记录下来，就是幼儿的口述记录。教师可以请幼儿以图画的方式参与到记录过程中，这样图文结合的记录更有利于帮助幼儿回忆自己的创编过程并不断丰富和扩展自己的作品（见图 3-32）。

### 3. 观察记录

观察记录可以由家园共同完成，一般以

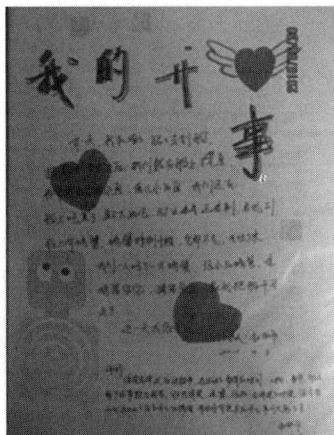

图 3-32

教师的观察记录为主，辅以家长的观察记录。观察记录可以是有目的的记录，也可以是逸事趣闻记录。前者主要记录幼儿基于预定目标的进步情况，后者则是对幼儿自发行为的记录，如幼儿在活动中的突出表现、生活中的点滴进步及幼儿与同伴之间发生的有价值的事情等。在观察记录中，逸事记录是比较常见的一种方法，可随时根据需要记下我们看到的有趣的或有特殊意义的行为表现。

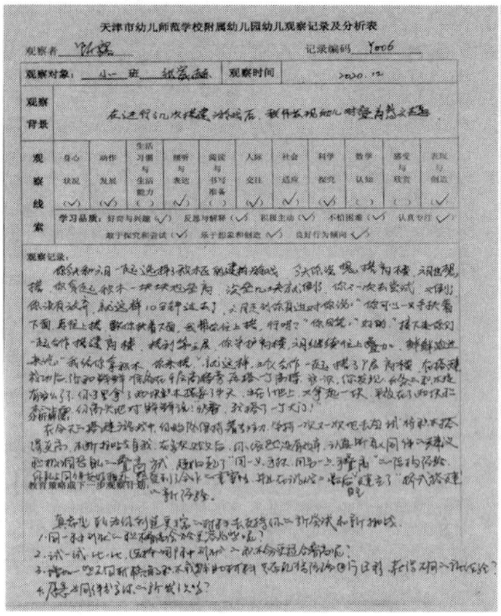

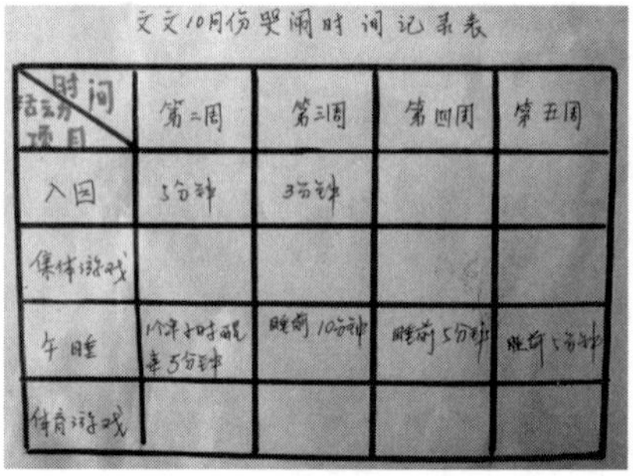

图 3-33

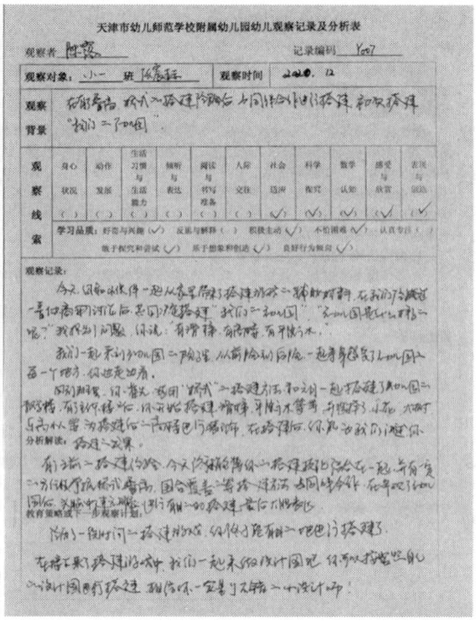

图 3-34

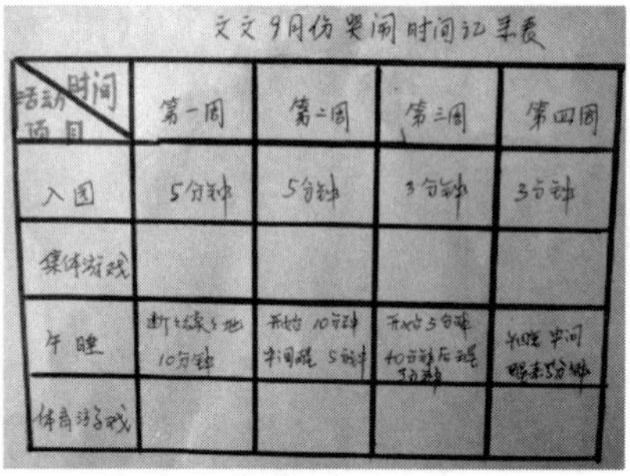

图 3-35

图 3-36

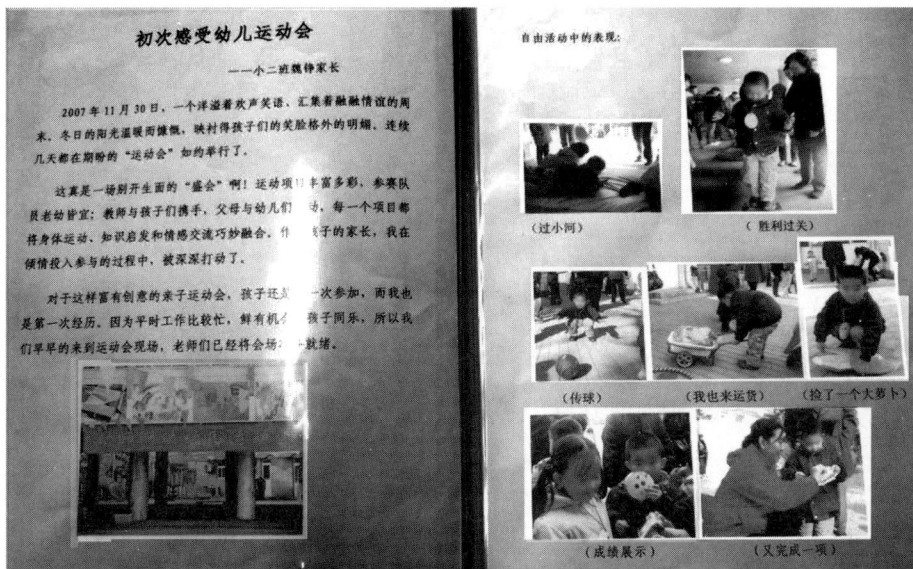

图 3-37

在幼儿成长档案中，除了幼儿作品照片、影像资料以外，文字内容占有很大的比例，具有重要作用。例如，针对幼儿作品内容的记录，在呈现作品的同时，一定要有教师看到的或听到的幼儿在完成作品过程中的言行。这些内容是很重要的信息，可以反映幼儿内心的一些真实想法，可以帮助教师更好地解读幼儿心理。在分析幼儿的作品时，教师可考虑从语言发展、思维发展、情绪情感、想象力、创造力、交往与合作等不同的角度来进行分析，并记录到幼儿成长档案中。在刚刚开始做幼儿成长档案时，文字记录中会不时出现教师的主观推测，如"她好像很高兴""亮亮看起来已经明白了""他不愿意和其他小朋友合作""小雪恐怕是想妈妈了"等，这样的内容使得记录缺乏客观性。

下面是一个夹杂教师主观臆断的观察记录（见案例 3-19）。

## 案例 3-19　墨斗鱼好吃吗？

乐乐是一个比较固执的孩子，平时总是特立独行。早餐时间到了，无论教师怎样叫他吃饭，他都不肯从美工区出来。终于，教师想出了一个好办法，拿着墨斗鱼状的豆沙包，走到乐乐跟前："多可爱的墨斗鱼呀，好香啊！掰开看看，里边有什么？噢，是豆沙馅的，不知道吃到嘴里是什么味呢？"乐乐听后欣然接受了，大口吃起来。

在上述案例中，"比较固执""特立独行"等文字都加入了教师对幼儿的主观判断，这样的记录会使阅读档案的其他人一上来就带着对乐乐的特殊看法去了解这件事。乐乐究竟为什么在美工区中不愿出来？他在做什么？当时的情境是怎样的？阅读者无从知晓。这样的记录就失去了其真实性和客观性，不能准确地分析、解读幼儿的心理。

文字记录的关键在于真实地记录幼儿的行为表现，力图客观地反映幼儿的原本状态。对幼儿的行动、感受或他们为什么会有这样的举动等进行不下结论的真实记录，才是我们需要的，这也就是我们常说的白描式记录方式。只有这样，教师才能用观察中获得的真实信息，结合对幼儿学习特点、发展状况的了解，对其行为做出恰当解读。下面这个案例（见案例3-20）是班内另一名教师对乐乐当时所处的环境及行为表现的描述。

### 案例3-20　墨斗鱼好吃吗？

**观察对象：**乐乐（3岁8个月）

**观察时间：**2008年10月29日

**观察背景：**早餐时间

**观察记录**

早餐时间，乐乐哭着来园，依依不舍地和爸爸分手之后，一头扎进了美工区，开始玩刚刚投放到美工区里的印章画。

教师说："乐乐，好孩子，洗洗手来吃早饭吧！"

乐乐说："不洗，不洗。"

教师说："乐乐坐这儿来，和小朋友一起吃早饭吧！"

乐乐说："不坐，不坐。"

乐乐又开始低头画画。

教师拿着墨斗鱼状的豆沙包，走到乐乐跟前说："多可爱的墨斗鱼呀，好香啊！掰开看看，里边有什么？噢，是豆沙馅的，不知道吃到嘴里是什么味呢？"

教师说完将豆沙包放到了他的嘴边，乐乐欣然接受了，大口地吃起来。然后，乐乐跟着教师回到了餐桌旁，还咕咚咕咚地喝了一碗牛奶。

（案例提供：尹　萌）

可以看到，由于这两份观察记录使用了不同的描述手法，所以阅读者对乐乐出现了不同的认知，对乐乐的行为也会有不同的理解。案例3-20让我们更有身临其境的感觉。这种白描式的手法对我们下一步分析和解读乐乐的内心世界会有更多的帮助。

### （三）影像资料

影像资料主要是指音频、视频等。它们能提供幼儿成长与发展的丰富信息，并且对促进家庭的参与有很大的帮助，能让家长在未曾现场参与的情况下，看到或听到幼儿的各项活动。例如，在主题活动中，我们录制一张幼儿讲故事、和小朋友一起唱歌跳舞的光盘，对幼儿、教师和家长来说，都是十分珍贵的资料。教师应该经常为幼儿和他们的活动摄像，在光盘盘面上简短记录所拍的内容，包括日期、场所、幼儿姓名以及每个场景的特殊意义。

录像是一种重要的记录方式，具有其他方式不可比拟的特点和优势。其最大的特色就是生动、鲜活，真实地记录了幼儿的那些动态的、转瞬即逝的行为，能完整地记录有价值的信息，充分展现活动中涉及的细节，包括周围的环境，他人的表现，幼儿的语言、情绪和动作，等等，使记录更具完整性和说服力。因此，与其他记录方式相比，录像更具直观性、真实性、过程性和完整性。

教师与幼儿分享录像片段，不仅能够很好地调动幼儿的积极性和主动性，吸引其参与到幼儿成长档案的创建中来，还可以引发幼儿对自身学习方式的思考。另外，家长通过观看录像，可以了解幼儿在园真实的活动情况，有利于家园合作进行教育。

需要说明的是，录像是最能直观反映幼儿现状的一种记录方式，适用于对幼儿所有行为的记录，但由于录像在某种程度上会对幼儿的情绪造成影响，应注意拍摄时的隐蔽性。教师应有选择性地使用录像这种记录方式。那么，什么时候适合用录像呢？

**★在记录幼儿的各种动态表现时**

幼儿复述故事、朗诵诗歌、表演歌舞或童话剧、进行体育游戏以及幼儿在生活环节的表现、区域游戏现场等均适宜用录像的方式进行记录。它可以将幼儿的一些行为反应或一段时间的进步，清楚完整地记录下来，帮助幼儿留下美好的记忆，还能让家长在没有实际参与的情况下，看到幼儿在各项活动中的表现。对教师和家长来说，这份记录是弥足珍贵的。

**★在同时记录多个幼儿的活动状况时**

一段录像能再现幼儿参与活动的过程，不仅能清楚地看到幼儿做事的态度和坚持性，而且能够提供一个幼儿或一组幼儿有价值的实况记录，特别是幼儿之间或者幼儿与教师之间互动的细节信息。一段录像可以作为多个幼儿成长档案中的资料，教师在后期只要从适宜的角度对每个幼儿进行分析就可以。例如，通过建构区的录像片段，教师可以看到每个幼儿的搭建过程、搭建水平、想象力以及学习品质等，同时还可以发现他们在交往、合作、解决问题能力等方面表现出来的个体差异。需要注意的是，教师需要事先将录像设备架在适合的位置上，拍摄画面可以涵盖整个区域。在幼儿不注意的情况下录制，才会真实地反映幼儿的整体情况。

录像并不是最终目的，而应成为教师和家长了解幼儿的载体，成为有效施教的依据。教师应有计划、有针对性地选择一些适合以录像方式呈现的内容进行拍摄。拍摄后，教师可将其刻录成盘，注明日期、时间、地点和简单介绍，以便日后再次观看和进一步分析，使录像成为幼儿成长档案中最有价值的记录内容之一。

**★在与家长沟通幼儿某些特殊行为表现时**

幼儿在园一日生活和游戏中，可能会由于某种原因，在某些时段或某一时刻表现出一些异常行为，如攻击性行为、破坏性行为、注意力分散、进餐问题、哭闹行为等。当教师与家长沟通时，由于家长没有机会见到幼儿在集体中的反应，有可能会产生质疑。为了让家长更清晰地见到幼儿的实际表现，教师们也可利用视频来与家长共商教育策略。这种眼见为实的资料会更有说服力，能帮助家长认清幼儿的发展现状，从而提升家长的重视度以及配合度。我园教师曾利用录像的方式记录了多个幼儿的自闭症倾向、感统失调问题等，并通过与家长共同分析，使他们意识到了幼儿的问题，及早进行了专业的检查和及时的专业干预，为幼儿的健康成长争取了时间。

需要特别注意的是，反映幼儿行为的档案资料一定要保密，只能给幼儿的家长看。如有其他需要，也需经过家长同意。

**（四）表格记录**

表格记录是比较方便快捷的记录方式，能使幼儿的成长以直观、立体的方式呈现出来，使看到幼儿成长档案的人能一目了然地了解幼儿的发展和变化。

我们发现，需要通过多次观察才能看到幼儿发展和变化的内容可以使用表格记录方式。但幼儿成长档案中的表格不同于普通的记录表格，我们应该尽量发挥表格在幼儿成长档案中的作用。以下是我园针对不同使用者而设计的三种不同形式的表格。

**★幼儿独立记录使用的表格**

根据幼儿的年龄特点和实际操作能力，设计一些简便易操作的表格，鼓励幼儿用不同的方式自己做记录。幼儿在记录的过程中能获得某方面的启发或鼓励，从而获得成长。

例如，我们可以利用表格帮助幼儿针对任务意识进行记录。幼儿通过亲自记录自己的变化，看到了自己的进步，加强了任务意识。一段时间后，教师在表格的末尾对幼儿的表现给予分析。

## 案例 3-21　你的任务完成了吗?

**观察对象**：翔翔

**观察时间**：2010 年 3 月 16 日

**观察背景**

大班第二学期，翔翔转入我园。翔翔对于新环境还不太适应，对教师布置的各种小任务总是漠不关心，多次没有完成。于是，教师在幼儿成长档案中为其设计了一个表格（见表 3-10），并且每天为他布置一个小任务，如果完成了，便请他在表格中贴上一个笑脸。

表 3-10　你的任务完成了吗？

| 日期 | 周一 | 周二 | 周三 | 周四 | 周五 | 统计 |
|---|---|---|---|---|---|---|
| 任务 | 测量工具 | 收集新闻 | 天气预报 | 画正面人 | 写日记 | 3 |
| 完成情况 |  |  | ☺ | ☺ | ☺ | |
| 任务 | 整理物品 | 值日生 | 带小镜子 | 带图书 | 做计划 | 4 |
| 完成情况 | ☺ | ☺ | ☺ | ☺ | | |
| 分析 | 翔翔的任务意识越来越强，从完成一个单项任务到主动为大家服务，以及在家中制订星期天计划、完成自己的任务。每次在表格上贴上☺时，他的脸上洋溢着开心的笑容。他常常带着自己幼儿成长档案回家给家人看。 | | | | | |

（案例提供：孙　静）

又如，有关幼儿自我服务、独立性、坚持性等方面的进步情况都可以选用表格的方式进行记录。根据观察和评价内容与项目的不同，教师可采用和设计不同的表格，如图 3-38。

图 3-38

★**教师记录使用的表格**

教师根据观察的目的，设计不同的表格，用以记录幼儿的行为表现，并从表格记录中发现幼儿的发展需求，进而调整自己的教育策略。在运用幼儿成长档案与家长进行沟通的过程中，一些记录表格可以使家长清晰地看到幼儿的学习和发展状况，从而使家长与教师的教育目标达成一致，家园携手共同促进幼儿成长。《幼儿发展状况评估标准表》《时间抽样记录表》《事件抽样记录表》等都是我园教师经常使用且非常有效的记录方式。

★**家长参与记录的表格**

家长同样是幼儿成长档案创建与运用的主体之一，所以他们也要参与表格记录工作。我园供家长参与记录的表格有《幼儿家庭情况调查表》《幼儿成长档案反馈表》《幼儿活动观察记录表》等。

# 第四章 幼儿成长档案的运用：
## 促进幼儿发展

作为教师，一方面，要熟悉《指南》对幼儿的学习和发展提出的具体目标和要求，这样才能在日常活动中有意识地观察，了解本班幼儿各方面的发展情况以及与这些要求之间的距离，根据目标及典型表现的启示来判断每个幼儿的发展水平属于哪个阶段或其发展阶梯在哪里；另一方面，要熟悉每个目标对三个年龄段幼儿的不同要求，以了解幼儿在某一方面发展的连续性，确定幼儿下一步发展的方向。那么，如何有效地促进幼儿个性化发展呢？基于对幼儿成长档案的研究，我们建议可以从以下几方面进行尝试与探索。

## 一、客观地分析评价幼儿

### （一）基于档案内容对幼儿行为进行合理评价

#### 1. 注重评价目的的明确性

基于幼儿成长档案的评价，应当是突出幼儿行为表现的发展性评价。教师可以在幼儿成长档案创建的过程中，有计划性地以周期（如一个学期或一个季度）为单位对幼儿进行身体动作、语言、社会情感等多方面发展变化的评价，呈现形式可以是数据、观察记录、表格等。为了保证评价目的的明确性，需要强调以下几点。

★选择适宜的观察记录方法，使信息全面、具体，有利于对幼儿个性特点的全方位分析。

★把握幼儿的年龄特点和所要观察方面的现有发展水平，确保分析到位。

★掌握观察的相关理论知识，使分析相对科学和准确。

★既要分析幼儿行为发生的背景及原因，又要分析幼儿的行为所带来的结果，即幼儿的行为到底使得他们获得了什么。

## 案例4-1 小鱼又死了————————————

**观察对象：** 凡凡、莹莹、硕硕、妮妮、祥祥

**观察时间：** 2012年9月

**观察背景：** 科学区

**观察记录**

开学初，班里的科学区新添了一个大鱼缸，孩子们纷纷带来五颜六色的小鱼，孩子们很喜欢跑过去观察小鱼。

随着日子一天天过去，孩子们隔三岔五地就跑来跟教师说：

"老师，老师，死了一条小鱼！"

"老师，你快去看看！又死了一条！"

教师和孩子们一起讨论："为什么小鱼会死掉呢？"

"它们是饿死的吧？"凡凡第一个发言。

"不是！我家的鱼，爷爷也不是每天都喂，可是它们活得可好了！"祥祥反驳道。

"是不是该换水了？"莹莹问。

"对对！鱼缸里的水都好几天没换了，它们肯定是被臭水熏死的！"孩子们都认为是这个原因。

"那好，我们给它们换换新水，看看它们是不是就不会死了。"教师回应道。

鱼缸里换了新水后，小鱼活蹦乱跳的，孩子们很高兴。

可是没过几天，硕硕着急地跑来对教师说："老师，又死了两条鱼！

你快过去看看!"

"啊?!"孩子们听到之后都跑过去围着鱼缸看。

"怎么又死了?这次就剩下一条鱼了。"孩子们伤心地说。

于是我们第二次讨论小鱼的死因。

"水都换了,它们怎么还死了呢?"凡凡皱着眉头。

"听爷爷说,小鱼要有氧气才能活,就像我们人一样。"祥祥说。

"氧气?"孩子们挠挠头,"从哪儿去弄氧气呢?"

孩子们你看看我,我瞧瞧你,一时没了声音。

教师说:"这样吧,今天请小朋友们回家之后去和爸爸妈妈商量一下,你们也可以上网查资料,还可以从书上找一找,咱们明天一起想办法救小鱼,好不好?"

"好!"

第二天,孩子们纷纷带来了他们的办法。

凡凡说:"我昨天问爷爷了,他说安一个排氧气的管子就行。"

"对!我姥姥家的鱼缸里就有!"莹莹点头。

"可是,我们的鱼缸太小了,而且也没有盖子,怎么安呢?"硕硕问。

"那怎么办?"

"我知道!我昨天从书上找到了好办法!"妮妮站起来说。

孩子们睁大了眼睛看着她:"你有什么好办法?快说!"

"书上说,在鱼缸里放上两根水草,水草可以释放氧气,这样小鱼就不会死了。"

"那快去买水草吧!"孩子们兴奋地说。

鱼缸里放入了水草,小鱼在里面游来游去,孩子们天天围着鱼缸看,可开心了!

### 分析解读

科学区,孩子们带来了五颜六色的小鱼,他们总会跑过去观察说明他们对小鱼的喜爱。

当孩子们发现小鱼在不断死亡的时候,他们表现出了悲伤的情绪,激发了要救小鱼的愿望并引发了一系列的探究行为，这也反映出孩子们对生命的尊重。

小鱼的死亡令孩子们非常伤心，他们决定救小鱼。教师与他们共同探讨"小鱼为什么会死掉"的话题，孩子们想到了一些可能原因。他们尝试验证自己的猜测，但结果证明他们的猜想并不正确，虽然换过水，可是小鱼依旧会死亡。对于自己感兴趣并急于解决的问题，孩子们喜欢刨根问底，于是教师和孩子们进行了第二次关于小鱼死因的讨论，得出了小鱼需要氧气的结论。对于如何使小鱼获得氧气的问题，孩子们采用了请教有经验的人、查阅图书、上网查资料等手段。最后，问题解决了，他们体验到了自己动手动脑解决问题的兴奋与满足。

**教育策略或下一步观察计划**

☆教师要支持幼儿进行提问，耐心倾听，经过筛选和判断，引导他们用适宜的方法解决问题，寻找答案。

☆与幼儿进一步探讨解决问题的手段有哪些，丰富他们的探究经验。

☆适当引发幼儿对生命与死亡的认识，懂得珍爱生命。

（案例提供：曹 菁）

在案例4-1中，幼儿发现问题、讨论问题并且深入实践探究问题的过程，其实就是幼儿通过直接感知、亲身体验和实际操作寻求答案的过程。这个过程使幼儿体会到面对死亡的伤感，懂得珍爱生命；知道发现问题后要积极想办法解决，要对自己的想法进行验证，这样才能知道怎样的方法才是有效、可行的。同时，还要掌握一些解决问题、收集资料的途径，如向有经验的家人请教、上网、查阅书籍等。

总之，对幼儿行为发生的背景及情境、引发幼儿行为的原因及幼儿行为带来的结果进行认真分析，将有助于教师对幼儿进行客观评价，进而选择适宜的教育策略或制订下一步观察计划。

2. 注重评价角度的多元性和评价途径的多样性

幼儿在各个领域的发展水平有没有进步？是否达到了规定或预期的

发展目标？存在的优势和不足到底有哪些？这些都需要用科学、合理的方式予以评估。幼儿成长档案的创建过程本身就是对幼儿表现进行动态评估的体现，幼儿成长档案中的内容能让教师和家长快速了解幼儿的情况。

以往对幼儿的评价多是重结果、轻过程。教师们通过不断研究，认识到了评价角度多元性与评价途径多样性的重要性。单一的评价内容仅关注认知的结果，而多元评价则涉及社会、语言、认知、运动等多个领域，也涉及幼儿学习的情感和倾向、学习品质等，注重对个体发展独特性的认可。我园教师秉承多元化评价幼儿的理念和"幼儿是富有个性色彩的主动学习者"的儿童观，关注幼儿各个方面的发展，关注每个幼儿的个性特点。

评价幼儿发展状况，可以有众多切入点，例如选择不同领域来对幼儿发展进行评价；选择在主题开展的过程中对幼儿发展进行评价；选择从多元智能的各个方面对幼儿发展进行评价；选择按某一时间、某一活动来对幼儿发展进行评价；选择对幼儿的活动风格或学习方式进行评价；等等。评价途径的多样性，为教师在与幼儿互动的过程中持续观察和评估幼儿的潜能、调整教学策略、调整环境和材料的适宜性并给予适宜的支持与引导提供了保障。

下面这两个案例（见案例4-2、案例4-3），是两名教师分别在区域游戏和主题游戏中对两个幼儿的观察与评价。

## 案例4-2　岚岚的花店

**观察对象：**岚岚（4岁）

**观察时间：**2015年4月

**观察背景：**区域游戏

**观察记录**

今天，你和小伙伴来到了"美美花店"，选择了花艺师的角色。你先整理好了所有的花，然后挑选了一个你最喜欢的花瓶，将花插了进去，一边插一边数着"1、2、3……"。你在第一个花瓶插了1枝花，在第二个花瓶插了2枝花，在第三个花瓶插了3枝花……这时，坐在一旁的屹屹说："我的花瓶老是倒，怎么也插不好。"你听到后轻轻地对屹屹说："我来教你，你往花瓶里倒点水，这样花瓶就不会倒了，花放在水里会开得更漂亮。"说完，你和屹屹一起往每个花瓶里倒了一些水，俩人高兴地说笑着。过了一会儿，你对自己说："我不能再笑了，我要继续工作了，一会儿要来顾客了"。说完，你继续认真地做着自己的事情……

**分析解读**

岚岚今天主动选择了"美美花店"的游戏。在插花的过程中，岚岚开始有意识地进行数的排序，将点数的经验运用在游戏中，让游戏情境更加生动有趣。当发现同伴遇到困难时，岚岚主动提供帮助，分享经验，与同伴一起愉快游戏。在游戏过程中，岚岚既能够按照自己的游戏角色做事情，又能够大胆创新。这也表现出岚岚的责任感和做事认真专注等良好的学习品质。

**教育策略或下一步观察计划**

☆在花店中提供更多的花瓶、包装纸等材料，满足岚岚进一步游戏的需要。

☆依据岚岚的发展水平和能力特点，支持并鼓励岚岚带动其他同伴共同游戏。

☆继续观察幼儿在游戏中的行为表现，判断幼儿游戏的真兴趣和真需求，与幼儿共同创设更加开放的游戏环境，满足幼儿自主游戏的愿望。

（案例提供：孙 丹）

## 案例4-3 捏小猪

**观察对象**：依依（6岁）

**观察时间**：2015年4月

**观察背景**：民俗主题游戏

**观察记录**

在主题游戏中，依依选择来到民俗坊做泥工。依依看了看十二生肖的图片，她快速地打开盒子说："我想做小猪。"

首先，依依选了一块黄色的泥，很快搓好了一个圆鼓鼓的小猪的头。然后，她又取出同样颜色的泥，一点一点地把它捏成两个小三角，给小猪当耳朵。接着，依依拿着做好的猪头瞧了瞧，又找来一点黑色的泥，给小猪搓了两个漂亮的小眼睛。接下来，她并没有接着做其他部分，而是把黑色的泥切成好多又细又小的小长条。依依解释说："我想给我的小猪做睫毛。"依依边说边拿起小长条，给每只眼睛都贴上了睫毛，认真极了。她用粉色的泥给小猪做身体，然后又拿出深红色的泥，把它擀成一个小片后围着小猪的身体缠上一圈，不停地用手捏着。依依将自己的作品展示给教师看："老师，你看，我做了一个穿裙子的小猪。"

看到对面的萱萱正在给小动物做王冠，依依问："萱萱，你能帮我也做一个这样的王冠吗？"萱萱很快帮依依做了一个王冠，依依开心地给自己的小猪戴上，嘴里嘟囔着："我还要给小猪做头发。"

**分析解读**

依依很有自己的想法，她选择了用彩泥来做十二生肖中的小猪。从对彩泥颜色的选择到小猪每个部位的制作，依依都表现出认真、细致、专注等良好学习品质，特别是给小猪做睫毛，可以看出依依对日常生活细节的观察力很强，并能够将生活经验迁移到游戏活动中。

观察依依对作品细节的把握、颜色的选择、形象的修饰等，也体现了依依审美能力的发展，如给小猪添加睫毛、选择红色的泥制作小猪的裙子、给小猪加戴王冠等。

同伴间的学习是大班幼儿的学习方式之一。在游戏中，依依看到同伴做的王冠后，主动交流，寻求帮助，进一步完善了自己的作品，主动学习和交往的能力有了明显提升。

**教育策略或下一步观察计划**

☆关注依依在一日生活其他环节中是否同样表现出认真、细致、专注的学习品质。

☆为幼儿提供更多观察周围生活事物的机会，鼓励其选择多种方式进行表达，比如彩泥、绘画、剪纸等，发展其对于美的感受力和表达能力。

☆设计适宜的活动课程，借助同伴学习的方式，发挥依依的优势，引导其与同伴共同学习，共同成长。

（案例提供：杨　杨）

### 3. 注重评价过程的动态性和真实性

动态评价关注幼儿自己能做到的以及借助同伴或成人之间的互动所能实现的各方面潜能的成长。在动态评价过程中，教师可以给予暗示或其他的支持。这时，评价与教学就成了一体。与静态评价不同的是，动态评价发生在教育过程中，静态评价更关注活动的结果。

动态评价是一个持续的过程，它对幼儿发展的分析包含了过去、现在和未来。我园教师在创建幼儿成长档案的过程中，对动态评价的内容进行了研究，着眼于关注幼儿的学习变化与成长历程，使评价的内容与方式向着多元化转变。

例如，我园教师依据不同年龄班幼儿的发展水平，制定了《年度幼儿整体发展状况表》，观察线索与《指南》目标相匹配，供教师在日常教育活动中观察了解幼儿身心发展水平，目的在于为不同水平的幼儿提供良好的教育环境和机会，使他们在原有水平上获得发展。

在评估过程中发现，由于幼儿的行为表现带有随意性、不稳定性，因此教师对幼儿的评估不能只凭一次观察就下结论，需要在日常活动中对幼儿进行多次观察记录、分析，从而对幼儿进行全面客观的评价，这些幼儿成长档案中的原始资料，为教师的评价提供了科学依据（见图4-1、图4-2）。

幼儿的发展具有连续性和个体差异性。因此，教师要把握幼儿发展的规律，心中装着幼儿整体发展目标，了解每个幼儿的发展水平，有针对性地进行评估。我园的《年度幼儿整体发展状况表》只是为教师科学地观察、了解幼儿提供一种帮助和一个线索，不能把它作为幼儿发展的全部。

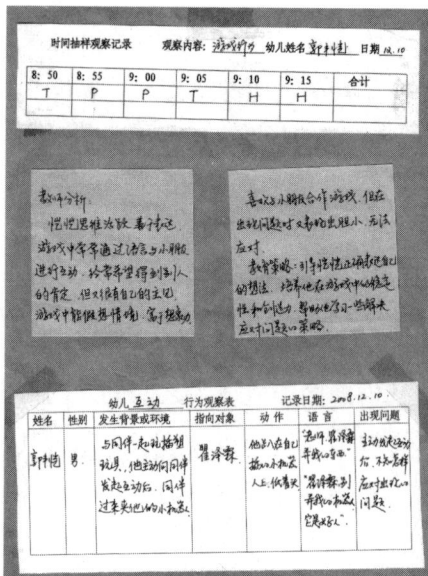

图 4-1

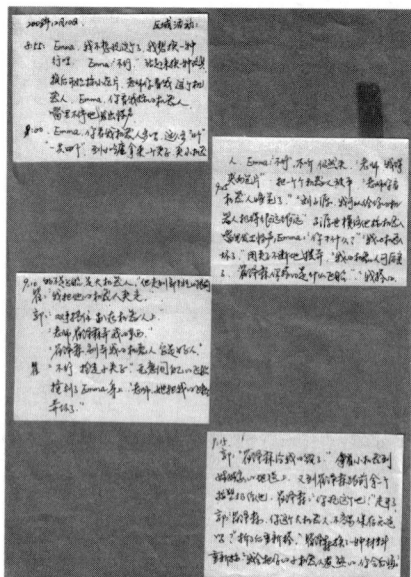

图 4-2

评价结果是否真实、客观，将直接决定我们为幼儿提供的教育策略是否适宜、有效。为保证评价结果的真实性，我们需做到：第一，在真实的教育情境中进行自然的观察；第二，注意有效评价跟教学的整合；第三，重视对幼儿经验建构过程的评价，而不仅仅是对结果的评价；第四，评价标准要多元化，形态要多样化；第五，评价时必须要考虑幼儿学习或行为发生的背景。

需要注意的是，幼儿成长档案是由幼儿、教师、家长共同完成的。在幼儿成长档案创建和运用的过程中，任何一方都不能只是信息的接收者或反馈者。教师可以通过定期的档案移交，使家长了解幼儿的发展进程；还可以通过家长约谈的方式引导家长共同观察、分析解读幼儿，共同探讨相应的指导策略，体现多角度评价的整合，保证评价结果的真实性，进而清晰地展现幼儿每一步的成长轨迹。

下面的案例（见案例4-4）展现了教师如何对幼儿进行动态而真实的评价。

**案例 4-4 蚕蚁宝宝的家**————————————————————

观察对象：大班幼儿

观察时间：2014 年 12 月 3 日

观察背景：自选活动

**观察记录**

在自选活动中，四个孩子选择了在饲养角观察蚕宝宝，记录蚕宝宝的变化。在经历了一个多月的白蚕饲养后，孩子们对于养蚕已经有了一定的经验。在上周集体讨论了饲养彩蚕宝宝的想法后，两天前轩轩带来了一盒蚕籽和饲料。经过两天的等待，孩子

图 4-3

们惊喜地发现，蚕籽里的 80 多只小蚕蚁破壳而出，小小的药盒一下显得很拥挤。于是，孩子们提议为蚕蚁宝宝搬个家。此前，我们共同查找资料，了解到蚕蚁不能用手摸，可以使用鹅毛来移动。孩子们便找来早就准备好的鹅毛。经过分工，为了保护蚕蚁宝宝的安全，默默和轩轩作为操作者，为蚕蚁宝宝搬家。此时，很多孩子围了过来，默默地屏住呼吸观看。在这一个月中，孩子们建立了责任感，他们像爸爸妈妈照顾自己那样精心照顾着蚕蚁宝宝。此刻没有一个孩子去打扰正在为蚕蚁搬家的默默和轩轩。他俩睁大双眼，轻轻地、慢慢地、一只一只地挪动着小蚕蚁。20 分钟后，80 多只小蚕蚁终于安全地搬到了新家。小蚕蚁要经过喂养彩色饲料才能变成彩蚕宝宝，但是饲料很容易变干，因此孩子们决定将饲养盒盖上盖子。

朋朋说："天气这么热，盖上盖子蚕蚁宝宝会被闷死的！"

乐乐说："盖上盖子，盒子里的氧气越来越少，蚕蚁宝宝一定会死的！"

珈珈说："在盖子上留一条小缝隙，蚕蚁宝宝也需要一个能够呼吸的小窗口！"

经过讨论，为了让蚕蚁宝宝能够呼吸到新鲜空气，孩子们给饲养盒留了一条缝。

两个小时后，因为天气太热，蚕蚁宝宝的饲料很快变得硬邦邦的。

牛牛说："我们为蚕蚁宝宝换一些新的饲料吧！"

睿睿说："这么多饲料就要扔掉了，太浪费了！"

妮妮说："这样换饲料，蚕蚁宝宝很快就要没有饭吃了！"

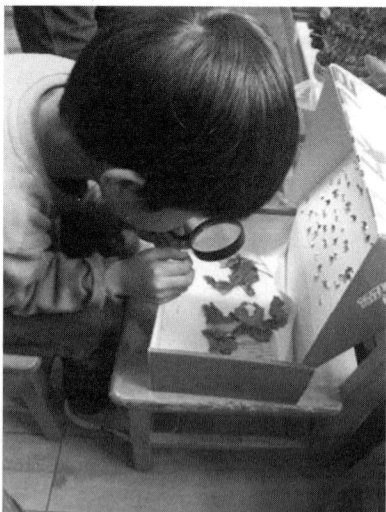

图 4-4

教师说："还有什么好办法能让饲料慢点变干？"

默默说："我们在盒子上多扎些小孔吧，就好像小窗户一样！"

教师说："我们可以试一试这个办法。"

孩子们拿来彩帽钉子，在盒盖上扎了十几个细细的小孔，便于空气流通。

媛媛说："这下好了，蚕蚁宝宝不会被闷死了！"

三个小时后，孩子们又进行了交流。

朋朋说："饲料马上又要变干了，到了晚上我们都回家了，没人喂蚕蚁宝宝可怎么办呢？"

格格说："蚕蚁宝宝会被饿死的！"

教师说："你们说饲料为什么会变干呢？"

甜甜说："饲料里的水都没了！"

教师说："我们用什么办法能够补充饲料中的水分呢？"

（孩子们知道饲料是不能沾水的，容易发霉）

默默说："我们在盒盖上滴一点水，让盖子上的水慢慢地从小孔中渗透进去。"

朋朋说："我们找一块湿毛巾盖在盒子上，盒子里就会有水蒸气了。"

格格说："毛巾大，盒子小，如果将毛巾都盖在盒子上蚕蚁宝宝还是不能喘气。"

教师说："这个方法真不错，还有没有更适合的、类似毛巾的材料可以盖在盒子上呢？"

经过讨论，孩子们选用了纱布和面巾纸，同时开始测试，干得快的则被淘汰。

几个小时后，面巾纸快干了，纱布还是潮湿的，铺着纱布的盒盖里有一层小小的水珠，饲料还是软软的，最终纱布成了饲养蚕蚁宝宝的必需品。

经过一天的讨论和实践，孩子们终于为蚕蚁宝宝安置了一个温暖、舒适的家。

### 分析解读

这一天对于孩子们来说是不平凡的！在面对"如何帮蚕蚁宝宝搬家""怎么让蚕蚁宝宝不被闷死""如何让饲料不干"等挑战过程中，孩子们通过分工合作、借助原有经验、持续观察、小组讨论、反复尝试等方法，解决了一个又一个难题。每个人都在积极地为问题的解决做贡献。孩子们对蚕蚁宝宝的关爱和呵护也深深地感染了教师。

### 教育策略或下一步观察计划

☆展开家园合作，拓展幼儿对蚕的认知，支持幼儿从多种渠道获取信息，进行更加深入的探究和学习。

☆继续观察幼儿根据事态发展所采取的行动，并多准备几个盒子，看能否为他们下一步的探究提供更多的机会。

☆深入观察不同幼儿对蚕的兴趣点是什么，开展相适宜的课程，帮助幼儿建构有益经验。

（案例提供：杨　珺）

在上述案例中，当教师发现幼儿对"为蚕蚁宝宝搬家"产生了极大的兴趣后，为了弄清他们的真正兴趣所在和学习的可能性，在一天中的四个时间段对他们进行了连续的观察与记录，这样才有了后面的客观分析。

### （二）基于评价情况改善幼儿行为

教师应明确，关注幼儿行为的寻常时刻是了解幼儿发展特点的根本途径，此时幼儿反映出的行为表现、发展水平是最真实的。将这些内容收集到幼儿成长档案中，可以为教师准确解读幼儿行为提供客观依据，帮助教师把握幼儿发展的最佳时机，为幼儿提供将自身发展可能性向现实转化的机会，促进幼儿发展。因此，教师需认真分析幼儿成长档案内容，分析幼儿当前发展水平，客观、准确地解读幼儿行为的含义，以使教育教学富有针对性。

### 案例 4-5　喜欢数数的天天

#### （一）

**观察对象：**天天（3 岁 7 个月）

**观察时间：**2012 年 11 月 8 日

**观察背景：**区域游戏

**观察记录**

在娃娃家游戏时，孩子们用蔬菜、面包等材料忙着给娃娃做饭，还有的孩子在给娃娃换衣服。这时，教师看到天天一直在摆弄烤肉串的材料。教师没有干扰他，选择继续观察。天天一会儿把大肉片和小肉片材料中的绿色拿出来，一个一个地摆放，还不时地用小手数一数，然后又挑出黄色的大肉片和小肉片，仍然一个一个地摆好，又用小手数了数。就这样，天天把每一种颜色的肉片都摆放了一遍，乐此不疲。

**分析解读**

天天做事认真有序，乐于摆弄操作，数概念已初步形成。

**教育策略或下一步观察计划**

☆进一步观察天天对数概念的理解和运用。

☆创设情境激发天天在生活、游戏中学习数学的兴趣。

# （二）

**观察对象**：天天（3 岁 7 个月）

**观察时间**：2012 年 11 月 13 日

**观察背景**：入园

**观察记录**

早上入园后，天天选择了圆形的插片玩具。玩具有红、黄、绿三种颜色。天天每次都挑出一种颜色的插片，然后一个一个地摆放好，并用小手数数。在玩了几次后，天天让教师和他一起数，教师问："天天摆的是什么呀？""是大高楼，看，这是红色的大高楼。"天天拉着教师的手，开始数了起来："一、二、三……老师，你住几楼？""我住三楼。"教师回答。天天数到第三个插片时高兴地对教师说："你住这儿。"说完，他又自言自语："我住六楼。"然后他又开始数到第六个插片，告诉教师："我住这里。"

**分析解读**

教师通过连续观察，发现天天近来非常喜欢数数，无论是区域游戏还是在入园等生活环节，都会专注于点数游戏材料，对数数产生了很浓厚的兴趣。从天天的行为表现可以看出，其手口一致点数的经验正在不断发展。

**教育策略或下一步观察计划**

☆在日常生活中发展幼儿对数概念的理解和运用能力，通过创设游戏情境、提供适宜材料、解决实际问题等方式，给天天更多的学习机会，引导其主动探究。

☆挖掘幼儿对数数感兴趣的深层原因，并据此设计有针对性的课程，支持幼儿建构新经验，获得发展。

（案例提供：张　颖）

从上面这个案例（见案例 4-5），我们可以看出，教师观察到天天在娃娃家的表现后，基于对这个年龄阶段幼儿发展特点的了解，没有急于下定论，也没有简单地理解为他不会使用材料开展娃娃家游戏，而是留心进行观察。当观察记录（二）的行为出现后，教师通过接受天天的邀请，和他一同游戏，进一步了解了他的兴趣与需求。由此，一个个学习时刻的闪现，使得教师对他的行为有了正确解读。也正因为教师能准确把握和解读幼儿行为背后的意义，才能提出更有针对性的教育策略，促进幼儿在原有经验上获得发展。

下面这个案例（见案例4-6）记述了教师在不断观察并开展过程性评价的过程中，支持幼儿语言发展的过程。

**案例4-6　嘉铭的故事**——————————————————————

（一）

**观察对象：** 嘉铭（3岁）

**观察时间：** 2007年11月15日

**观察背景：** 区域游戏

**观察记录**

今天在区域活动时，嘉铭选择了美工区，但是并没有在美工区游戏，而是又去了娃娃家玩。嘉铭抱起娃娃放到小推车里，拿着手机在活动室里带着娃娃玩了起来。这时，豆豆走过来对嘉铭说："这是娃娃家的，你是美工区的，不能玩这个小车。"说着，豆豆就把小推车推走了。嘉铭大哭起来并大喊："老师，豆豆拿车。"嘉铭一边哭，一边还不忘把挂在脖子上的牌给教师看。我走过去，蹲下来问嘉铭发生了什么事，嘉铭一边哭一边说："他……他……他……"我问："他怎么了？"嘉铭停顿了一会儿，说："拿……拿……""拿什么？"我紧跟着问。"车！"嘉铭一边说一边举着脖子上的牌，而且哭得更厉害了。

**分析解读**

嘉铭的年龄在班内偏小。在区域活动中，嘉铭能够选择自己喜欢的玩具进行游戏，但不能用语言清楚表达自己的想法，与小朋友的交流较少。当嘉铭遇到困难不能解决时，他很依赖教师，常常用哭的方式来表达，试图引起教师的关注，并希望得到教师的帮助。

**教育策略或下一步观察计划**

☆在各种活动中创设宽松的语言环境，多给嘉铭提供语言表达的机会，鼓励他大胆开口表达自己的想法。

☆及时与家长进行沟通。引导家长多与幼儿进行语言交流，尽量让幼儿表达出自己的想法，家长在幼儿表达的过程中进行提示。

☆家园共同引导幼儿在日常生活中多接触周围的小朋友，为其营造交流的氛围。同伴互动也是帮助他提升语言能力的好方法。

## （二）

**观察对象**：嘉铭（4 岁）

**观察时间**：2009 年 4 月 20 日

**观察背景**：集体活动

**观察记录**

通过活动，小朋友们已经了解了故事《叶子小屋》的具体情节，我邀请他们扮演故事中不同的角色。嘉铭大胆地举起了手，他想扮演蝴蝶。角色选定后，表演游戏开始了。

教师念旁白叙述故事，小朋友们随着故事情节的发展，一个接一个地出场了。当我说到"小蝴蝶来了"时，嘉铭没有做出反应。我看着嘉铭，然后一边做动作一边提醒嘉铭："小蝴蝶呢？谁是小蝴蝶？快来呀！"嘉铭笑了起来，一边笑一边模仿小蝴蝶的动作向我飞来。

教师说："小蝴蝶对小馨说什么呀？"

嘉铭说："谢谢！"

教师说："还说什么了？"

嘉铭说："不客气。"

教师说："小蝴蝶看着小馨飞进了叶子小屋。你在飞进去之前先说什么呀？"

嘉铭说："我要进去！"

教师说："小馨没有请小蝴蝶进去，你应该先说什么？"

嘉铭张开嘴没出声，然后又闭上了，这样反复了三次。

教师说："下雨了，小蝴蝶要进去干什么？'我能进去避雨吗？'"

嘉铭说："我能进去避雨吗？"

梦迪说："请进。"

嘉铭没有说话，走进了叶子小屋。

### 分析解读

嘉铭能主动参与活动，并大胆地在集体面前表演、展示自己，有了很大进步，但嘉铭还不能独立回应同伴的对话。在教师的直接提示下，嘉铭回答的句子虽然还不完整，但已能做简单回答，并能够重复教师说出的话。

### 教育策略或下一步观察计划

☆丰富语言活动区环境，提供幼儿自制照片图书、柔软的地垫、录音机、大背景图等，吸引嘉铭多参与语言区活动。

☆在生活中，鼓励嘉铭大胆表达，与同伴交流、模仿、学习，促进其语言发展。

☆提示家长在家为嘉铭创设语言环境，多与嘉铭交流，循序渐进地鼓励嘉铭大胆讲述图书内容，提高其语言表达能力。

## （三）

**观察对象：**嘉铭（5 岁）

**观察时间：**2009 年 12 月 5 日

**观察背景：**区域游戏

### 观察记录

区域活动开始了，小朋友们有序地进行着自己的活动。嘉铭以前很少选择图书区，总是在娃娃家游戏。但是今天在图书区，我看到了嘉铭。

梦迪说："嘉铭，咱们今天选图书区吧。"

嘉铭点点头，和梦迪手拉手来到图书区。

梦迪说："咱们看哪本书？"

嘉铭笑着看了看梦迪，没有说话。

梦迪说："看《金鸡冠的公鸡》好吗？昨天老师讲的，还可以表演呢。"

"行。"嘉铭边说边点头。

梦迪拿起书，两个人一起看了起来。梦迪大声地讲着故事，嘉铭认真地听，有时帮梦迪翻书。梦迪讲完故事，把书放到了嘉铭的面前。

梦迪说："你讲讲吧，我讲完了。"

嘉铭接过书，有模有样地翻书讲了起来。梦迪在嘉铭停顿的时候，提醒他。就这样，嘉铭在梦迪的帮助下讲完了故事。

**分析解读**

嘉铭与梦迪是一对好朋友，梦迪平时经常帮助嘉铭。在她的带动下，嘉铭走进了图书区并开始认真、专注地讲故事了。虽然有些故事情节还需要好朋友的提醒，但嘉铭已经能完整地讲故事了。在这个过程中，嘉铭很开心，努力地为朋友讲故事，希望得到朋友的欣赏。

**教育策略或下一步观察计划**

☆继续关注嘉铭在各个活动中语言发展的情况，有针对性地设计个性化课程。

☆借助同伴间的互动，鼓励嘉铭多与小朋友交流，如一起做事、共同游戏等，发挥同伴互助的作用。

☆创设宽松的交流氛围，及时肯定嘉铭的进步。

☆加强家园沟通合作，双方随时交流嘉铭在园或在家的表现，达成教育共识。

（案例提供：陈 露）


从对嘉铭连续的观察与记录中，我们看到了一个从不善语言表达发展到主动给朋友讲故事的形象。教师通过观察、分析，及时采取有效的教育措施，使幼儿在语言、社会交往等方面获得了有效的发展。侧重点明确、个性凸显的幼儿成长档案对于展现幼儿的发展变化和调整教师的教育行为是最有价值的。

# 二、实施有效的个性教育

每个幼儿都是独特的个体，幼儿成长档案成为教师关注个体差异、实施有效个性教育的依据。

## （一）基于档案内容发现幼儿的闪光点

每个幼儿都具有相对的优势和相对的劣势，教师要充分相信每个个体都有自己的长处，只是有的处在萌芽状态。教师应尽力挖掘每个个体的潜在优势。

教师应专注于发现每个幼儿的优点，鼓励幼儿发挥所长，帮助其建立自信心，从而实现以强项带弱项进一步促进幼儿的全面发展。

**案例 4-7　远远的变化**

（一）

**观察对象**：远远（5 岁）

**观察时间**：2016 年 9 月 12 日—9 月 19 日

**观察背景**：早餐后

**观察记录**

在早餐后的交流活动中，小朋友们讲着自己最喜欢做的事情。当轮到远远的时候，他说："我最喜欢听妈妈给我讲故事，每天睡觉前，妈妈都会给我讲故事。"教师问："妈妈都给你讲了哪些故事呢？"他说："《小红帽》《丑小鸭》，还有《狼来了》。我最喜欢听《狼来了》的故事。""小朋友们也很喜欢听故事呢，你给我们讲讲好不好？"在大家的掌声鼓励下，远远讲了起来。他讲故事时，不仅声音洪亮，音质干净、清脆，而且故事主要内容讲得也比较清楚。

他的表现让教师由衷赞叹："哇，你的声音像电视上的主持人一样好听，我们喜欢听你讲故事，你能经常讲给我们听吗？"他看着教师，不好意思地点点头。

慢慢地，以前总是附和着他人进行游戏的远远成了班级的核心人物。在图书区，我们总能看见几个小朋友听他讲故事；游戏时，他会创造一些新玩法，带同伴一起游戏，小朋友们更喜欢和他一起做事情了。

**分析解读**

在语言能力优势的带动下，远远变得自信了，愿意举手回答问题了，同时在认真准备故事的过程中，其责任感进一步加强。

**教育策略或下一步观察计划**

☆鼓励幼儿在区域活动、餐前、餐后等环节讲更多的故事给大家听，利用语言表达优势增强其自信心，学会主动表达。

☆创造更多表达的机会，让他在多领域活动中得到展示，体验成功感。

## （二）

**观察对象：**远远（5 岁）

**观察时间：**2016 年 9 月 23 日

**观察背景：**选区活动

**观察记录**

选区活动开始了，今天远远从家里带来了自己最喜欢玩的拼图，坐在桌前认真地拼了起来。琪琪被他的拼图吸引了，凑了过来："我能和你一起拼吗？""好啊！"他答应了。琪琪高兴地加入了他的游戏。不一会儿，皮皮和牛牛也走过来，要求加入游戏。琪琪说："两个人已经足够了，人再多没法拼了。"听罢，皮皮和牛牛满脸的不高兴。这时，远远说："你俩别着急，我还有一张拼图，给你俩玩吧。"说完，他又从小书包里取出一张拼图。皮皮和牛牛也高兴地玩了起来。见到皮皮、牛牛不会拼的时候，远远就指点一下，几个人玩得非常开心。

教师及时鼓励远远的做法，并请他为小朋友介绍拼拼图的好方法，进一步发挥他的长处，扩大他自身优势的影响力。

**分析解读**

远远愿意与小伙伴分享自己的玩具是大家喜欢与他交往的原因之一。

每当有同伴在游戏中遇到困难，他总能动脑筋和平地解决同伴之间的矛盾，具有较高的交往智慧。

**教育策略或下一步观察计划**

☆进一步发挥远远人际交往的优势，树立其小榜样的作用，增进同伴间的合作关系。

☆观察远远其他各方面的能力，使其在原有水平上获得最大限度的发展。

（案例提供：赵颖颖）

### （二）基于档案内容及时调整教育行为

教师提出的教育策略或教学建议对即将开展的教学活动或采取的教育行为具有指导性，直接影响教育教学行为的适宜性和有效性。在幼儿成长档案运用过程中，针对其中的每一份记录，教师都认真分析解读，然后提出较为适宜、合理的预期。为了保证教育策略或教学建议的科学性和针对性，教师不能仅通过一次的行为解读就下结论，而是要经过多次、多角度、多途径的行为观察与分析，提出更科学、合理的教育教学建议。

**案例 4-8　当爸爸也挺好的**────────────────────

（一）

**观察对象**：达达（3 岁）

**观察时间**：2013 年 1 月 8 日

**观察背景**：区域游戏

**观察记录**

今天的选区活动开始了，我悄悄请坐在达达旁边的雯雯邀请他一起去娃娃家游戏。雯雯上前拉起达达的手，达达甩开了她，又把她推走了。达达从拒绝到执意不肯，最后竟哭了起来。我没有料到他的反应会如此强烈，只好示意雯雯先去玩。他见雯雯走了，渐渐平静下来。最终，达达选择了美工区的泥工材料，开始独自游戏。

**分析解读**

他究竟为什么不愿意去娃娃家呢？为什么不愿意当爸爸呢？分析达达的行为表现，主要原因可能是他在娃娃家游戏时需要与同伴互动。他比较喜欢一个人玩游戏，这样有安全感，害怕与同伴交往共同游戏。那又是什么原因使他害怕与人交往呢？仔细分析达达的家庭环境，他生活中除了爸爸、妈妈，还有保姆和大姑。每个成人都对他呵护有加，他没有与小孩子交往的机会。

**教育策略或下一步观察计划**

☆与家长沟通，共同关注幼儿，积极为达达创设与同伴交往的机会与条件。

☆与幼儿交流，了解幼儿的想法。以达达感兴趣的事为切入点，鼓励他进入娃娃家游戏。

## （二）

**观察对象：**达达（3岁）

**观察时间：**2013年1月9日

**观察背景：**区域游戏

**观察记录**

今天，我想尝试换一种引导策略。早饭后，达达从我身边走过时，我拉着他的手聊了起来："达达，你喜欢到娃娃家当爸爸吗？"

"不喜欢。"

"为什么呢？"

"太麻烦！"

"怎么会麻烦呢？"

"我爸爸就弄这弄那，太麻烦了。"

"你喜欢爸爸帮你做事吗？"

他摇摇头。

我继续说："达达到娃娃家试试看，你也可以像在操作区那样自己玩，娃娃家里有许多材料，你喜欢什么就可以拿出来玩一玩，很简单的。"

他点点头。

选区活动开始了，我悄悄地从旁关注着达达的举动。见他迟疑了一下，还是走进了娃娃家。

达达走进娃娃家，四处望了一下，走到墙饰前，蹲下来看了看其中陈列的饭菜样品，然后来到玩具柜前，仔细地看着里面的东西，又摸了摸柜子上的饮水机，打开微波炉瞧一瞧。他从柜子中选了两盘食品倒进了灶台上的小锅里炒了起来。他一直在摆弄材料，没有看娃娃家里的两个小伙伴。两个女孩子正忙着照顾小娃娃，也没有跟达达互动。

**分析解读**

从达达的行为表现可以看到，他在一种宽松的氛围下进入了娃娃家。教师与家长的鼓励产生了一定的效果，使他能够鼓起勇气走进一直不敢去的娃娃家。同伴的自主游戏与教师的不介入，使他能在一种毫无压力的情况下开始熟悉娃娃家的环境、材料，进而沉浸在操作材料的过程中。由于他动手能力强，做事认真专注，因而很快从游戏中体会到了乐趣。但是，他还没有任何角色意识，没有与同伴展开互动。

**教育策略或下一步观察计划**

☆教师及时鼓励达达主动选择去娃娃家游戏的行为，接纳并尊重达达在娃娃家开展的游戏内容。

☆通过观察进一步了解达达的兴趣需求，调整游戏材料，激发达达参与娃娃家游戏的愿望。

☆借助同伴交往，引导同伴主动向达达发起互动，关注达达的反应，给予适宜的指导。

## （三）

**观察对象：**达达（3岁）

**观察时间：**2013年1月10日

**观察背景：**区域游戏

**观察记录**

为了不给达达压力，我请一个小朋友帮我悄悄地叫出了正在娃娃家扮演妈妈的雯雯。

我问雯雯："妈妈，今天孩子吃饭了吗？"

她摇摇头。

"那你可以去问问爸爸，今天给孩子做什么好吃的？"

雯雯回到娃娃家，走到达达身边问："爸爸，饭做熟了吗？"

达达低着头，摇了摇头。

雯雯又问："今天给孩子做什么好吃的？"

"炒鸡蛋。"达达小声地说。

雯雯从桌子上端了一个小盘子递给他，说："就盛在这里吧！"

他接过盘子，将锅里的食物盛了出来送到同伴那里。

两个女孩说："谢谢。"然后开始喂娃娃吃饭了。

达达笑着走回去，又开始炒菜，接着又送来了第二盘、第三盘……

**分析解读**

同伴是最好的学习伙伴，他们之间相互影响的效果有时是教师无法达到的。雯雯与达达邻座，平常生活中的交流较多，户外活动时也经常在一起，相对比较熟悉，更能帮助达达较为放松地进入角色。但是，这些又必须在教师有目的、有计划的引导下方能展开。

**教育策略或下一步观察计划**

☆幼儿间的自然互动给达达增添了表达的信心，教师可通过丰富游戏情节、创设情境冲突等方式，鼓励达达与更多的同伴进行互动，逐步增强其表达交流的愿望。

☆教师在不影响幼儿游戏的前提下，把握时机，介入幼儿游戏，在游戏情境中与达达开展互动，帮助其发展表达能力。

（四）

**观察对象：** 达达（3岁）

**观察时间：** 2013年1月14日

**观察背景：** 区域游戏

**观察记录**

见达达与同伴玩得开心，我走到娃娃家门前按响了门铃。他们高兴地请我坐下。

我问达达："今天你在娃娃家当什么？"

"爸爸。"

"爸爸在干什么？"

"做饭。"

"你做什么好吃的啦？"

"包饺子。"他边说边忙碌着。

雯雯说："客人请吃饭吧！"

望着桌上的一盘盘饭菜，我称赞道："你们家的爸爸可真能干，做了这么多饭菜，可真香，咱们一起吃吧！"

在我们的邀请下，达达也坐下来与大家一起吃了起来：吃完饭，我与他们告别。我悄悄地问达达，当爸爸的感觉怎么样。他抿嘴笑了笑说："当爸爸也挺好的！"

**分析解读**

在接下来的一段时间里，我注意到达达已经能够主动地选择娃娃家了，而且还进一步尝试了积木区。至此，达达已经能够自主地选择各个区域进行游戏活动，我感到幼儿全面健康和谐的发展真正开始了。

**教育策略或下一步观察计划**

☆进一步观察达达在一日生活中与同伴的交往情况，帮助其在游戏中丰富交往方法与策略。

☆通过游戏评价环节为达达创设在集体面前大胆表达的机会与条件，鼓励他的点滴进步，帮助其逐渐树立自信心，提升同伴交往能力。

（案例提供：沈文瑛）

在案例4-8中，教师在活动中关注幼儿的兴趣爱好、行为表现、情绪情感等的变化并加以记录分析。教师在观察记录的基础上提出科学合理的教育建议，进行有目的、有计划的引导，在活动过程中为幼儿提供及时的支持和帮助。其中观察记录（四）反映了幼儿在教师有针对性的指导下，发挥自身动手能力强的优势，不断地与周围环境中的人、事、物建立联系，从而促进了幼儿健康和谐发展。

　　教师在对幼儿的未来学习与发展提出教育策略或教学建议时，必须做到具体问题具体分析。需要注意的是，我们所提出的策略或建议只是为幼儿下一步的学习与发展提供可能性，而不能以是否实现为最终目的。

# 第五章 幼儿成长档案的运用：加强家园合作

　　家长是幼儿成长道路上的第一任教师。家长不仅是幼儿园教育的重要资源，更是幼儿园教育的重要合作伙伴。幼儿成长档案传递的信息不仅能引导家长更多地关注幼儿的年龄特点和个体差异，而且能让家长了解、配合幼儿园的工作，关注家庭教育和幼儿园教育的衔接问题，理解家园共育对幼儿发展的促进作用，进而引导家长主动学习、运用先进的育儿观念，最终达到家庭与幼儿园双方教育信息的互通，形成教育合力，共同完成促进幼儿健康成长的任务。

## 一、幼儿成长档案对家庭教育的影响

　　家庭教育是幼儿教育的起始点和主阵地，传统观念中陈旧的教育理念对家长的教养态度和育儿水平存在一定的负面影响。面对家长在家庭教育中存在的各种误区，幼儿园通常会通过举办专题讲座、家长沙龙等活动，引导家长全面地了解幼儿情况，明了幼儿的发展状态与特点，了解在幼儿学习与发展过程中，教师、家长需要做什么才能为幼儿的健康成长提供必要的支持。幼儿成长档案作为重要媒介，便于园所与家长随时沟通，引导家长主动参与教育过程并发挥自身的资源优势，从而形成教育合力，共同促进幼儿发展。

## 案例5-1　有效的沟通

　　泊泊的动手能力相比其他孩子弱一些，绘画能力不足，但泊泊对作品的讲述总是有自己独到的见解。每一次画画，教师都将他的独特想法及讲述内容记录下来，整理后放入他的幼儿成长档案袋中。起初，泊泊妈妈不太关注孩子的幼儿成长档案，总是认为泊泊很笨，不如别的小朋友。教师意识到，转变家长对孩子的错误认识需要一个过程。

　　在一次约谈中，教师和泊泊妈妈共同翻阅泊泊的幼儿成长档案。在孩子的作品旁，教师记录了泊泊充满童稚的言语，表达了泊泊丰富的内心世界。教师还引导家长通过阅读和对比幼儿成长档案记录中泊泊前后的发展变化，发现泊泊进步的点点滴滴。在纵向的观察与比较中，泊泊妈妈终于明白，原来泊泊在不断地进步，他的内心充满了对爱的渴望，希望得到他人的鼓励和认可。

　　有效的沟通使泊泊妈妈看待孩子的眼光发生了变化，她再也不拿泊泊与别的小朋友做无谓的比较了。更重要的是，妈妈对泊泊的期待也在发生变化，充满了慈爱和信心，这无疑是对泊泊最大的鼓励和支持。在后期的观察中，教师发现泊泊在活动中变得活泼、开朗了。

（案例提供：沈文瑛）

　　通过上面的案例，我们可以发现，幼儿成长档案可以帮助教师引导家长以正确的、纵向的和发展的眼光，全面评价幼儿，避免家长盲目地将自己的孩子与其他幼儿进行横向比较，出现不必要的攀比。在这一过程中，家长学会的不仅是对幼儿的客观评价，同时在育儿理念和方法上也会受到启发。家长更懂得关注幼儿的内心世界，发现幼儿的点滴变化，理解幼儿独特的成长过程，相信幼儿是有能力、会学习的，改变自己对幼儿的原有认识。

　　幼儿园教育与家庭教育有着各自的优势，而且不能互相替代。教师掌握科学的幼儿教育方法，对幼儿实施的是有目的、有计划和有组织的教育。而家庭与幼儿之间的特殊关系决定了其在幼儿发展中起着重要作用。

家庭生活质量与幼儿生存、发展的质量和水平紧密相关。改善家长的教育观念和行为，不仅有利于幼儿的健康成长，而且有利于家长的终身发展。只有幼儿园和家庭发挥各自的优势，才能更充分地利用教育资源，最大限度地发挥其作用，形成合力，促进幼儿发展。

幼儿成长档案恰恰能成为双方的媒介，在共建的过程中能使家长深入到教学中来，进一步理解幼儿园教育，将之与改善家庭教育有机地结合起来，使家园共育显示出连续性、整体性。这样一来，既能让家长对幼儿园教育获得更全面的理解，又能有效促进家长教育意识的提升，更重要的是使因人施教落到了实处。可以说，家长参与幼儿成长档案的共建，成为教育的合作者，是教育的理想状态。

## 案例 5-2　"幼儿成长档案"交流会见闻

在一次幼儿成长档案交流会上，皮皮姥姥一边翻阅孩子的档案，一边说："老师，您看，档案里都是孩子吃饭、睡觉和玩各种游戏的照片，还有他画的画。怎么没看见他在学习呢？他是不是不喜欢学习啊？我们邻居家的孩子才 3 岁，都认识好多字了。可皮皮怎么什么都不会呢？"小宇妈妈也说："是啊，小宇的姐姐在一所私立幼儿园上大班，都能算 100 以内的加减法啦。""老师，咱们都几点上课啊？"……家长们纷纷说出了自己的想法和担心。面对这些问题，我觉得有些家长对幼儿园的工作并不是十分理解，于是决定召开一次幼儿成长档案交流会。

会上，我请家长们翻开自己孩子的幼儿成长档案，选出一幅孩子的绘画作品，问家长从作品中看到了什么。童童姥姥说："这画的什么啊？看不出来呢！"小贝妈妈笑着说："这个人画得真丑。"有的家长则对自己孩子的作品赞赏有加……我又请家长们翻看教师帮助孩子记录的幼儿自述内容及教师的分析解读。家长们的脸上纷纷露出了讶异的神情，腾腾妈妈说："原来我看来四不像的东西，孩子却有着那么丰富的表述，想象力真丰富。"小贝妈妈说："这个人，他画了 10 分钟呢！老师说他画画时很认真，也很专注，线条流畅，色彩也漂亮，原来老师对这幅画的评价这么高呢。"其他家长也纷纷找出了自己孩子作品的闪光点。

基于家长们的发现，我适时地向他们介绍了分析孩子作品的角度和方法：从作品的创作时间分析孩子的注意力、自控能力；从幼儿自述内容发现孩子的内心想法、创造力、想象力以及语言发展的水平；从构图了解孩子的线条运用能力、色彩运用能力、控笔能力等；从画面整体布局了解孩子的空间思维能力；个别的作品还能反映出孩子数学智能的发展水平。谁说画画不是学习？听到我的分析，家长们纷纷点头。

我又请家长们翻找幼儿成长档案中有关孩子游戏的内容。家长们仔细阅读了教师的观察记录、分析解读以及教育策略或下一步观察计划。然后，我请家长们谈谈自己看到了什么。天天奶奶说："孩子搭积木不是单纯的瞎玩，要先做计划，设计好要搭的楼房，然后再试，真不错。天天试了好几次才成功，中间都没有放弃。"浩浩妈妈说："看他们搭的围墙，还是按两个黄一个绿的规律搭的呢。""我的孩子做餐厅收银员，收钱时不就在数数和算数吗？""玩具柜上的标识是图片和文字对应的，孩子也会学到不少汉字。"……家长们初步发现了游戏与学习的关系。由此，我向家长们介绍孩子在每一种游戏中所能获得的发展。如在搭建活动中，认真、专注是非常好的学习品质。另外，在游戏中还能看到孩子们在创造力、想象力、空间思维能力、点数能力、排序能力、人际交往能力、合作能力等方面的发展情况。

幼儿成长档案中孩子一日生活各环节的记录，同样让家长们看到了孩子自理能力、生活技能的提高和良好生活卫生习惯的养成，为集体服务意识的增强，数学思维能力、交往能力等的发展。

在这次交流活动的最后，皮皮姥姥激动地说："原来在生活和游戏中，孩子们能学到那么多的本领，真是快乐学习啊！"洋洋妈妈说："希望以后能经常进行这样的交流，我学到了很多教育孩子的好方法。"

活动结束前，我向家长们介绍了《指南》，鼓励大家利用闲暇时间翻看，热情邀请家长们随时与教师交流，欢迎大家主动参与到孩子的幼儿成

长档案的创建与运用中来，加强家园合作，共同支持孩子们的学习与
成长。

（案例提供：赵颖颖）

## 二、家园共育中有效使用幼儿成长档案的策略

幼儿成长档案作为重要媒介，在教师与家长沟通的过程中发挥着举足
轻重的作用。教师在与家长沟通时，如何通过幼儿成长档案中的内容去理
解幼儿的内心想法，有效促进家园共育呢？

**（一）依据幼儿行为记录进行有效沟通**

幼儿成长档案收集了关于幼儿各方面成长、各领域进步的全方位信
息，通过照片、表格、作品和逸事记录等形式，捕捉幼儿成长的印迹。在
与家长沟通时，教师以幼儿成长档案为载体，以幼儿真实的成长变化为依
据，向家长展示幼儿最真实的发展轨迹，增强教育的可视性。教师通过对
幼儿成长档案呈现出的幼儿行为变化及分析，帮助家长正确了解、认识幼
儿所处的发展阶段，使家长更加信任教师，愿意与幼儿园保持教育一致
性，共同形成教育合力，有效地促进幼儿主动发展。

下面的案例（见案例5-3）呈现了教师如何借助幼儿成长档案中的观
察记录与家长进行交流并引导祖辈对孙辈行为进行重新了解与认识的
过程。

### 案例5-3 芯芯的故事

芯芯乖巧听话，少言寡语，不容易引起别人的注意，很多时候表现出
自信心不足。当教师就这一情况与家长进行沟通时，芯芯奶奶并不认同。
芯芯的父母都在国外，一直由爷爷奶奶抚养。他们是"知识型"的老人，
对孙女的要求十分严格，也付出了很多心血，认为孙女在各方面的发展都
很好。听教师说孙女缺乏自信，他们很不开心。于是，教师和芯芯奶奶进

行了约谈。

芯芯的幼儿成长档案中记录了这样一个故事。

芯芯当值日生，和霖霖、雯雯一起取下了崭新的值日生牌，高兴地挂在脖子上，爱不释手。这时，她们的好朋友瑜瑜来了，霖霖马上对芯芯说："把你的值日生牌给瑜瑜吧！"芯芯很不情愿的样子，犹豫了一下，还是把值日生牌摘了下来，挂在了瑜瑜的脖子上。虽然接受了好朋友的道谢，但是她表情严肃，很不开心。

教师和芯芯奶奶共同阅读了幼儿成长档案中的记录，并就其中的问题进行了交流。芯芯奶奶说："老师对孩子的观察很仔细，最让我吃惊的是一些细小的事情，老师也能观察到并适时地帮助孩子学习解决问题的方法、克服自己的弱点。"芯芯奶奶表示愿意加强与教师的沟通，共同促进孩子的健康发展，也表达了希望经常参与档案记录的愿望。

一次，孩子们去少年宫参观。芯芯奶奶和其他家长一样，时刻跟在芯芯身后，看着她依据兴趣选择各项活动并充当观察者。结果，芯芯奶奶发现自己的孙女在集体活动中确实表现得不够自信。芯芯奶奶与教师达成了共识，并主动与教师交流，反思自己的教育方式过于传统，对孩子的要求较多，鼓励较少，造成孩子不够自信。

教师再次与芯芯奶奶约谈，共同商量教育策略。教师在活动中注意多为芯芯创设大胆表达的机会，请她在同伴面前讲述自己的作品，担任升旗手，做小值日生，逐渐帮助其增强自信心，获得成功感。爷爷和奶奶在家鼓励芯芯按照自己的想法大胆做事，给她选择的机会，使她明确自己的想法，提高自主意识。渐渐地，芯芯越发自信、大胆，能够积极、自主地参加各项活动了。

看到孩子的进步，芯芯奶奶更加积极主动地参与到教育过程中来。她经常和芯芯一起记录她的点滴进步，也从中了解了孩子的真实想法，为更好地实施教育提供了参考。当芯芯把幼儿成长档案带回家时，奶奶和她共同阅读、回忆、整理其中的内容。在教师的建议下，芯芯奶奶引导芯芯给幼儿成长档案制作了页码和目录。

芯芯奶奶也在和教师共同为孩子创建幼儿成长档案的过程中，掌握了观察记录的方法，了解了孩子的想法，针对问题实施教育，有目的地引导孩子获得发展。

（案例提供：沈文瑛）

在日常工作中，教师和家长看待问题的视角不同、对幼儿的期待不同、掌握幼儿发展的相关知识不同，所以对幼儿的评价会出现不同意见。在上述案例中，芯芯奶奶开始并不认同教师对幼儿的评价，但是当教师将记录给芯芯奶奶看后，却收到了意想不到的效果。因此，运用幼儿成长档案的过程是家园取得共识、有效实施共育的过程。

**（二）基于档案内容，运用专业知识引导家长进行客观分析**

在与家长的交流中，教师发现有些家长对幼儿的评价存在片面、不客观的现象，甚至有歪曲幼儿真实行为和想法的倾向。这些错误的观念不仅深深影响了家长对幼儿的教育行为、教养方式，甚至可能会对幼儿造成伤害。

如何帮助家长了解幼儿的发展状态和需求，进而反思自己的教育行为呢？教师通过幼儿成长档案向家长展示幼儿的多方面变化，运用专业知识帮助家长学会站在教育者的角度关注、认清幼儿的发展需求，以便促进幼儿的可持续发展。

**案例 5-4　不一样的瑞瑞**————————————————————

（一）

**观察对象**：瑞瑞（4 岁 5 个月）

**观察时间**：2013 年 4 月 9 日

**观察背景**：入园环节

**观察记录**

早操时，瑞瑞妈妈一直盯着自己的孩子。活动结束时，她喊道："瑞瑞，快去晨检。"教师看到在妈妈说话之前瑞瑞其实已经向晨检室走了。

听到她的话，瑞瑞反而来到妈妈身边，让妈妈领着去晨检。

晨检后，妈妈将瑞瑞的外套扣解开，对他说："进屋后将外套脱下来。"

瑞瑞问："是这件吗？"

妈妈说："是绿外套。"

瑞瑞又问："就是这个吗？"

妈妈说："是，穿里面的，把外面这件脱下来。"

瑞瑞继续说："就是我手摸的这件吗？"

妈妈说："是，唉，我给你脱下来吧。"

妈妈将瑞瑞的外套脱下叠好，放入他的书包，然后帮他背上书包，一直送到楼梯口。

**分析解读**

瑞瑞妈妈对孩子十分关注，凡事喜欢包办代替，即使是脱外套、晨检这样的小事也不相信孩子可以做好，由此造成瑞瑞和妈妈在一起时非常依赖妈妈，缺少主见。

**教育策略或下一步观察计划**

☆记录瑞瑞日常在园活动情况，将体现瑞瑞自主性的观察内容与家长交流探讨，引导家长科学看待幼儿的成长。

☆与家长一起制订计划，为瑞瑞提供独立完成任务的机会，家园共同努力，促进幼儿发展。

☆进一步观察瑞瑞在生活活动、学习活动等不同环节中的表现，归纳、梳理其自主性、独立性的行为表现，并以此为依据提供适宜的指导。

## （二）

**观察对象：**瑞瑞（4岁5个月）

**观察时间：**2013年4月11日

**观察背景：**区域活动

**观察记录**

区域时间，瑞瑞独自一人来到科学区。他仔细看了看墙上的配色图，然后从柜子上取下做配色实验的材料，坐到桌边玩了起来。

他先取了一点儿红色颜料放到配色瓶中，又取了一点儿黄色颜料和红色颜料混在一起，但颜色的变化不明显。他将配色瓶里的颜色涂在记录表上。

接着，他重新取了一勺红色颜料放到配色瓶中，又取了两勺黄色颜料和红色颜料混在一起。这次，颜色的变化十分明显。他再一次将配好的颜色涂在记录表上。

这时，佩仪路过这里，看到了他涂在记录表上的实验结果，问："瑞瑞，你这是怎么做的？教教我行吗？"

瑞瑞继续专注自己的配色实验，没说话。

佩仪又重复了一遍。

瑞瑞停了一下，说："你等一会儿，我做完了再给你讲。"说完，他又开始探索其他的颜色搭配。

佩仪看了一会儿，每当看到颜色发生变化时就高兴地喊："变了！变了！"

瑞瑞每次从中取一点儿涂在记录表上，直到所有的记录表格都被填满。他停下来看看手中的记录结果，跟佩仪说："两种颜色放在一起就变成新的颜色了。但是，我变出的颜色和老师配出来的不太一样。"

"那是怎么回事？是不是你的错了？"佩仪说。

"不是。老师也是每次两种颜色放在一起配的。"瑞瑞说完，想了一会儿，又看看记录表，忽然说："对了，我知道了，是颜料放多少的原因。你看，我第一次和第二次配的就不一样。哈哈！我知道了！"瑞瑞兴奋地举着记录表，连跳了几下。

这时，收区的音乐响了，瑞瑞先将记录表贴在大记录表旁边，又将材料整理好放回去，然后如厕洗手。瑞瑞看见好朋友畅畅，将自己刚才的发现告诉了他。

### 分析解读

在活动中，瑞瑞对配色实验表现出浓厚的兴趣，并且在探索过程中非常专注，能坚持将实验完成。在探索过程中，瑞瑞有自己的想法，并且大胆尝试，在遇到问题后，他并没有急于去问别人，而是表现出自己独立思考的愿望，还能提出自己的见解。

这一次的观察结果与他和妈妈在一起时的表现大不相同，这说明不同的环境对瑞瑞的影响不同。他本是一个有想法、有能力的主动学习者，在幼儿园宽松愉悦的环境中，在与教师、同伴的平等交往中，瑞瑞作为有能力的主动学习者形象就凸显出来了。在面对妈妈权威型的教养方式时，他便退缩了，长此以往，将不利于幼儿自信心及独立思考能力的发展。

**教育策略或下一步观察计划**

☆尽快与瑞瑞妈妈进行交流，让她看到孩子在幼儿园活动中展现出来的能力，鼓励她相信孩子，多为孩子创造独立、自主的活动空间。

☆鼓励瑞瑞做力所能及的事，为其提供独立做决策的机会以及与同伴合作做事的机会。

（案例提供：苏　静）

在上述案例中，教师借助日常观察和档案记录，客观、真实地再现了瑞瑞的在园表现。教师对瑞瑞的专业分析与解读，有力地说服了家长，进而与家长达成共识，促进瑞瑞的自主发展。

# 三、让家长成为幼儿成长档案创建工作的参与者

家园共同创建幼儿成长档案是教育的理想状态，但家长并不是一开始就能很好地胜任此项工作。所以，教师要为家长搭建台阶，逐步帮助家长提升科学的育儿水平，有针对性地共商有效的育儿策略，引领家长成为教育的有力合作者。

对于大部分家长来说，他们并不具备学前教育方面的专业知识，想要让他们了解幼儿的心理发展特点、学习过程和学习方式，存在一定的困难。如在观摩开放活动中，家长大多在关注自己的孩子是不是发言了、是

不是参与活动了，对于孩子在活动中是如何进行探究性学习的并不知晓。怎样让家长了解更多的教育理念，帮助他们看懂并分析幼儿的真实发展水平？这需要教师在创建幼儿成长档案的过程中，做个有心人，随时了解家长的内在需求，引导家长参与创建幼儿成长档案。

**（一）专题培训，引领家长学会全面了解幼儿**

在幼儿成长档案创建与运用的过程中，针对家园共育的需要以及家长的需求，我园开展了相关内容的系列专题培训，包括"家长如何参与幼儿成长档案的创建""如何观察、解读幼儿的行为""如何评析孩子作品""幼儿美工作品的解读""如何让幼儿富有个性地发展"等，引导家长们思考幼儿当前的年龄特点、学习发展的规律，帮助家长逐步转变教育观念，提升教育策略，改善教育行为。我园还组织了教师宣讲团，通过对幼儿成长档案中日常观察案例的分析，生动地向家长讲解《指南》精神，组织多种形式的参与式培训，带领家长全面了解幼儿，以便家长正确地看待和使用幼儿成长档案。

**案例5-5　参与式家长培训案例**

在对幼儿美工作品的评析中，我们经常会听到家长说："看看××画的，再看看你画的，一点儿都不漂亮。"这样的言论不仅有悖于教师组织活动的初衷，也极大地影响了幼儿身心的健康发展。因此，教师开展了"幼儿美工作品的分析与评价"的参与式家长培训，通过家长亲身参与游戏并进行体验，引导家长了解幼儿的学习方式，学会正确地解读幼儿的美工作品。

会上，教师首先请家长自己绘画，再请大家共同理解画面内容。在轻松愉快的氛围中，家长发现即使是年龄相仿的成人，对一幅作品的理解也存在着很大的偏差，何况幼儿眼中的世界与成人会有更多的不同。教师向家长介绍幼儿绘画能力的发展阶段，引领家长学习从作品构思、主动性、兴趣、专注性、独立性、创造性、操作的熟练性、自我感受、习惯等九个方面对幼儿的作品进行观察、分析和评价。

这次培训使家长调整了看待幼儿作品的眼光，从单纯地比画得漂亮与否到开始尝试分析幼儿的想法，努力了解画面中包含的有关幼儿认知方面的内容。壮壮妈妈在后来的培训反馈中说："以往总觉得孩子画得不好，为此常常批评他不用心。孩子也渐渐地对绘画失去了信心。今天培训后，我第一次看到壮壮对他自己作品的讲解。没想到，看似乱得一团糟的画里竟有这么丰富的想象内容。以后，我真的要仔细看看孩子是怎么画的，要认真听听他的想法。"大宝爸爸说："没想到小孩画画还有这么多学问，真要好好学习学习，不能只看表面。"豆丁妈妈说："当个好家长真不容易呀！"

（案例提供：苏　静）

### （二）现场互动，帮助家长学会全面观察

引导家长学习正确观察幼儿，并合理、有效地记录幼儿表现，是家长参与幼儿成长档案创建与运用的重要一环。绝大部分家长没有观察记录的经验，更不具备相应的方法和技能，所以他们在观察幼儿后，记录下的内容常常不能反映幼儿的实际发展状态及真实表现。有些记录只是家长对某一事件的看法，缺乏幼儿的真实想法。教师引导家长共同设计观察记录表，深入班级活动现场，在现场互动中观察幼儿，学习观察幼儿的方法，提高观察记录的有效性。

### 案例 5-6　学习观察记录的案例

在小班亲子运动会开始之前，教师将与家长共同设计好的《幼儿运动发展水平观察记录表》发放到家长们手中。在进一步明确观察记录表的使用方法后，教师强调了记录要真实、有效的原则。运动会上，家长在带孩子游戏的过程中，依据观察记录表中的线索提示，观察自己孩子的发展状况，减少观察记录的盲目性。通过填写记录表，家长了解了小班幼儿运动发展的水平、运动中体现出来的学习品质，看到了自己孩子的成长，学习了准确观察、真实记录的方法。观察记录表的填写，在家长不知该看什么、记什么的时候为他们指明了关注点，缓解了家长对记

录工作的恐惧心理，更为其在今后准确、真实地观察、记录孩子奠定了一个良好的基础。

（案例提供：苏　静）

家长们经过不断学习，初步掌握了观察幼儿行为并做好记录的方法，使他们在参与幼儿成长档案共建过程中，不断提高兴趣，增强自信心，也使得有家长参与共建的幼儿成长档案更为真实和客观地呈现了幼儿的发展轨迹。

### （三）案例分析，支持家长学会全面解读幼儿

从家长们反馈的观察记录中，我们可以发现，他们对幼儿行为的分析解读水平参差不齐。有的观察记录表述得过于简单，三言两语一带而过；有的观察记录缺少观察背景及原因等方面的描述，导致其他人在阅读幼儿成长档案时不了解幼儿为什么会出现这种情况，无法实施有针对性的指导；有的观察记录的描述不够客观，家长加进了自己的主观臆断；等等。针对出现的问题，教师觉得有必要通过案例分析的方式对家长们做进一步的引导。

于是，在幼儿成长档案创建与运用的过程中，教师们采用了与家长一对一分析、组织家长小组商讨等方式，带领家长学习客观分析幼儿的方法。我园为教师与家长的互动提供了大力支持，选派园里骨干教师针对家长们的共性困惑与问题，开展培训活动。教师通过幼儿成长档案中记录的优秀案例及分析，引导家长运用白描的叙述方式，尽可能客观真实地记录幼儿的学习、发展状态，进而解读幼儿的行为，为家园合作施教提供依据。此外，针对一些对档案创建与幼儿教育非常感兴趣的家长，我园还邀请他们参与我们的教研活动，甚至在家长有需求的时候，就家长提供的案例，请全体教师集体研讨。在这一过程中，家长和教师都受益匪浅。

在不断的实践、分析、再实践的过程中，家长领悟了观察、解读幼儿的重要性，逐步学会在客观真实的观察、分析、记录中更准确地把握幼儿内在发展需求，找到更好地帮助幼儿进步的方法，使自己真正走进幼儿的内心世界。

在下面的档案（见案例5-7）中，辰辰妈妈通过翻看孩子的档案，了解了孩子的兴趣和想法，并积极投入到档案创建中；而教师又通过回顾辰辰妈妈的观察记录，了解了辰辰的新兴趣点并提供有效的支持。

### 案例5-7　辰辰的档案

**观察对象：** 辰辰（4岁）

**观察时间：** 2013年3月—5月

**观察记录**

**（教师的记录）** 3月5日

辰辰发现了今天放在饲养角中的小鱼，问："这是什么鱼？"

教师说："它们叫金鱼。"

辰辰看着金鱼，说："这些金鱼的颜色和样子长得都不一样，我给它们起个名字吧。这条鱼的颜色像橘子的颜色，叫橘子鱼。这条鱼叫黑鱼。这条鱼花花的，叫花鱼吧。这条鱼的样子像糖果，就叫糖果鱼吧。这条鱼的样子像三角形，叫三角鱼。"

**（教师的记录）** 3月6日

区域活动时，辰辰一会儿从鱼缸上面往下看，一会儿又从旁边透过玻璃看金鱼；一会儿用渔网捉金鱼，一会儿又用手赶金鱼。

教师组织幼儿讨论有关鱼的问题，辰辰问："小鱼睡觉吗？鱼会解大便吗？从哪儿解大便？鱼会生孩子吗？"活动后，教师将这些奇特的想法都记录在他的档案中。

**（教师的记录）** 3月20日

在饲养金鱼的过程中，孩子们给金鱼带来了饼干、糖、蔬菜、虫子等。他们把食物一点点地放到鱼缸里。辰辰仔细地观察着金鱼，说："我看见妈妈只给鱼吃虫子。"

辰辰又对身边的迎迎说："你看，金鱼爱吃虫子吧！"

……

辰辰妈妈对教师说："辰辰让我买虫子，说喂班上的金鱼吃。"

**（教师的记录）** 3 月 26 日

今天中午，孩子们发现有一条金鱼死了，辰辰急切地告诉教师："大金鱼死了，多可怜啊！"

这时，孩子们互相埋怨起来：

"涛涛总往鱼缸里倒水，水太多了。"

"我们总用手摸金鱼，把它吓死了。"

"金鱼是被太阳晒死的。"

……

教师说："你们觉得金鱼为什么死了呢？"

辰辰说："嗯……不知道，是吃多了吧？"

教师说："你是怎么发现的？"

辰辰说："我看见豆豆抓了一把虫子放进了水里。金鱼大口大口地吃，没过一会儿，它就翻身了。"

教师说："你觉得一次应该给金鱼喂多少虫子呢？"

辰辰说："一点点。"

辰辰找来了一把小勺："我给它们喂一小勺。"

教师说："你试一试吧。"

辰辰认真地说："小朋友总给金鱼喂吃的，它吃得太多了。"

**（家长的记录）** 4 月 8 日

我带辰辰到花鸟鱼虫市场玩。他看到小蝌蚪非常兴奋，要求我给他买。买来后，他把小蝌蚪装在鱼缸里，每天回家都要看很长时间，还不时地问："小蝌蚪的妈妈是青蛙吗？""怎么它们一点儿都不像？""它有嘴吗？""它吃虫子吗？"……

教师和我商议，鼓励辰辰把观察到的小蝌蚪成长变化的过程画下来，培养他的观察能力和做事情的坚持性。

**（家长的记录）** 5 月 20 日

辰辰问："妈妈，我是从哪儿来的？""我从小是在妈妈的肚子里吗？我小时候是什么样子的？长大了像妈妈还是像爸爸？"辰辰开始关注自己是怎样出生和长大的了。

**（教师的评价）** 学期末

从辰辰的学习、生活记录中，我们发现他对周围的事物有很强的求知欲、好奇心，爱观察，爱提问题。他从关注金鱼、小蝌蚪的生活习性，发展到关注自己的身体变化，表明了他的思维水平在不断发展，并能把学习到的知识迁移到新的发现中。他能用清楚、连贯、有表现力的语言陈述一件事物，语言能力提高了。

与教师一起记录幼儿的成长过程，成为家长、孩子最喜欢的活动，幼儿成长档案留下了每个孩子可爱的成长足迹，帮助教师和家长不断地发现孩子的新起点、不断地支持着孩子的学习和发展。

（案例提供：马洪薇）

从上述案例中，我们可以清晰地看到，教师在辰辰关注金鱼的过程中，对他的一举一动、一言一行都进行了客观的记录，并随时与家长进行交流，共同促进辰辰在原有兴趣点上获得进一步发展。幼儿成长档案，架起了教师与家长之间有效沟通的桥梁，也架起了家长与幼儿之间互相尊重和理解的桥梁。幼儿成长档案一步一步引领着家长走进幼儿的内心世界，帮助其了解幼儿的真实发展水平。教师对幼儿行为的解读在感动家长的同时，也启发了家长，最终引发其主动地参与到促进幼儿富有个性发展的各种活动中，真正成为教师的合作者。

# 第六章　幼儿成长档案的运用：
# 设计高质量的课程

高质量的课程，应该既能面向全体，满足幼儿的发展需要；又能关注处于不同发展阶段幼儿的个体差异，考虑到幼儿个性化的需求。因此，在教育实践中，我园教师借助幼儿成长档案，观察记录幼儿的行为表现，设计高质量的个性化课程和共同性课程。

## 一、设计个性化课程

### （一）基于幼儿兴趣生发个性化课程

个性化课程是指教师在幼儿一日生活各环节，基于幼儿的个体兴趣、发展需要、学习方式及速度，而为其提供的具有针对性、能使其获得有益经验的个体活动。个性化课程更加珍视对幼儿差异性的尊重，支持幼儿的主体性发展。

共同的生活、游戏情境，为幼儿主体性发展提供了丰富的土壤和源源不断的学习机会。教师则抓住每一个契机，发现幼儿与众不同之处，借助幼儿成长档案记录其行为表现，经过分析解读，为其提供适宜、有效的个性化课程。幼儿成长档案中那些幼儿典型行为的单一记录或连续记录，都是教师深入了解幼儿个性特点的重要客观依据。当幼儿对某一事物或现象表现出持续关注时，教师要及时抓住幼儿的关注点，为幼儿创设支持性环境，生成有利于幼儿发展的有意义课程。

下面的案例（见案例6-1、案例6-2、案例6-3）反映了教师基于对幼儿的观察生成个性化课程的过程。

## 案例 6-1　可爱的昆虫

### （一）

**观察对象：** 岳岳（5 岁）

**观察时间：** 2018 年 11 月 7 日

**观察背景：** 区域游戏

**观察记录**

今天，户外活动回来后，岳岳兴高采烈地说："我今天一共捉了两只虫子，一只大蜘蛛和一只小蚂蚁。"他边说边向站在旁边的小朋友炫耀自己的收获。

成成马上反驳说："不对，蜘蛛不是昆虫。"

岳岳有些生气地说："怎么不是？你看它长的就是一只昆虫。"

这时，几个男孩子围过来，你一言，我一语，有的说是昆虫，有的说不是昆虫，一时间争执不下。

我说："蜘蛛到底是不是昆虫？我们去找一找答案好吗？"孩子们表示同意。

**分析解读**

岳岳虽然喜欢昆虫，但还只停留在捕捉和把玩上。对昆虫的基本特征以及生活习性并没有深入的了解。教师及时提出问题引发幼儿进一步思考，支持幼儿去寻找答案。

**教育策略或下一步观察计划**

☆进一步观察幼儿的兴趣点及发现的问题。

☆支持幼儿去探究昆虫的秘密，激发其探究欲望，鼓励其发现问题后要想办法解决问题。

（二）

**观察对象**：岳岳（5 岁）

**观察时间**：2018 年 11 月 9 日—11 月 14 日

**观察背景**：区域游戏

**观察记录**

今天，岳岳拿出自己的资料不好意思地说："蜘蛛还真不是昆虫，我和爸爸上网查了，昆虫身体应该由头、胸、腹三部分组成，两对翅膀，三对足，一对触角，一生形态多变化。蜘蛛不符合这些特征。但它们彼此的关系很接近。"

成成说："我从手机中查到的，也是这么说的。"

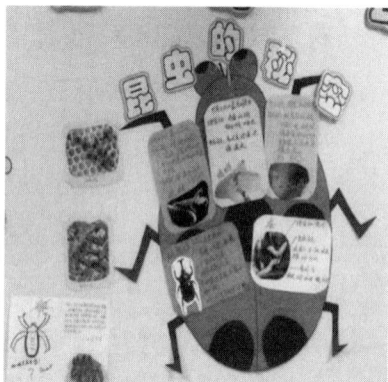

图 6-1

小鸥说："蜻蜓、蝴蝶、瓢虫、螳螂、蚂蚁它们才属于昆虫。"

三个孩子分享着他们喜欢的昆虫，包括昆虫的样子、昆虫喜欢吃的东西、昆虫喜欢住的地方。我和孩子们一起把收集的资料张贴在墙上，起了一个好听的名字叫"昆虫的秘密"，还鼓励他们去了解昆虫的更多信息，不断丰富班级环境。

几天后的播报时间，岳岳大声说："独角仙你们都知道吗？它也属于昆虫。我最喜欢独角仙了，它的头上有一只角，身上还有一个硬硬的壳，像穿着盔甲的战士。"他边说边拿出图片给大家看。

小鸥说："我可不喜欢它，它的样子多可怕，肯定是个害虫。我最喜欢蝴蝶了，它多漂亮，而且它还特别神奇，是从最丑最丑的毛毛虫里钻出来的。"

岳岳红着脸说："不对，独角仙它不是害虫。"

成成说："长得可怕的都是害虫，可爱的才是好虫子。"

石头说："我最喜欢螳螂了，它有两只像刀一样的前爪，特别厉害，它虽然长得不可爱，但它不是害虫。听妈妈说它吃庄稼里的害虫。"

一时间孩子们各自发表着自己的看法，场面异常热烈。

**分析解读**

通过活动孩子们知道遇到问题可以从不同的途径收集信息寻找答案，对于昆虫也有了较清楚的界定。岳岳特别喜爱独角仙，但对它了解得并不全面，因此，他无法对小朋友的质疑进行回应。通过交谈可以看到岳岳能够大胆表达自己的想法，同时也愿意倾听别人的观点。

**教育策略或下一步观察计划**

☆引发幼儿对昆虫进行更深入的探究，如昆虫的触角有什么用、它们怎样生活等。

☆鼓励幼儿在家和幼儿园饲养昆虫，进一步去观察和发现昆虫的秘密，激发幼儿关爱小动物的情感。

☆引导幼儿开展以"昆虫的故事"为主题的创编活动。教师组织幼儿创编故事，提高其语言表达能力和动手操作能力。

### （三）

**观察对象**：岳岳（5岁）

**观察时间**：2018年11月16日

**观察背景**：阅读活动

**观察记录**

今天我给岳岳讲了一个《放屁虫》的故事，一起分析了故事应该有人物、时间、地点和发生的事情。我请他用自己喜欢的昆虫编一个故事："你会选哪些昆虫，它们在一起会发生什么事情呢？"

岳岳经过思考，创编了《勇敢的独角仙战队》的故事：

"一天早上，太空怪兽来到森林破坏了草木，还劫持了螳螂和一群小黑蚁。独角仙们赶来后非常着急，于是，它们组织森林里的昆虫伙伴们一起商量解救的办法。最终大家决定，一部分独角仙留下来清理森林里腐烂的果实和树木的伤口；另一部分独角仙和其他昆虫变身成飞船，飞到太空去解救螳螂和小黑蚁们，还要带上白蚁去迷惑太空怪兽。独角仙变身后成了异形飞船，它们飞上太空和怪兽展开了战斗。它们先用带来的白蚁和怪兽交换了黑蚁。然后，独角仙用它特有的武器——头上的角撬开了关押螳螂的笼子，解救了小伙伴。螳螂和黑蚁们回到了地球，大家快乐地生活在一起。"

**分析解读**

教师通过讲述《放屁虫》的故事，进一步激发岳岳对昆虫故事的兴趣，引导其进行深度学习。师幼共同分析故事的特点使他清楚地了解了故事的基本要素。通过岳岳创编的昆虫故事可以看出，他对于不同昆虫的特点、生活习性以及它们之间的关系有了较为清楚的了解。因此，创编的故事比较完整，不仅合理生动，非常真实符合独角仙的生活习性，而且富有想象力。

图 6-2

**教育策略或下一步观察计划**

☆教师对岳岳的创编进行分析和鼓励，引导他完善自己创编的故事并制成绘本与小伙伴分享。

☆支持岳岳和同伴在表演区合作表演自己创编的昆虫故事。

（案例提供：孙　静）

## 案例 6-2　揭秘"垃圾"

### （一）

**观察对象**：多多（5 岁）

**观察时间**：2018 年 11 月 7 日

**观察背景**：生活环节

**观察记录**

晚餐后，多多看着垃圾桶说："食物倒进垃圾桶会让屋子里变得很臭。"我发现他对于"垃圾"产生了一些关注。于是我就鼓励他观察、记录身边的各种垃圾，用绘画或者照片的形式记录下自己的发现，在班级的分享活动中讲述自己的发现。

**分析解读**

不善表达的多多积极记录自己的发现，并能用照片等形式与大家分享。他能够大胆表达自己的想法并倾听他人的想法，认真又专注。

**教育策略或下一步观察计划**

☆支持多多的想法，将所有记录统计在一张大表中，关注多多的表现，为其创设更多表达的机会与条件。

☆进一步观察多多的兴趣点和发现的问题，支持其主动学习。

## （二）

**观察对象**：多多（5岁）

**观察时间**：2018年11月13日

**观察背景**：生活环节

**观察记录**

今天，多多说："老师，塑料袋不能扔池塘里，不能扔草坪里，要扔在垃圾桶里。"

我发现多多对垃圾的兴趣远远不止在"垃圾是什么"或者"垃圾有什么"这个层面上。

于是，我提出了新的问题："关于垃圾，你又有哪些新的发现？"

多多说："垃圾桶有四种，有可回收、不可回收、装电池和装饭的。"

我说："哦，那我们的垃圾桶都有哪些颜色呢？"

多多说："有蓝色、绿色、红色和灰色。"

城堡说："不对，没有灰色，就三种。"

我请多多和几个小朋友画下自己知道的垃圾桶及垃圾桶的颜色。根据他们之间的认知冲突，找到活动新的生长点。

"大家一起找找垃圾桶吧，看看公共区域的垃圾桶究竟什么颜色，到底有没有灰色的呢？"我对他们说。

幼儿陆续收集了好多生活区中的垃圾桶照片，经验越发丰富起来。于是，这一天大家分享了自己收集的垃圾桶照片，并讲述了自己的发现。

多多说："这是我家门口的垃圾桶，它有蓝色和绿色两种，蓝色上面写的是'其他垃圾'，绿色的上面写的是'厨余垃圾'"。

我问他："什么是'厨余垃圾'？厨余垃圾都有哪些呢？能举个例子吗？"

"鱼刺、胡萝卜叶……"

**分析解读**

随着已有经验的不断丰富，多多对垃圾有了更深的理解。从发现问题到解决问题，多多一直在积极思考、努力收集资料并与他人分享自己的发现，同时他也获得了成就感和满足感。

**教育策略或下一步观察计划**

☆教师鼓励并支持多多在生活中学习，进一步加深其对垃圾的认识和理解。

图 6-3

（案例提供：周　蕾）

## 案例 6-3　种子探秘

### （一）

**观察对象：**大明、家宝、萌萌、蔓蔓、欣欣

**观察时间：**2013 年 10 月

**观察背景：**户外活动

**观察记录**

秋天，金黄的树叶纷纷落下，孩子们高兴地到户外捡落叶。"老师快看，我找到这么多花的种子。"大明兴奋的叫嚷声引来了许多小伙伴的关注，他们纷纷询问并一起加入寻找种子的行列。不一会儿，孩子们的手里、口袋里都装满了

图 6-4

不同形状、颜色的花种子。

　　孩子们如获至宝，在回教室的路上逢人便炫耀自己找到的种子，甚至连如厕的时候都不肯放下手中的宝贝。教室内，孩子们三两一群，有的在数自己找了多少颗种子；有的拿自己找到的种子和小伙伴的比；有的掰开种子看里面是什么样的；还有的用餐巾纸小心翼翼地把种子包起来，生怕弄丢了。他们对种子的关注和喜爱感染着我，我不由地也加入他们的探究当中。

　　教师："关于种子你们都知道些什么呢？"

　　大明："种子是花的宝宝。"

　　家宝："种子外面有皮，保护里面的宝宝别挨冻，别碎了。"

　　萌萌："种子可以长出花。能种在土里的都是种子。"

图 6-5

　　蔓蔓："种子可以种在土里也可以长在水里，海草的种子在海水里也能长。"

　　欣欣："有的种子能吃，有的种子不能吃。"

　　……

**分析解读**

　　从幼儿的讨论中，教师了解到幼儿对植物的种子萌发了极大的兴趣。他们对种子有初步的了解，但经验还不够丰富。这么有价值的话题，我们谁都不舍得放弃。

**教育策略或下一步观察计划**

　　☆鼓励幼儿继续收集种子及其他与种子有关的信息，并进行相关经验的分享。

　　☆不断丰富幼儿关于种子的有益经验。

（二）

**观察对象：** 家宝、萌萌、浩浩、蔓蔓、闹闹、斌斌

**观察时间：** 2013 年 10 月

**观察背景：** 生活活动

**观察记录**

吃午点时，孩子们发现了苹果核、橘子里面藏的种子。家宝的爷爷从老家带来了胡萝卜、西葫芦、高粱、玉米的种子。萌萌从公园里找到了喇叭花的种子。浩浩带来了和妈妈一起剥出来的八角和花椒的种子……

孩子们找到的种子越来越多，问题也随之而来，观察区里的种子都混在一起，根本不便于观察。

于是，我来到观察区问大家："咱们找到多少种种子了？"

"40 种。""33 种。""18 种。""25 种。"……孩子们一边手忙脚乱地数着一边回答。

"到底有多少种？我们怎样才能数清呢？"

蔓蔓抢先说："要是把一样的种子都放在一起，就好看多了。"

大家都觉得这个办法不错，于是就行动起来，最后还制成了种子标本。

此后，经常有孩子来放置种子标本的地方，与老师和小朋友谈论自己关于种子的新发现。

闹闹说："我发现枣、杏和紫茉莉的种子上面都有花纹。"

斌斌说："黑豆、桂圆、紫茉莉、喇叭花、花椒、西瓜的种子都是黑颜色的。"

……

他们不断地观察着、发现着，还自发到观察区按自己的想法对种子进行分类。最后通过观察记录，我们一起找到了按大小、软硬、形状、种类、能不能吃等 10 种分类方法。孩子们的举动和想法让我不禁感叹：孩子不愧为天生的科学家。

**分析解读**

幼儿的科学探究是他们对事物和现象进行探索并形成解释的过程。他们的科学探究与解决问题密切相连。教师要有意识地通过提问不断引发幼儿深入探究的兴趣，鼓励幼儿思考并尝试解决问题，进而获得有益的经验。

**教育策略或下一步观察计划**

☆鼓励幼儿提出问题及自己关于种子的真实想法。

☆支持幼儿尝试用自己的方式解决问题。

## （三）

**观察对象：** 浩辰、笑笑

**观察时间：** 2013 年 10 月

**观察背景：** 区域活动

**观察记录**

随着对种子的不断了解，孩子们的好奇心与日俱增，对种子的探秘心理越发浓厚。一天，浩辰带来了从网上下载的关于种子发芽的资料，这引起了大家的关注。

笑笑提出了一个问题："我们收集的种子能发芽吗？"

在她的启发下，我们决定试一试。孩子们选择了水、沙子、土、石头等不同的材料来种植自己喜欢的种子。

几天过后，水里泡发的豆类种子首先钻出了细嫩的芽；又过了一周，沙土里的花生也相继钻出了芽；而种在石头和干沙里的种子却一直没有动静。

图 6-6

孩子们在为自己收集的种子能发芽而感到高兴的同时，也获得了许多关于种子发芽的经验。

**分析解读**

幼儿的探究就是在不断地发现问题、解决问题，再发现新问题、解决新问题的过程中获得发展、积累有益经验的过程。幼儿通过动手尝试找到了问题的答案。

**教育策略或下一步观察计划**

☆支持幼儿的探究想法。

☆接纳幼儿具有鲜明年龄特点的答案和解释。

（四）

**观察对象：** 闹闹、萌萌、浩浩、欣欣、天天、池池、瀛瀛、彬彬、宜宜、盈盈

**观察时间：** 2013 年 10 月

**观察背景：** 种植角

**观察记录**

围着发芽的绿豆种子，我提出了一个问题："种子里面有什么呀？为什么会发芽呢？"

孩子们你一言我一语地进行着各种猜想。

闹闹："种子里面有叶，一浇水叶就长出来了。"

萌萌："种子里面睡着一个小宝宝，他喝饱水就伸出芽来了。"

浩浩："虫子将种皮咬了一个口，芽就从里面钻出来了。"

……

孩子们将自己的猜想记录了下来。

我又进一步问道："怎样才能知道种子里面有什么呢？"

为了证实自己的猜想，孩子们急切地说："打开看看吧。"

我接纳了他们的建议，孩子们立

图 6-7

刻到种植区取来自己泡发的种子进行观察。剥开种子的皮，大家一边观察一边兴奋地谈论着：

欣欣："我看到了两个大片片儿。"

天天："快看，我这个种子也有两个片片儿，它们长得差不多。"

……

我问大家："你们知道它们叫什么吗？"

欣欣反应最快："叫种子片。"

萌萌反驳："不对，叫豆瓣。"

欣欣："不对，叫种子片！"

萌萌："不对，就叫豆瓣！"

孩子们争论着，你看看我，我看看你，最后把目光投向了我。我及时地说道："它有个好听的名字叫子叶。"

图 6-8

这时，池池好像有了重大发现："两片子叶中间还有一条缝儿，夹了一条像小鱼一样的叶。"

瀛瀛自言自语地说："子叶的侧面怎么还有个小芽呢。"

"这个小芽也有个好听的名字叫胚。"我自然地接道。

彬彬凑近一看，说："好像胚上还有什么东西？"

我建议他们到科学区取来放大镜再仔细观察观察。

瀛瀛惊讶地说："这上面真的有个小叶。"

孩子们认真地观察着，并且不时地记录着自己的发现。

看着自己的记录表，他们纷纷表示："种子里面还真有意思，和我们猜想的不一样。"

我问大家："那你们从这些种子中都发现了什么呢？"

宜宜说："花生和蚕豆里都有子叶和胚。"

我拿起一颗蚕豆的种子："你们看，这颗种子的胚长在哪儿呢？"

宜宜说："在右边。"

盈盈立刻拿出自己的记录表说："我观察到花生种子的胚是长在上面的。"

我问大家："到底种子的胚是长在什么地方呢？我们可以再多看一看。"

……

通过观察，孩子们发现，原来不同种子的胚在子叶上的位置是不一样的。

**分析解读**

幼儿的科学探究活动更多注重的是探究过程，教师为幼儿提供宽松的探究氛围，支持他们亲历探究的过程，大胆提出自己的想法，并逐步形成了尊重事实的科学态度。

**教育策略或下一步观察计划**

☆鼓励并支持幼儿将自己对种子的所有发现和经验编成连环画故事，并制成图书展示在图书角，供全班幼儿阅读。

☆建议幼儿在来年的春天将种子播撒到幼儿园的种植区中，让更多的小朋友了解种子的故事。

（案例提供：苏　静）

在上述案例中，教师及时捕捉幼儿的兴趣与需求，生成了一系列个性化课程。这告诉我们，观察是教师为幼儿提供适宜教育的前提，教师只有在仔细充分地观察幼儿，了解幼儿的兴趣需求、发展特点和学习方式，做出客观分析和准确判断的基础上，才能制定出符合幼儿特点的、适宜幼儿发展的课程。

**（二）基于观察记录调整个性化课程**

唯有通过观察和分析，才能真正了解幼儿的内在需要和个体差异，才能决定如何调整环境并采取适宜的行为来支持幼儿的成长。通过观察，教师真实地将每个幼儿的活动表现分别记录在幼儿成长档案中。通过分析与比较，教师发现课程的实施对不同幼儿产生的作用和影响是不同的，从而体现幼儿发展的差异化特点。在课程实施中，教师往往会发现，在同一个主题下，不同的幼儿会有不同的学习倾向，而且会导致课程的走向不断变化。这些变化来源于教师对幼儿的观察与分析。因此，要保证课程实施的有效性，教师就要借助幼儿成长档案这一媒介，客观真实地观察记录并解读幼儿当前的学习需要，及时调整课程，以满足不同幼儿的成长与发展需要。

在下面的案例（见案例6-4）中，展示了教师在观察到幼儿兴趣点的基础上生成了主题游戏课程，并在课程实施过程中基于对幼儿的观察又调整了课程走向。

## 案例6-4　开业典礼

**观察对象：**桐桐、糖糖、依依、小光

**观察时间：**2015年4月7日

**观察背景：**服装商店的环境布置完成后

**观察记录**

当服装商店的环境布置完成后，大家即将进入买卖游戏阶段，孩子们的讨论引起了我的关注。

桐桐说："我们应该给服装商店办一个开业典礼仪式。"

糖糖说："对呀，对呀，我们家楼下就有一家服装店开张了。"

依依说："我同意，开张的时候要放鞭炮，我会做鞭炮。"

小光说："我们还要贴一个大海报，告诉大家我们的商店开业啦！"

糖糖说："我们可以唱歌跳舞，庆祝开业。"

图 6-9

图 6-10

**分析解读**

从孩子们的交谈中，我们可以发现，他们并不急于玩买卖服装的游戏，而是将兴趣点转向了"开业典礼"。同时，我们可以看出，他们对开业典礼有一定的原有经验，孩子们的对话体现了他们想自主设计开业典礼这一游戏内容的愿望。孩子们的想法让我很惊讶，也让我很期待。

**教育策略或下一步观察计划**

☆追随幼儿的兴趣点，提供相应的支持，依据新的游戏内容调整原有环境、材料等，满足幼儿的游戏需求。

☆帮助幼儿梳理、归纳原有经验，继续丰富幼儿关于开业典礼的相关经验，为接下来的游戏做准备。

☆关注幼儿在玩开业典礼游戏中的表现，如合作游戏、创造力及问题解决能力等方面的发展情况。

（案例提供：周　蕾）

上述案例中的这段观察记录是"服装"主题游戏课程进程中的一个片段，反映了教师新的儿童观和课程观。当教师观察到幼儿的兴趣点与原先预设的课程活动方向出现分歧后，做出了正确的价值判断，没有墨守成规，而是相信和支持幼儿的想法，在同一主题下依据不同幼儿表现出的学习倾向及时调整课程。

图6-11是"服装"主题的网络构建图。其中黑色部分、浅灰色部分为教师在与幼儿讨论的基础上，与配班教师头脑风暴后预设的游戏内容。黑色部分为教师预设与幼儿兴趣需要相契合而实际开展过的内容。浅灰色部分为教师预设了但幼儿没有游戏需求，所以实际没有落实的内容。深灰色部分为教师没有预设，但在游戏进程中依据幼儿的兴趣需求生成的内容。

在课程实施过程中，幼儿的兴趣会受环境、同伴、经验等因素的影响而不断变化，教师只有通过细心观察和记录，洞察幼儿的兴趣变化，才能及时调整课程，为满足不同幼儿的需要搭建相应的平台，使课程实施更贴

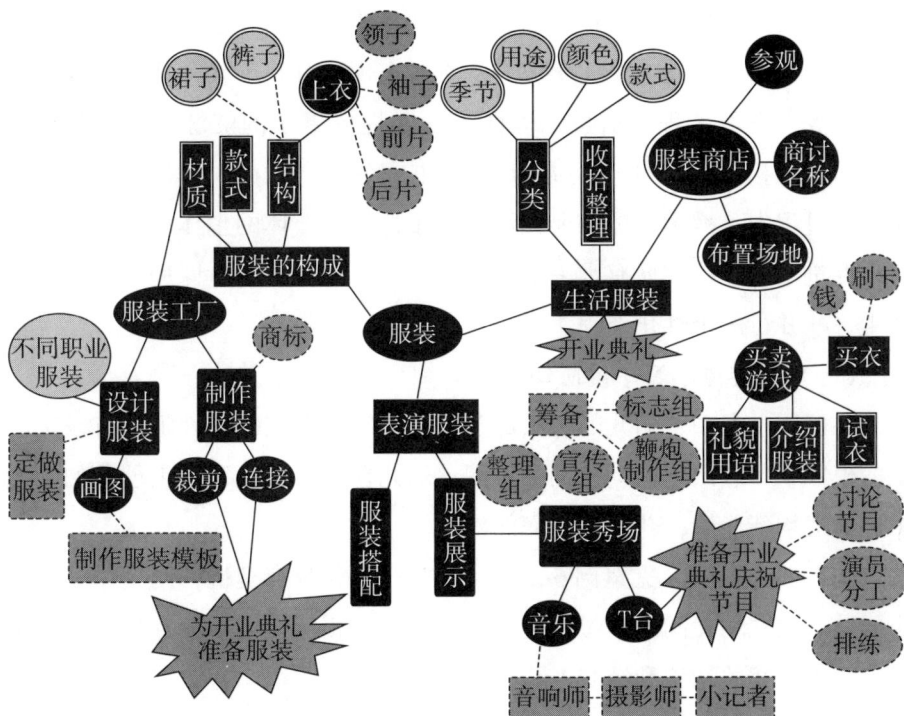

**图 6-11**

近幼儿的个体需求，为其学习提供各种可能性，从而有效地促进幼儿个性化发展。

幼儿成长档案中收集了教师对幼儿的大量观察记录，观察幼儿的目的是为了更有效地对幼儿实施教育，帮助幼儿获得发展。同时，课程的设计与实施需要以观察幼儿、了解幼儿为依据。二者相辅相成，缺一不可，有机结合，共同为幼儿的发展提供有效保障。

## 二、设计共同性课程

共同性课程是指教师基于幼儿共同感兴趣的某一主题，引导幼儿在集体中展开相关问题的讨论与学习，共同参与设计、实施，从而获得更多有益经验的活动总和。在共同学习的过程中，教师注重发现幼儿的兴趣，支持幼儿不断展开探究与表达，借助群体智慧获得全面和谐发展。而幼儿成长档案便记录了幼儿在集体学习中的真实表现，有利于教师从中发现幼儿的关注点、学习进程等信息，以便为幼儿提供更多的资源，引发其在与人、与物的相互作用中，通过深度学习获得发展。在面向群体实施共同性课程的过程中，教师仍然需要关注不同小群体或个体的主体性发挥，以更好地促进不同个体在原有水平上的发展。因而，在共同性课程中可能又会产生一些并行的个性化课程。

**（一）在群体学习中读懂幼儿**

在群体学习中，幼儿的想法源于自己的感受和判断，教师没有设定固定的模式，营造出宽松、接纳的氛围。幼儿在自由表达、自主创造的环境中不断建构新经验，获得多方面的发展。

在下面的案例（见案例 6-5）中，教师抓住教育契机，向全体幼儿抛出问题，建立幼儿间的学习共同体，引导他们相互交流，相互启发，共同学习，丰富相关知识和经验。

**案例 6-5　儿童图书馆**

在图书区活动时，洋洋惊奇地说："刘老师，您快看，这本书和其他的图书不一样！"

"哪儿不一样呀？"

"这本书最后一页有一张纸条，上面还印着红色的数字。"

为了调动孩子们的探究欲望，我佯装不知："真是的，这张纸条有什么用呢？为什么其他书上没有呢？"

图 6-12

图书区的孩子们都被难住了。

"这可怎么办呢？"

洋洋想了想，说："要不问问其他小朋友吧。"

我意识到这是一个良好的教育契机，不仅可以鼓励孩子们相互学习，满足他们经验共享的需要，还可以激发更多孩子萌发好学欲望，于是就接纳了他的建议，将问题摆在了全班幼儿的面前。

在区域游戏小结环节，我鼓励洋洋向大家讲出自己的发现并提出问题。

小侬说："这本书是我带来的，我知道。"

"快说说！"孩子们急于知道答案。

"这本书是我从图书馆借来的，那张纸条上印着还书的日期。"

小侬的话音刚一落地，孩子们的问题接踵而来：

"图书馆的书上都有这样的纸条吗？"

"图书馆的书有咱们带来的书多吗？"

"图书馆是什么样的？有意思吗？"

"书是怎么借出来的？"

……

我静静地听着孩子们之间的对话，意识到图书馆已经成为他们关注的焦点，于是就组织了一次参观少儿图书馆的活动。

图书馆成了活教材，孩子们主动获取信息的意识寓于参观的全过程。乔乔还悄悄地拉着我说："刘老师，快来看，我又发现了一个秘密。这本书后面的纸条上红色的数字都满了，我猜这本书很好看，对吗？"孩子们的发现总是让我惊讶。回来后，参观的录像与照片又一次为他们提供了回忆、感受与整理经验的机会，他们用语言、图画等来表达参观图书馆的感想，请爸爸妈妈为自己的感想做文字记录。就这样，参观照片、绘画作品、参观日记等经过大家的共同整理，变为了班内孩子们喜欢的两个专栏——"开眼界"和"走进图书馆"。

围绕图书馆的主题，孩子们又主动提出了进行游戏的愿望，于是"儿童图书馆"的游戏课程由此生成。我与孩子们共同商讨制订了游戏计划，并一起动手准备材料，开开心心地游戏着。在这个过程中，孩子们的观察、设计、创造等多种能力得以发展。

图 6-13

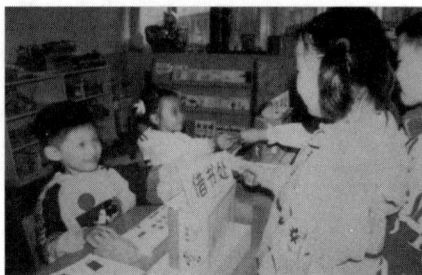

图 6-14

"儿童图书馆"很受青睐，孩子们纷纷来借书，游戏在一天天延伸和丰富。细细想来，只要教师善于观察，根据幼儿在游戏中生成的问题，挖掘其教育价值，引发幼儿思考，一定会使他们不断获得有益的经验。"儿童图书馆"这一主题游戏课程产生的教育价值是不可估量的，幼儿在满足兴趣的过程中更深切地懂得了书在人们学习和生活中的重要性，进而激发了其好学与探究的欲望，这对幼儿未来的学习与发展意义深远。

（案例提供：刘　健）

### （二）依据观察分析推进课程

每所幼儿园的课程理念与实施模式不尽相同，我园倡导基于幼儿主动学习的课程，强调以幼儿的兴趣来生成课程，将教育目标转化为幼儿的需求，以此设计课程。因此，在课程实施过程中，我园提出课程实施要与幼儿成长档案的运用密切结合。教师非常注重在课程中发现幼儿富有个性的一面，如他们的闪光点或遇到的困难或他们的兴趣点等，从而确立需要观察的项目，将有价值的案例及内容收录于幼儿成长档案之中，依据观察解读推进课程。

以下案例（见案例6-6）反映了教师是如何在系列主题活动中确立观察项目的。

**案例 6-6 好吃的饼干**————————————————————————————

（一）

**观察对象：**托班全体幼儿

**观察时间：**2013 年 11 月 7 日

**观察背景：**加餐环节

**观察记录**

今天幼儿园的加餐是小饼干，我在为孩子们分发饼干的过程中，发现他们对饼干异常关注。他们并没有马上把饼干吃掉，而是拿在手里，边看边说："我这个是小鸡饼干。""我的是小鱼饼干。""我这个是草莓味的饼干。"还有的孩子把饼干放在桌子上一块一块地进行点数，然后告诉周围的小伙伴："我有五块小饼干。"

**分析解读**

显然，孩子们对饼干产生了浓厚的兴趣。仔细想来，饼干对托班幼儿来说有很多方面的发展价值，例如，幼儿在交换、品尝饼干的过程中不仅能够学会倾听和主动表达，更能够初步学会同伴之间交往的方法。在探究和摆弄饼干的过程中，幼儿不仅能够增进对形状的认知，更能够初步学习点数甚至是归类。于是，一次关于"好吃的饼干"的主题活动应运而生。

**教育策略或下一步观察计划**

☆请幼儿将自己喜欢的饼干带到幼儿园与同伴一起交流和品尝，观察幼儿的情绪情感、自我意识、表达能力。

☆从愿意与人交往，能与同伴友好相处的角度观察幼儿是否愿意与同伴一起交流、品尝自己的小饼干。

☆从乐于大胆表达自己的想法，具有文明的语言习惯这一维度观察幼儿是否能够逐步学会表达自己关于饼干的认识和经验。

☆从对身边的事物、现象感兴趣，愿意主动去探究的角度，观察幼儿是否能主动用多种方式探究饼干，感受饼干的质地。

## （二）

**观察对象：** 托班全体幼儿

**观察时间：** 2013 年 11 月 12 日

**观察背景：** 餐前环节

**观察记录**

圆圆的表达能力较强，她抱着饼干大方地为小朋友介绍："这是我妈妈在超市给我买的饼干，是巧克力味的饼干。"

天天则表现得比较腼腆，在集体面前说话时似乎有些不知所措。

于是，我轻轻地抱着他，问："天天，这是谁给你买的饼干？"

天天回答："爸爸。"

我说："哦，那你的小饼干是什么样子的？"

天天回答："圆圆的。"

"那你猜这个小饼干是什么味道的？"我又问。

"草莓味的吧？"天天说。

这时，坐在下面的孩子们早已经按捺不住了，纷纷拿着自己的饼干和周围的同伴说了起来。

"我这个也是草莓味的。"

"我的是棒棒糖味的。"

"我的是香蕉味的。"

"我的饼干是小花的。"

"我的是圆圆的，香香的。"

……

看着孩子们对饼干的味道如此感兴趣，我提议："咱们来尝一尝小饼干，好不好？"

"好！"小朋友们拍着手大声说。

于是，我为孩子们找来了一个盛放饼干的大盘子，将小朋友们的饼干都倒进了大盘子里，并对孩子们说："好啦，下面咱们来品尝饼干吧！一会儿请你告诉我，你吃到的饼干是什么样子的、是什么味道的？"

孩子们纷纷吃了起来。这一次，他们既吃到了自己的饼干，也吃到了其他小朋友的饼干。

这时，有趣的事情发生了。洋洋想吃盘子里的那块小蘑菇饼干，可这最后一块小蘑菇饼干被丫丫拿走了。洋洋看了看我，似乎是想向我求助。

我对洋洋说："你想个办法，去和丫丫换一换吧。"

于是，洋洋拿起了一块巧克力味的饼干，迟疑地走到丫丫身边，小声地对她说："咱俩换一换吧，给你巧克力味的饼干。"

丫丫把小蘑菇饼干递了过去，洋洋顺势张开了嘴巴。一次快乐的交换过程顺利完成。

在孩子们吃过小饼干之后，我再次引导他们进行讨论："你已经吃过小饼干了，现在请你告诉我，你吃到的小饼干到底是什么样子的、是什么味道的？"

此时，孩子们已经有了直接经验，因此他们的表达也更加清楚和完整。

团团说："我这个饼干是圆圆的，上面有小洞洞，它是巧克力味的饼干。"

梓博则意犹未尽地说："我的小饼干很甜，是香蕉味的，就像小月亮一样。"

**分析解读**

在幼儿互相交流、品尝小饼干的过程中，我发现他们对饼干的外形非常感兴趣。他们拿到小饼干之后并不是马上就吃掉，而是要先看、先说，如"我的饼干是小鸭子的""我的饼干是圆圆的""我的是小花的饼干"等。在组织幼儿集体交流时，幼儿谈论的焦点也多集中在外形上。显然，幼儿对饼干的外形已产生了一定的兴趣和关注，这恰好与托班的教育目标"认识简单的图形"相吻合。

**教育策略或下一步观察计划**

☆在接下来的活动中，我希望能够通过环境创设和游戏的方式，为幼儿的进一步学习提供多种可能性。因此，我将针对幼儿的认知发展、交往能力等进行观察。

☆从具有初步的探究能力，感知形状与空间关系这一维度，观察幼儿在操作、摆弄饼干的过程中，是否能够按照饼干的形状特征进行分类。

（三）

**观察对象**：乐乐、丫丫、天天

**观察时间**：2013 年 11 月 15 日

**观察背景**：教师在班内创设了游戏性的背景墙饰"不一样的饼干"

**观察记录**

乐乐说："天天，你的饼干是方方的，应该放在方方的饼干盒里。"

丫丫说："这个是圆圆的饼干盒，那个才是方方的饼干盒。"

天天拿着饼干看了看，向后退了两步，又在墙饰上的方饼干盒及圆饼干盒之间进行反复对照，最终把它放进了方饼干盒里。

**分析解读**

孩子们在相互学习的过程中，发展着对图形的感知能力。乐乐和丫丫在同伴遇到问题时，能够借助自己的已有经验帮助同伴。天天在接受同伴帮助的同时，还通过反复操作和感知主动获得了相关经验。

**教育策略或下一步观察计划**

☆给孩子们提供更多的学习机会，将在美工区投放不同形状的饼干轮廓图、彩色纸条、印章等。

☆在娃娃家投放彩泥、塑形工具、烤箱等游戏材料。

☆观察幼儿与材料互动的情况及幼儿的游戏水平。

（案例提供：支　娜）

教师在主题课程推进的过程中，不断确立观察项目，并根据观察结果调整课程走向。此后的"和叔叔阿姨一起做饼干""我做的饼干"等活动，都是教师在观察分析基础上与孩子们一起学习的经历（见图 6-15 至图 6-17）。这些反映幼儿学习过程的照片和观察记录也被分别存入了他们的幼儿成长档案中。

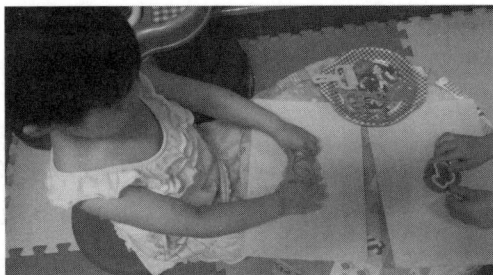

图 6-15

图 6-16

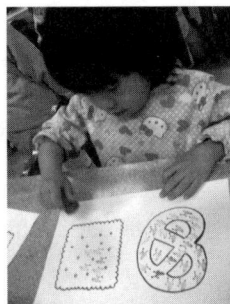

图 6-17

# 第七章　幼儿成长档案创建与运用的管理与保障

## 一、有序的日常管理

幼儿成长档案的记录与整理是教师日常工作的一部分，因此有序管理、有效运用是非常必要的。我园通过建立相关的管理制度和规则机制，保证幼儿成长档案发挥其最大的教育价值，促进幼儿全面发展，提升教师专业化能力水平，从而提升园所整体教育质量。

### （一）分工合作

教师、幼儿及家长均是幼儿成长档案创建的主体。其中，教师是幼儿成长档案创建的引领者和主力军。我园的班级自发形成了一个"幼儿成长档案创建小组"。

教师和保育员都是创建幼儿成长档案的主体。他们在创建幼儿成长档案的过程中，既有明确的分工，又相互配合，共同承担起观察、记录与分析的重任。为了更好地处理这种关系，我园出台了《幼儿一日生活制度常规及保教人员工作程序要求》，对保教人员的分工与合作进行了定位，用以保障此项工作开展的可行性和常态化。

教师侧重于对幼儿在游戏、探究、活动等方面的行为表现进行记录与指导。主班及配班教师要密切配合。在主班教师带领全体幼儿进行活动时，配班教师要根据观察计划对个别幼儿进行有重点的观察，在分析幼儿作品和行为表现时注意倾听幼儿的想法，真实地记录幼儿的发展。

保育员则更多地关注幼儿在生活方面的发展和变化，如观察幼儿在吃饭、喝水、如厕等生活环节中的具体表现，及时引导并记录幼儿的成长和进步。

同时，教师根据日常实际工作量确定每周重点观察的幼儿人数及观察项目，保证每本档案都能随时体现幼儿的发展情况。下表（见表7-1）为我园的《班级保教人员工作时间配合安排表》。

表 7-1　班级保教人员工作时间配合安排表

| 人员分工 | | 上班时间 | 配班时间 |
|---|---|---|---|
| 上午 | 主班教师 | 7：30—12：00 | — |
| | 配班教师 | 9：00—11：00 | 9：00—活动结束<br>10：00—11：00 |
| | 保育员 | 7：30—12：15 | 10：00—10：45 |
| 下午 | 主班教师 | 12：00—18：00 | — |
| | 配班教师 | 13：00—16：30 | 15：30—16：30 |
| | 保育员 | 14：15—17：30 | 15：20—16：20 |

此外，家长和幼儿也是创建幼儿成长档案的主体。因此，教师应有计划地引导家长逐步参与到创建幼儿成长档案的过程中来。家长在与幼儿相处的过程中，在对幼儿进行细致观察方面更具优势，能更加敏锐地发现幼儿的兴趣和需求，更好地了解幼儿的想法，为实现家园共育打好基础。同时，教师也要引导幼儿积极地参与到自己档案的创建与整理中来，真正实现"我的档案我做主"。

（二）交流互动

1. 教师交流

幼儿成长档案是教师与同事及相关人员交流的载体，教师必须学会运用这一载体进行教育评价，以评价促发展，从而发挥幼儿成长档案的教育价值。因此，我园建立了定期交流机制，以确保幼儿成长档案作用的发挥。

首先，班级三名教师每月都会针对本班幼儿成长档案内容进行交流，对幼儿成长档案完成情况、幼儿作品分析、幼儿行为解读、教育策略调整、后续观察重点等进行讨论并达成共识。

其次，我园每学期开展一次全园范围的幼儿成长档案交流活动。教师在交流活动中发现问题、集体诊断，通过专题研究、专家培训、交流沙龙等形式，解决遇到的问题，提高观察、解读幼儿的能力，为后续工作的开展提供支持。

2. 家园交流

家园合作是幼儿园教育的重要组成部分。为了保证家园沟通的有效性，家长约谈制度的设立十分必要。

我园的具体做法：每学期初，每个班级的教师召开班务会，共同制订家长工作计划。约谈作为一种重要的沟通方式被纳入计划中，约谈工作依计划按部就班地进行。在每次与家长约谈后，约谈教师填写《家长约谈记录表》（见表7-2），包括与家长沟通的内容及双方达成的家园共育策略，为后续工作提供保障与反思依据。

表7-2　家长约谈记录表

| 班级 | | 日期 | |
|---|---|---|---|
| 约谈<br>意向 | | | |

续表

| 班级 | | 日期 | |
|---|---|---|---|
| 约谈<br>记录 | | | |
| 教师<br>反思 | | | |

在与家长沟通时，幼儿成长档案中关于幼儿多方面的记录可以向家长真实地反映幼儿的在园表现，教师可依据这些内容将自己对幼儿的分析判断介绍给家长，帮助家长通过观察教师的教育行为和孩子的表现，使教师与家长的交流更加客观，既提高了有效性，又得到了家长的信任与理解。同时，家长约谈制度的确立，为教师帮助家长如何更好地参与到幼儿成长

档案的创建工作中提供了保证。

**（三）定期整理**

幼儿成长档案的内容虽然是动态的，但对于总体的内容，教师是基本能够把握的。因此，教师应将有关内容的目录列出清单，以电子文档形式保存，以便随时调整。教师可定期将内容清单打印后放在幼儿成长档案的最前面或最后面，一方面方便对总体内容有所了解，不断调整新的记录内容；另一方面，方便阅览者查找相关内容。

随着幼儿成长档案内容的不断丰富，教师可以和幼儿一起定期整理。开学初，教师可将上一年龄阶段的档案装订归档，腾出档案页以备新学期使用，也可增加新的档案袋（册）进行收藏。

对于幼儿成长档案中有保存价值的教研资源，应及时复制后统一存放，并由管理人员保管，防止幼儿毕业后教研资源的流失。应保证幼儿信息的私密性，用作研究时可对其进行适当处理，只呈现拟研究部分。

**（四）档案移交**

当幼儿在园生活一段时间后，家长会成为幼儿成长档案的阅读者；当幼儿升入新的年龄班，班里可能会更换教师，新的教师会成为幼儿成长档案的阅读者；当幼儿毕业离园，小学教师也可能会成为幼儿成长档案的阅读者。因此，读者群体的变化，就会导致档案移交情况的发生。在移交过程中，应建立一定的制度，用以保障档案的管理和使用。

1. 在园期间的移交

幼儿升班会遇到更换教师的情况。此时，教师要注意幼儿成长档案的移交问题，包括档案的册数、建档及运用幼儿成长档案时的特殊情况、某些幼儿在某些方面发展的特殊需要等，这些都要借助幼儿成长档案与接班教师进行充分说明，以便使其对全班幼儿有充分了解和认识。

此外，除了幼儿或家长在日常随时可将幼儿成长档案带回家分享或添加观察记录外，每学期的期末和新学期的开始，通常教师与家长会移交幼儿成长档案。

期末时，教师会将本班的幼儿成长档案移交给家长，档案可由幼儿自行带回交给家长或由家长直接向教师索取。无论哪种情况，教师需做好档案移交记录，以免档案遗失。移交给家长的幼儿成长档案会成为家长了解孩子一个学期在园表现及进步情况的载体。有教育意识的家长还会根据教师的建议，利用假期关注幼儿的兴趣和需求，支持幼儿的学习与发展。

新学期之初，幼儿需主动或在家长的帮助下，将幼儿成长档案带回班内交给教师保存。此时也是教师了解幼儿假期生活的最佳契机，不仅可以发现幼儿的变化，还可以根据档案中家长记录的信息内容，与幼儿展开讨论，由此生成有意义的课程活动。所以说，档案移交大有学问。

2. 离园之时的移交

在幼儿毕业时，幼儿成长档案应移交给家长继续保管，以备后用，如有需要可移交给小学，为幼儿今后小学阶段的进一步发展提供客观依据。

另外，在幼儿因故需要转园时，教师也应将幼儿成长档案交由家长保存。移交时需履行移交程序，签署书面移交证明，避免档案丢失。

## 二、有力的研究保障

在创建和运用幼儿成长档案的过程中，除了前述必要的物质准备以外，我园教师本着"边实践、边研究"的态度，解决了不少实践当中遇到的问题。这与园所为教师提供的研究保障是分不开的。可以说，除了必要的物质支持外，还需要提供以下四方面的支持保障。

### （一）观点碰撞，使教师在思想上达成共识

围绕"怎样使幼儿成长档案成为教育依据"这一问题，我们组织了全园范围的交流与讨论。大家进一步明确了各班在创建及运用幼儿成长档案时的着眼点，通过归纳和梳理，找出急需解决的问题。例如，建立幼儿成长档案有哪些简便有效的方法？怎样科学地评价和分析幼儿？怎样的记录方式有利于实现家园共育？如何观察幼儿，使其成为帮助幼儿有效学习的工具？如何进一步调动家长参与的积极性和主动性？……在此基础上，教师们集体讨论分析了幼儿成长档案创建及运用方法的可行性，根据意见及

建议及时进行调整，最终达成共识。

我园组织的相关教研活动帮助教师们不断明确了创建幼儿成长档案的意义，了解了幼儿成长档案应呈现的内容，确立了创建幼儿成长档案的途径，明晰了创建幼儿成长档案的关键环节，掌握了创建幼儿成长档案的具体形式方法。观点的不断碰撞，拓宽了大家的视野，也激发了教师们开展此项工作的内在动机。

**（二）引领学习，为教师夯实理论提供支持**

伴随着幼儿成长档案工作的不断深入开展，教师们遇到的问题越来越具有挑战性。此时，积极为教师提供专业理论保障，就成为解决这一难题的有效途径。我园购买了与幼儿成长档案相关的大量专业书籍，补充了有关教育学、教学法、心理学及脑科学方面的图书，为教师的理论学习提供补给，为更加科学地分析幼儿行为、引导家长参与等提供了理论支撑。

同时，我园为教师搭建研究、互动与发展的平台，更好地保障幼儿成长档案创建工作的顺利开展。例如，针对教师的种种困惑，组织了相关教研及培训活动；通过阅读相关文章、自培、他培及专家讲座等方式，丰富教师的相关知识和经验，使他们获得理论提升，为不断深入地开展工作夯实了基础。

**（三）随时研究，为教师实践探索答疑解难**

教师在创建与运用幼儿成长档案的过程中，会遇到各种各样的问题。本着"边实践、边研究"的理念，我园为教师提供了及时解决问题的平台。个别教师或某个班级遇到问题，可以与园长或有经验的教师个别交流，解决疑惑。如果研究进行到一定阶段，大家遇到共性的问题，便可以进行专题研究，共同攻关，直至问题解决。

1. 幼儿成长档案创建阶段的尝试，引领教师获得理性提升

幼儿成长档案的运用是以创建为前提的。在创建初期，教师对幼儿成长档案的实用性和可操作性的认识和了解，直接关系到幼儿成长档案能否发挥最大的教育价值。因此，我们本着从提高教师理性认识逐步过渡到开

展实践研究的思路，开展了行动研究。

在研究中，我们编制了关于幼儿成长档案研究的教师调查问卷，了解教师在创建幼儿成长档案初期对幼儿成长档案的含义、价值的认识以及存在的困惑等，并据此进一步展开研究。参与式培训使大家对幼儿成长档案以及诸多研究问题进行了再思考，并达成了共识。通过研究小组收集与研究密切相关的学习和研究资料、邀请专家讲座等方式，使全园教师在较短的时间内获得了相关专业理论提升。读书交流会进一步激发了教师深入自主学习的意识。在分组讨论中，大家明晰了研究的总体思路，确定了各自的研究切入点并形成了研究方案。在此基础上，我们以小组教研的方式引领教师对档案内容的选择、教师之间的分工合作以及如何引导家长和幼儿共同参与等问题展开了深入的研究。

通过研究的开展，教师对幼儿成长档案创建方面的认识和理解逐渐加深，乐于大胆尝试，创造性地开展工作。

2. 幼儿成长档案运用阶段的探索，支持教师增长实践智慧

在行动研究的过程中，我们深刻地认识到，怎样更好地运用幼儿成长档案，以档案中的观察记录为依据更好地实施教育、促进幼儿的发展，这是我们研究的价值所在。教师在其中的观察、记录、分析与评价尤为重要。因此，我们开展了观察法的应用研究、记录方法的专题研究等，以档案为依据共同研究幼儿。

首先，我们通过技术培训和现场观摩，对如何确立观察目标、制订观察计划以及设计观察表等实际操作问题有了进一步的思考和认识。然后，我们通过案例研究和多种记录方法的尝试，帮助教师学会使用白描式的记录方式真实地记录和描述自己所观察到的案例，并通过多种记录方法，立体地呈现幼儿的成长历程。

例如，在研究进程中，我们根据教师遇到的问题，汇总形成了几个研究专题，包括"以照片为线索的案例表达及分析""以表格为线索的案例表达及分析""以作品为线索的案例表达及分析""以录像为线索的案例表达及分析"。在"边研究、边实践"的过程中，大家共同收集、研究、

整理了许多新的相关经验。为了实现经验、资源的共享，同时也为了充分发挥骨干教师的专业引领作用，上述研究专题由骨干教师根据自己的具体情况，主动选择认领，并组织教师进行专题教研。

经过一个阶段的研究，我们又发现了新的问题：在记录后的分析中，教师的一些结论性评价语言空洞、泛泛，难以产生说服力，不是对幼儿个性的真实写照。于是，我们组织大家开展相关理论的学习和研讨，支持教师们以学习故事为蓝本与专家对话。

通过一段时间的研究与尝试，教师们收获颇丰。此时，我们更加意识到，研究的最终目的要落脚在幼儿成长档案的运用过程中。教师如何以档案为依据，与家长共同研究解读幼儿，更好地促进幼儿的发展，成为我们要解决的根本问题。于是，我们鼓励教师组织家长进行集中培训，引领家长走出解读误区，再通过约谈与家长达成教育共识，并在个别互动的基础上实现家园共育。在此过程中，教师的家长工作能力不断提高。

**（四）案例解析，为教师提升能力架构桥梁**

经过一段时间的努力，教师们充分认识到了幼儿成长档案创建与运用的价值，但却在如何科学准确地分析、判断幼儿，如何使档案记录方式更为便捷、及时和真实等方面，遇到了新的问题与困惑。鉴于此，我园决定定期进行幼儿成长档案创建与运用的交流活动，收集来自教师们在实践中遇到的问题，然后再组织富有实效的教研活动逐一进行解决。例如，针对交流中发现的问题，我们曾在园内开展了相关内容的专题培训，先后请专家为教师们进行"追寻故事的意义""叙事研究的案例书写""新西兰学习故事分享"等内容的讲解与交流，使教师们对案例价值有了新的认识。

由于教师们在教育学、心理学、脑科学等方面的专业理论知识水平有限，在观察能力、反应能力、教育行为决策能力等方面还存在不同程度的问题，因此，关注每个幼儿，对其行为、表现进行及时、真实的记录，并进行科学、准确的分析判断，成为教师们面临的一个难题。为了解决这一难题，我们除了鼓励教师向书本学习之外，还牢牢地抓住了"案例"这一具体、生动、贴近教师实际的研究素材，开展园本培训，一步一步地提高教师的观察分析能力。

1. 借助他人优秀案例开展培训，帮助教师掌握观察分析的方法

在交流过程中，通过阅读一本本幼儿成长档案，教师们发现自己都在有意识地记录着幼儿一个个有趣的成长故事，但通过这一份份的观察记录也不难看出问题所在。例如，有的观察记录过于冗长，缺乏可操作性；有的观察记录掺杂着教师个人的主观看法；有的观察记录过于泛泛，看不出所要反映的主要问题；有的观察记录翔实但分析不到位；有的观察记录方法单一；等等。这些问题说明大家对观察的方法有哪些、如何进行客观记录以及分析判断如何入手等还是不够明确。开展培训势在必行。如果我们还是沿袭以往的培训方式，给大家进行理论辅导，肯定无法引起教师们的共鸣。于是，我们寻找了一些国内外的优秀观察记录案例开展培训，收效甚佳。

为了帮助教师掌握更多的观察方法，以提高观察记录的效率，我们基于不同的观察记录方法分别寻找了一些优秀的观察案例作为培训蓝本。在培训中，我们先请教师们带着问题观看案例，然后总结梳理。

例如，在事件记录法的培训中，首先，我们会提出问题，包括"这种观察记录方法注重的是什么？""适合记录幼儿的什么行为？""使用这种方法观察后，在记录中应包括什么？"等。然后，教师们带着问题观看案例，通过对问题的逐一讨论，明确了事件记录法"关键是要观察什么，而不是什么时候观察"。这种方法主要"关注幼儿的一种特殊行为或者事件，在预先确定的时间段内发生的情况"。经过教师们的归纳，大家一致认同事件记录法应包括日期、简单的背景描述、每次行为或事件发生的准确时间、每次行为或者发生事件的细节以及他人参与或任何相关的环境细节等方面。除了事件记录法外，我园通过这种剖析与解读优秀案例的培训方式，还帮助教师们学习和掌握了逸事观察法、快速记录法、时间取样法、间隔记录法、持续时间记录法等多种观察方法，为大家观察记录幼儿多方面行为奠定了一定的基础。

再如，如何准确分析判断幼儿的行为，也是教师们难以把握的。于

是，我们在教研时间为大家准备了两个比较优秀的案例，通过案例通读、个人分析、集体反思，使教师们逐渐厘清了思路。在对第一个案例中的幼儿行为进行个人分析时，教师们往往是重复案例中的原话，对表面的东西说得比较多，对幼儿行为背后的原因思考不够，表述的语言繁复，缺乏简单概括能力。经过集体讨论，大家明确了问题所在，正如教师们自己领悟到的那样，"对幼儿行为的判断不能只看表面，要学会挖掘背后的、内在的东西""不是分析得越多越好，泛泛而谈反而不能突出幼儿的特点"。大家意识到分析应把握好价值点。带着这样的观点，大家又开展了对第二个案例的分析，这次分析明显比前一个案例趋于准确。其实，教师的分析判断能力并不能通过一两次的研究就获得提高，但我们始终坚定一个信念，那就是授人以渔，期望通过厘清思路和掌握方法，使教师们在不断尝试的过程中循序渐进地提高分析判断能力，获得专业成长。

2. 创设情境，现场参与案例实录，引领教师尝试运用所学方法

多年的实践研究经验告诉我们，掌握了方法并不等于真正会用，纸上谈兵不难，一旦进入实践就会问题层出。学习、培训的最终目的就是要让教师们将所学运用到自己的教育实践中。实践是检验真理的唯一方法。为了了解教师们对观察记录、分析方法的掌握情况，也为了支持、帮助大家学会使用所学方法，提高相应能力，更好地将其运用于幼儿成长档案的创建中，我们采用了创设真实情境、教师参与现场观察记录的方式，引导大家在体验中学习成长。

任何一种方法从学习到运用都需要一个过程。为了引领教师们在这个过程中少走弯路，支持他们更好地开展实践工作，我们决定为教师们搭建一个台阶。例如，我们先与大二班教师协商，请他们准备一个积木搭建活动。然后，我们向全体教师发出预告，请大家提前做好观察计划。接下来，教师们亲临观察现场，实际操作并验证自己的观察设想。最后，进行集体研讨，教师们都觉得获益良多。

在真实情境的创设中，通过观察案例的实录和研讨，教师们对如何确

立观察目标、制订观察计划、设计记录表格等实际操作问题有了进一步的思考和认识。大家对逸事记录法、快速记录法、持续时间记录法、间隔时间记录法等记录方法进行了大胆的尝试与运用，并达成了一定共识：同一个活动场景可以观察不同的项目，观察记录的方法是为目标服务的，目标确定后可以灵活使用各种方法。由此，教师们有计划地进行观察的能力得到了进一步提高。

3. 提供个人典型案例，进行集体反思，支持教师获得能力提升

我们深知，教师观察、分析、判断能力的提高不是一蹴而就的，它将经历一个漫长的过程。因此，我园抓住教师将研究的眼光投向自身实践的大好势头，从各班的幼儿成长档案中选取了一些成功或仍存在问题的典型案例展开研讨，引导教师在案例交流中解读、剖析、反思、对话，拓宽自己观察的视野，调整思考问题的角度，从而提高分析判断能力。

例如，经过事先与一名教师沟通，我们选择了一份该教师撰写的个案记录作为典型案例开展了集体反思。在研讨活动中，我们隐去了案例中该教师的个人分析，请教师们只看其中的观察记录，并就"通过案例，你知道了些什么，你还想了解些什么信息而案例中未显现出来"发表意见。大家各抒己见，纷纷表达了自己的看法。然后，我们将提供案例教师的个人分析展现在教师们面前，并围绕"对这份观察记录进行客观分析时应注意哪些问题"再次展开讨论。通过思想的碰撞，大家归纳出一些需要注意的问题。

再如，通过一段时间的研究和尝试，教师们在大量案例的记录和分析中积累了一定的经验。我们利用这个契机，组织大家开展幼儿成长档案案例分享交流活动。活动中，教师们踊跃发言，纷纷展示自己的案例，从不同角度介绍了自己的做法和体会。

**例1**

魏老师在新生入园初期，为了减少幼儿的哭闹时间，帮助其尽快适应幼儿园的生活，基于时间取样法设计了一个记录幼儿哭闹时间的表格，准确判断幼儿在哪一时间段哭闹现象严重，从而寻找有针对性的解决对策，

并持续记录、分析教师干预策略的有效性和适宜性，使幼儿能在教师的关爱下尽快度过分离焦虑期。

**例2**

张老师和郝老师尝试使用了录像记录的方法，记录更多的关于幼儿成长、幼儿之间、幼儿与成人之间互动的细节信息，把这些影像资料刻成光盘收录在幼儿成长档案中，还以邮件的形式发送给家长，以便家长能及时了解幼儿在活动中的真实表现。教师与家长建立积极的沟通渠道，让家长积极地参与到幼儿成长档案的建设中来，建立了一种新型的家园互动方式。同时，教师将幼儿成长档案作为一种评价方式，支持了"以幼儿为主"的课程学习。

**例3**

孙老师和尹老师根据大班幼儿的特点，将观察记录的重点放到幼儿的任务意识、独立意识、解决问题的能力、自理能力以及阅读能力等方面，力争使幼儿成长档案记录满足幼儿不同阶段的发展需要，为幼儿的成长提供帮助。他们针对不同的观察目标采取了不同的记录方法。例如，在观察幼儿的交往合作能力、解决问题能力等方面时，为了对幼儿的行为有清楚、客观的了解，主要采取逸事记录的方法；在观察幼儿的某方面技能、情绪情感的变化或一些典型事件时，采用照片记录的方法；在观察幼儿任务意识和自理能力等方面时，主要采用幼儿参与、家长和教师监督提醒的表格记录方法，再配上教师的阶段性综合分析，生动地展现了幼儿的成长历程。

通过一段时间的研究与尝试，教师们收获颇丰。有的教师颇有感触地说："这次，我真的知道如何进行观察分析了，以前总是似懂非懂。相信接班的教师看了我现在分析的档案，就能了解孩子了。"有的教师说："以前，我班幼儿成长档案中幼儿作品比较多。通过这段时间的学习和研究，我尝试了利用录像、录音等方式观察记录幼儿，觉得很有价值。家长满意，我自己收获也挺大的。"还有的教师坦言："我以前使用的大多是逸事记录法，其他方法也多少了解一些，但始终没那么清晰，也不知道何时使用、怎样使用。现在，我明白多了，也开始尝试使用其他的方法了，确实很实用。"

教师们在典型案例的分享和交流过程中，进一步了解了各种观察记录方法的运用，提高了分析判断能力，特别是体验到了自己大胆尝试与突破而带来的成功感受，对自己的专业成长充满了信心。这对教师为幼儿创建和运用幼儿成长档案工作奠定了强有力的理论和实践基础。

# 第八章　幼儿成长档案创建
# 与运用的实践体会

## 一、保教人员研究感悟

### 通过网络建立电子档案，发挥教育的引领、
### 导向和协调作用

沈文瑛

幼儿园教育与家庭教育有着各自的优势，而且互相不能替代。教师掌握科学的幼儿教育方法，对幼儿实施的是有目的、有计划和有组织的教育。而家庭与幼儿之间的特殊关系决定了它在幼儿发展中所起的重要作用。家庭生活质量与幼儿生存、发展的质量和水平紧密相关，改善家长的教育观念和行为，不仅有利于幼儿的健康成长，也有利于家长的终身发展。只有幼儿园和家庭发挥各自的优势，才能更充分地利用教育资源，最大限度地发挥其作用，形成家园合力，促进幼儿的发展。

随着社会的不断发展和进步，网络已经进入了幼儿园和家庭，对于一些日常工作忙碌、不能经常见面的家长，我们通过网络建立电子档案，使其成为双方沟通的媒介。通过网络沟通让家长深入到幼儿园教育过程中来，并将之与改善家庭教育有机地结合起来。既能有效地提高家长的教育

水平，又能促进幼儿园教育发展，更重要的是使因人施教落到了实处。

霖霖的电子档案：霖霖回天津已经快一个月了，在这段时间里宝宝的一些情况我们从姥姥那里也听说了。可能是宝宝长大了有了自己的想法，最近我给他打电话时他经常会说："爸爸妈妈什么时候回天津？我想你们了！"作为父母我们听了心里很不是滋味。请问老师，我们应该怎么做才不会影响孩子的心理健康呢？

**沈老师分析解读：**随着宝宝年龄的增长，他的情感发展更为丰富，感知、记忆与表达等方面也有了进一步的提高。愉快的寒假，与妈妈一起度过的快乐时光都会给孩子留下难忘的印象，我想这也正是您所期望的。因此，宝宝离开您后的思念之情也应该在情理之中，孩子能用语言加以表达，正是他宣泄内心情感的一种方式，对他的心理健康是有好处的。如果他只憋在心里不说出来，您可能会更担心。但是受年龄的局限，他并不会考虑他说完后您内心的感受，因此，让您心里感到有些不舒服，可以理解。多多与他交流，多给他创造倾诉的机会，想必会更好一些。除了电话，也可以采用写信的方式让姥姥读给他听，试一试吧。

豆豆的电子档案：不知道为什么，豆豆这次生病之后变得异常沉默且非常容易激动，遇到不顺心的事便哭闹不止。对此，豆豆爸爸软硬兼施，但收效甚微，搞得我们家长也很心烦！今晚豆豆又因未得到满足（要我们抱着他上楼）而大声哭闹，还抓伤了爸爸。对于他的反常举动，我和豆豆爸爸很是苦恼，不知在幼儿园是否有类似事情发生？

**沈老师分析解读：**豆豆这次生病之后，在园表现有了很大进步。和以往比较，豆豆现在安静了许多，能够倾听老师讲话了。今天早上他第一次选择了智力拼图玩具，他过去经常选择的是较热闹的娃娃家，或是穿梭于各区之间，很难专注于一件事。对此，我已进行了观察记录，放入了他的幼儿成长档案中。其中，有我对他在活动中表现的观察分析和预想教育策略。今天我对他的拼图活动进行了观察，发现他不仅体验到了拼图成功后的快乐，而且能够逐渐安下心来投入学习，这将有利于他良好学习习惯的养成。至于您的苦恼，我想每个孩子生病中已经习惯了父母的宠爱，但是当孩子病好后，父母的耐心就会减弱，想回到过去的状态去要求他。这时，孩子却一下子无法适应，反而觉得父母不如生病期间那样呵护他了，于是愈加不乖了，以寻求回到之前倍受爱护的感觉。因此，我建议您先不要着急，慢慢加强对他的要求，抽时间多陪孩子做一些他感兴趣的事，耐心给他讲一讲您的要求。我觉得他特别需要您的陪伴与引导，这样对他的发展会大有好处。别以为他自己会玩就忽视他，多和他说说话，相信随着他身体的不断恢复，孩子的新进步会让您惊喜的。

铮铮的电子档案：最近，我发现铮铮总是受伤，追问下他才说是远远弄的。以前也发生过类似的事情，我知道在活动的过程中小朋友之间发生冲突是正常的，但要是总和一个小朋友发生这样的事情，而且间隔的时间越来越短，显然不是很正常。铮铮的胆子比较小，他可能不会告诉老师，我比较担心，但是我也不会教育孩子和小朋友直接对抗或者发生冲突。我现在真的有点困惑，该怎样对孩子进行疏导呢？

**沈老师分析解读：**孩子胆子小，当受到欺负时没有告诉老师和家长，家长发现后，我觉得可以尝试以下做法。首先，消除孩子的紧张心理，家长要表现出不急躁、不追问、心平气和，别给孩子施加压力。这样您才能够了解到孩子的真实想法和事情的经过。其次，您可通过不同方法告诉孩子，如果发生自己解决不了的事情应该第一时间向老师、家长或好朋友求助，以保护自己不受到伤害，这一点是至关重要的。另外，家长还要注意引导孩子学习一些与小朋友交往的技能，如协商、轮流、合作等。当然，孩子正处于小班年龄阶段，可以先视具体情况引导他学习一些语言和策略。随着年龄的增长，孩子的交往能力也会不断提高，再加上我们的积极引导，相信孩子能应对各种交往问题，健康成长。

铮铮的电子档案：怎样才能让孩子对不愿意做的事情产生兴趣呢？比如拍球这件事情，我们在家引导了很多次，包括大人示范、和他一起比赛等，想了很多方法，结果还是不管用。但是如果是他想做的事情，他就能坚持很长时间，而且也做得比较好。还有，他喜欢用左手做事情，这样会不会很不方便，比如写字之类的会不会很受影响？您能否给我一些建议？

**沈老师分析解读：**今天我发现铮铮拍球有了明显的进步，大大鼓励了他一番，他因此更加劲地练习，看来您在家的引导是有效的。孩子对事情的兴趣分为直接兴趣和间接兴趣，直接兴趣即孩子一看就愿意做的事，间接兴趣需要我们成人对其进行不断引导和鼓励，这是一个循序渐进的过程。有的时候短期可能看不到明显的效果，但是坚持一段时间以后就会突然发生转变。当孩子获得了成功的体验，再加上成人及时的褒奖，兴趣就会不断提高。因此，我们成人要有耐心，一些孩子不愿意做的事情，也是可以逐渐引发他们兴趣的，但不可急于求成。现在孩子们用左手做事的情况并不鲜见，这对孩子左右脑的均衡发展有一定的益处。如果他执意用左手写字，也不必勉强。当然，如果双手都能写自然更好。

家长通过网络平台将自己在育儿过程中的发现、困惑记录在电子档案中。教师可以运用自己学到的专业理论知识，深入浅出地进行较为科学的分析解读，使家长不断更新自己的教育理念，调整自己的教育行为，提高家庭教育质量。电子档案为帮助家长更好地解读孩子，促进其健康和谐发展开辟了一条新途径。

《纲要》中指出，"尊重幼儿在发展水平、能力、经验、学习方式等方面的个体差异，因人施教，努力使每一个幼儿都能获得满足和成功"。在与孩子们共同学习和生活的过程中，我越发觉得每一个幼儿都需要教师的特别关注与互动，我们必须细心观察，认真解读。这样才能根据幼儿的年龄及心理特点因人施教，满足幼儿的需要。在幼儿感兴趣的活动中，教师要鼓励其大胆地表达和表现，同时注意统整教育资源，家园共育，积极引导幼儿与同伴、教师、家长及周围环境之间进行有效互动，相互渗透、相互作用、共同建构，从而促进每个幼儿健康和谐的发展。

# 大班幼儿成长档案的创建

孙 静

创建幼儿成长档案是教师有目的地收集反映幼儿发展的相关材料，用以评价幼儿发展和提供课程决策的一种途径。在实际操作中，幼儿成长档案并非游离于教育之外，而是整个教育的一部分。幼儿成长档案的创建与运用，是教师把握幼儿发展情况，反思自身教育行为，开发新课程的开端。以下是本人根据大班幼儿年龄特点创建幼儿成长档案的一些方法和体会。

## （一）确定目标，选择适合大班幼儿的记录内容

大班幼儿正处于幼小衔接的特殊时期，从幼儿身心发展上看，正处于从学前期向学龄期发展的过渡时期。在这个时期儿童的发展会发生一定的质变，因此，在入学前应为幼儿做充分的心理和能力上的准备。在课程的安排和幼儿成长档案内容的选择上，我们都紧密围绕这一重点并以此为依据。将幼儿成长档案记录的重点放在幼儿的社会适应性以及认知能力的培养上，使幼儿通过与档案的互动以及教师通过档案记录分析解读幼儿，共同促进幼儿全面发展。

## （二）分析幼儿，为每个幼儿制定观察的侧重点

大班的班容量大，每天的学习活动又相对比较丰富，教师如果对每个幼儿的每个方面都进行记录分析，确实有些力不从心。除了记录一些有价值的典型事件外，教师还可以根据幼儿的发展情况对其他方面进行有针对性的观察。对每个幼儿进行分析，为其制定学期观察的侧重点，教师可依据幼儿观察的目标进行记录，避免观察记录的盲目性，提高幼儿成长档案记录的实效性。

## （三）从不同角度对幼儿进行观察记录

### 1. 记录幼儿时间观念增强的过程

午睡起床后，像往常一样，小朋友们在喝水吃午点，动作快的幼儿已经开始选择自己喜欢的图书看了，欣欣还在不停地东张西望，一会儿和旁

边的小朋友聊天，一会儿凑上前看看对面小朋友的图书还指手画脚地说着什么，迟迟没有喝水。当小朋友已进入游戏活动时，她的午点还没有吃完。

类似欣欣这样时间观念淡薄的孩子班上还有几个。在大班时期如何帮助他们懂得遵守时间、抓紧时间、为入小学做准备呢？针对这种情况，我们开展了"一分钟有多长"的活动，让孩子们通过亲身实践感受到一分钟虽然短，但只要珍惜，也能做很多事情。引导幼儿逐渐懂得参与各项活动都必须抓紧时间，珍惜时间。例如，教师用照片记录了欣欣在穿珠比赛中取得一分钟穿十五个珠子的好成绩，获得了全组第一名。通过这次比赛，欣欣知道了只要抓紧时间自己也能做得很快。同时，我们采取支持鼓励的方法，利用幼儿成长档案中的记录，让幼儿体验自身的变化，看到自己的进步，从而增强时间观念。

2. 记录幼儿任务完成情况

翔翔是一个刚从陕西转园过来的孩子，对新环境还不太适应。为了帮助他增强任务意识和责任感，我在幼儿成长档案中为其设计了一个表格，并且每天给他布置任务，完成后便请他在表格中给自己贴上一面小红旗。加之教师的鼓励及家长的配合，提高了他完成任务的积极性，同时增强了责任心。翔翔从早期的完成单项任务，到后来主动为大家服务，再后来又在家中制订星期天计划，进步很大。

**（四）记录幼儿人际交往情况**

对于大班幼儿来说，建立健康的同伴关系，培养人际交往能力是非常重要的，这可以使幼儿更快地与新伙伴打成一片。根据幼儿的不同情况，我们进行了跟踪式的观察记录，并通过各种途径为幼儿提供支持性的环境，帮助幼儿在此方面获得发展。例如，在南南的幼儿成长档案中就记录了他在"主动交往"前后的典型事例。下面是在积木区的三次观察记录后对南南的分析。

第一次观察分析：南南在活动中能比较专注地完成自己的想法，在教师的提醒下能与同伴合作，但分工、协商、主动合作的意识还有待加强。

第二次观察分析：在搭建前期，南南虽然没有按计划进行，但在搭建的过程中能有自己的想法，专注地完成一件事情，并能主动给同伴提出建议，在教师的提醒下能围绕新的主题合作搭建。

第三次观察分析：在活动中，南南学会了与人交往、协商等技能，学会了按规则调整自己的行为，他的社会适应能力得到了提高。

我们利用逸事记录的方法在幼儿成长档案中清楚地记录了幼儿交往能力的发展过程，使家长看到了幼儿的进步历程，并从中学会了一些调动幼儿主动性的方法。

### （五）记录幼儿认知方面的发展

幼儿成长档案可以记录幼儿在教育活动及生活认知方面的发展过程，帮助幼儿梳理经验、增长知识、学会学习。例如，在"我的影子朋友"活动中，幼儿成长档案中记录了幼儿对影子的认识过程。

幼儿成长档案还可记录幼儿自理能力的提高以及幼儿规则意识的增强等相关内容。

### （六）不同观察目标使用不同记录方法

在观察记录的方式上，我们针对不同的观察目标使用不同的记录方法，这样可以增强幼儿成长档案记录的实效性。对于交往合作能力、解决问题能力等方面，为了清楚地记录幼儿的行为，我们可以采取逸事记录的方法。对于任务意识、自理能力等方面，我们主要采用幼儿参与，教师及家长监督、提醒的表格式记录方法，最后教师再对幼儿的表现进行分析。对于幼儿某方面技能、幼儿情绪情感的变化以及经历的典型事件等方面，我们主要采用照片记录的方法。灵活适宜的记录方式使我们的档案记录更方便、更科学、更具实效性。

今后我们将在实践过程中继续研究，不断完善，力争使幼儿成长档案真正为幼儿的成长服务。

# 关注每一个孩子的成长

## ——幼儿成长档案创建过程中的体会

潘　静

《纲要》中指出，教师要"尊重幼儿在发展水平、能力、经验、学习方式等方面的个体差异，因人施教，努力使每一个幼儿都能获得满足和成功"。而幼儿成长档案的创建就为我们搭建了这样一个科学合理的解读幼儿、赋予每一个幼儿个性发展的平台。我们经历了从幼儿成长档案创建之初的不知所措，以大量的幼儿作品和文字记录充实档案，却忽略了筛选和进行科学的整理、分析、评价，到能够围绕"突出档案整理的个性化"的关键点去尝试有针对性地收集整理幼儿作品、观察记录，以科学的评价解析幼儿并吸引家长参与，挖掘更适宜、更有效的方法，使幼儿成长档案真实体现幼儿的个性特点，进而帮助教师更真实地了解幼儿，敏锐地察觉幼儿之间的差异，有针对性地进行个性化的适宜指导。

### （一）幼儿成长档案的共建

1. 共建幼儿成长档案的开端

学期初，幼儿成长档案对于刚刚入园的小班幼儿及其家长来说都是新鲜事物。为此，我们利用问卷和家长会的形式，使家长在了解到幼儿成长档案的用途和重要性的同时，希望家长做出能体现自己孩子个性的幼儿成长档案封面。这样，以便教师对幼儿的个性特点、家长对幼儿的期待等有初步的了解。

2. 选择观察的内容与方式

教师在收集整理资料、分析幼儿成长档案的过程中，需要选择能代表幼儿经验的资料，选择的内容应与课程目标、幼儿发展相关。在选择了内容后，教师还要考虑用哪种观察方法。无论是内容还是形式，都需要经过班内全体教师的共同商议。

3. 家长对共建的需求

为了了解家长对"档案评价"的真实想法，我们以家长会、问卷等形式进行了调查。通过数据分析发现，家长认可档案评价是有效的评价方式，但对于记录形式、记录内容不太了解，需要教师进行相关培训。

**（二）多样化档案实施的方法**

1. 专门性观察与随机性观察相结合

专门性观察就是教师有计划、有分工地进行的针对某一活动或某个时间段的观察记录。例如，开学初，我们将班里的孩子分配给班里的三名教师负责，按领域分配好观察方向、观察周期和观察时间，拟订好计划，然后按部就班地去完成。这种专门性观察的好处在于可以使教师在有限的时间内了解每一个幼儿大致的特点，为进一步的有目的观察打下良好的基础。

随机性观察更多的是教师在日常工作中对某一个幼儿或多个幼儿的行为表现的摘记或随记。在幼儿成长档案创建之初，我们主要根据幼儿活动的特点以及对幼儿活动观察记录的不同方式进行分类，如幼儿活动的照片、图画作品、对幼儿活动的观察、文字记录等。

2. 多角度观察与集中性观察相结合

多角度观察与集中性观察的共通点就是抓住某一点共性内容进行观察记录。多角度观察偏重于与幼儿及家长间的互动，在观察过程中可以选择不同的观察方法。而集中性观察更注重有目的、有计划地针对某一共性问题对两个以上幼儿进行观察分析，了解每个幼儿的发展情况及其差异水平，如在我班进行的"积木区——搭建我家小区"活动中，我在观察过程中运用快速记录法解析了四个不同幼儿在搭建时的表现，进而为以后深度剖析他们的个性发展提供了准确的一手资料。通过一段时间的深入了解，我们也将多角度观察与集中性观察相结合的方法应用到日常活动中，根据活动需要选择不同的记录方法，分工合作，使观察记录更有时效性。我们在日常生活的场景中，多数会采用逸事描述记录法，选择可以表现幼儿个性或某方面发展的有价值的行为，运用描述性语言记录他们的动作、语言和活动，在某些事件的文字记录中还辅以相应的照片，记录下孩子惟妙惟肖的细微表情和动作，以替代烦琐的言语或描述不清的复杂情景。例如，在小班新年开放活动中，为了使家长从教育活动中更真实、深入地了解幼儿在园的表现，帮助家长提高自身的教育技能，我们运用了观察记录表的形式，使家长在深度了解幼儿活动状况的同时，学习观察的方法，提高自身教育水平。此外，我们还利用网络论坛的形式，针对班里近期发生在孩子身上共性的问题，吸引家长广泛参与，在家庭中观察、记录孩子的表现，并和大家分享交流。

3. 动与静相结合的观察法

静态的观察法主要是以随笔式、图片、照片式为主的记录法以及表格法等，而动态的观察法则是采用录像、录音的形式。一份有幼儿复述故事、大声朗读故事、练习唱歌的录音带，对幼儿、教师和家长来说，都是非常有力的语言发展证据。我们经常为幼儿照相或摄像，拍摄的时候，简短记录所拍的内容，包括日期、场所、幼儿的姓名以及每一个场景的特殊地方，这样的记录方式对于某种特定领域中幼儿的表现是非常有价值的。

针对家长反映的问题，首先，我们邀请、动员那些平时不够积极、主动的家长也参与到档案评价中来，通过家长沙龙、教师介绍经验等形式向家长介绍档案评价的价值和意义，通过班级家长会介绍如何与教师互动、记录幼儿在家的表现等。其次，调整档案评价的内容和记录形式，如增加照片的比重，满足幼儿需要，不对孩子的言行简单地下结论，而是从他们的角度出发，用他们的语气来描述图片等。最后，调整幼儿成长档案的摆放方式，从封闭式向开放式转变，将"记录"呈现给幼儿，让幼儿在和同伴的互动交流中进行自我评价。

总之，幼儿成长档案的研究体现了教师自身的专业化成长，我们只有在不断研究中反思、探索、实践，才能真正达到档案创建的目的，真正促进每个幼儿富有个性的发展。

# 研究每一张照片，真实记录幼儿

尹　萌　　魏冬　　张　颖

照片在幼儿成长档案中的重要作用是毋庸置疑的，它可以清楚而真实地记录所发生的事件，并能持续记录幼儿在一段时间里的发展状态或进步情况。教师能从照片中寻找事件发生的时间、地点以及一些细节，从而为分析事件、研究幼儿提供较为丰富和立体的资料及有力的帮助，同时，也能使家长更清晰地了解幼儿在园的发展情况。在整个实践过程中，我们经历了以下研究过程。

**（一）拍什么？**

起初，我们大量地拍摄照片，但放进幼儿成长档案后发现记录趋于普遍化，并没有把握住记录幼儿发展脉络的价值点。在园本教研中，通过对照片在幼儿发展中的价值进行研究，我们再拍摄和收集照片时，就比较慎重了。

经过一段时间的探索，我们发现可以运用照片记录幼儿以下几方面的内容。

☆幼儿活动状态，即同一幼儿发展中的前后对比或同一时间不同幼儿的不同表现。

☆能代表幼儿发展状态，且不便在档案记录中表现的作品。

☆幼儿的情绪情感状态。

☆幼儿成长的关键点。

☆大型集体活动中突出幼儿表现力的场景。

☆教师无法了解的幼儿在家庭生活中的真实表现。

**（二）怎样拍？**

在确定了如何选取适合的内容进行拍摄之后，我们又将目光转向了怎样才能使得照片更真实有效地反映幼儿的发展。我们采用了以下几个方法。

★进行有计划、有目的的拍摄。

★随机拍，选取其中能说明问题的照片。

★拍摄视角尽量与幼儿的视角一致。

### （三）如何发挥照片的功效？

**1. 使照片成为记录事件的丰富载体**

**例① ▶**

西西有几天没来幼儿园了，今天刚来的她对美工区的纸泥游戏很感兴趣，起初她在一旁观望，好奇地看着家骏手中的纸泥变成了漂亮的图案。

她转过身对我说："老师，我也想做。"

我说："好呀，那你就要请教家骏了，他用纸泥作画可是很棒的。"

家骏听到我们的对话后便以一副小老师的样子开始给西西讲起了纸泥画的做法，两人开始了游戏。虽然西西做得还不熟练，可是她很好学。教师对两人游戏的过程进行了拍照，然后与家长共同欣赏这张照片记录下的内容，使家长了解了自己孩子学习的状态。

**例② ▶**

在"我知道的桥"活动后，琪琪很喜欢去结构区游戏，到那里搭自己喜欢的桥。今天琪琪搭了一座有地道的桥。

我问他："你是怎么搭成的？"

"我看墙上的图，然后一个一个接在一起就行了！"琪琪说。

"尹老师，您看，我从这边能看见那边，给我照一张相吧！"

于是，我将他成功后兴奋的瞬间拍摄下来，记录下他的喜悦与成长。

**2. 使用照片持续记录幼儿在一段时间里的进步情况**

一天，嘟嘟独自坐在小椅子上愣神，过了5分钟，他还是没有穿上衣服。往常我们会直接帮他穿上，可是对于升入大班的他，能否用时间概念来促进他完成自己的事情呢？此时教师拿出班里的挂钟为嘟嘟计时："5秒、10秒、15秒，嘟嘟真棒！穿好上衣了！"教师运用游戏的口吻帮助嘟嘟了解时间的宝贵，不要浪费一分一秒。后来，他能在一段时间内很快地完成整个穿衣过程，比以往有了很大进步。就这样，我们用镜头记录下嘟嘟自理能力提高的每个瞬间，家长看到孩子的进步也很高兴。

3. 照片与文字结合，更直观生动地再现幼儿的发展状况

作为幼儿发展的观察者、引导者、促进者和支持者，教师要抓住每个幼儿成长过程中的闪光点，用拍照这一简便快捷的方式，帮助幼儿记录其发展和成长情况，并让照片发挥其特有的功效，支持我们的观察、反思与施教。

## 在一日生活中观察解读幼儿

宋丹　刘馨　张舒

幼儿在园一日生活要根据幼儿的年龄特点及需求从时间、顺序等方面进行合理安排。在保教并重的今天，保育老师不再单单只是做好环境卫生、管理好幼儿日常生活，应更多地承担起教育者的身份，在一日生活的各环节中注意观察解读幼儿的行为表现，抓住教育契机，随机教育。借助幼儿成长档案与家长沟通交流，帮助幼儿养成良好的生活卫生习惯。

记得新生入园不久后的一天，早饭后，孩子们在进行室内游戏，锦锦坐在座位上却没有动，两只眼睛直直地看着我。我蹲下来，静静地与他对视，看着他涨红的小脸，轻声问他："宝贝，你想去厕所吗？"他不好意思地点点头。

我拉着他的小手，来到了盥洗室，帮助他把裤子脱到膝盖处，扶着他蹲下来。就这样，锦锦第一次在幼儿园解了大便，便后他的脸上露出了开心的笑容。我把锦锦的这个第一次记录在他的幼儿成长档案中，与家长进行了沟通。

此后，我每天都会记录班内幼儿的大便情况，如是否自己擦的屁股等。一天、二天、三天……短短开学一个月时间，在教师和家长的共同努力下，孩子们已经能够在园如厕、大小便正常，适应幼儿园的生活了。

学前期是幼儿生长发育的关键期，养成良好的进餐习惯，摄取丰富的营养是幼儿健康成长的保证。桐桐已基本上能够自己进餐了。但是，

她进餐的速度有些慢，有时还会出现边吃边玩、注意力不集中的现象。因为担心饭菜变凉后，幼儿吃下会不舒服，我开始喂她，但她还是嚼得很慢。仔细观察后我发现，原来桐桐在咀嚼饭菜的时候不是用的后槽牙，而是用门牙嚼。找到了她吃饭慢的原因，我开始尝试与思考引导她的有效方法。晚上家长来接孩子时，我和桐桐妈妈进行了个别约谈，针对桐桐吃饭慢的问题进行了交流。首先，我询问了桐桐在家吃饭的情况。桐桐妈妈反映，孩子在家吃饭时也吃得很慢。于是，我将幼儿成长档案中对桐桐在园进餐情况的观察记录与家长进行了沟通与交流。然后，我又向桐桐妈妈介绍了一些引导孩子正确咀嚼食物的方法，例如，在家进餐时，家长要多关注桐桐的咀嚼位置，提醒桐桐要用两边的牙齿咀嚼食物，这样牙齿才能长得健康；当桐桐的进餐速度加快时及时给予鼓励；等等。在幼儿园的进餐环节中，我也继续关注桐桐的咀嚼情况，及时给予引导。

在日常生活中，教师发现幼儿遇到的问题，要善于观察分析其中的原因并寻找适宜的教育策略，家园共育，共同促进幼儿的健康成长。

# 二、家长心得体会

## 案例 8-1　然然妈妈的心得

记得第一次看到孩子的幼儿成长档案是在她上小小班时老师召开的一次家长会上，老师用配图及文字评价等方式记录了孩子入园半年来的学习生活情况，我一下子就被这种形式吸引了，感觉与老师之间的距离一下子被拉近了。从那以后，我就开始记录孩子在家中发生的一些趣事，或是孩子成长过程中的一些闪光点，丰富档案册中的内容。通过这几年参与孩子幼儿成长档案的建设，我自己也有几点深刻的体会。

第一，教育理念上的变化。家长要放开思想，不要给孩子太多的约束，让孩子尝试去做她感兴趣、喜欢做的事情。

　　然然从不到三岁就开始用剪刀，当时我们没有一味地去阻止，而是提醒她剪刀可以用，但一定要注意安全，不然剪到手会流血。于是，孩子每次使用剪刀的时候都非常小心，后来她能非常熟练地使用剪刀，一次都没剪到过手。

　　一天晚上，然然发现一张画满小熊维尼人物的卡通图片，于是她拿起小剪刀迅速地把卡通图片都剪了下来。当时她剪完图片就直接放在了一边，我就启发她："如果把这些可爱的图片粘到彩纸上会是什么样呢？"然然接受了我的建议，拿出胶棒和彩纸，把这些小图片一一粘了上去。就这样，"百亩林剧场"出现了，孩子当时可高兴了，并表示要把这个作品带到幼儿园放到自己的成长档案中。通过这件事，我觉得我和孩子都有收获。

　　第二，做个细心、观察力强的妈妈，利用一切可利用的机会，锻炼并提高孩子各方面的能力。

　　然然从小就有睡前听妈妈讲故事的习惯，我认为她在语言组织和表达方面的能力还是可以的。有一次然然从幼儿园带回来了手工撕纸作业，就是要求先把六张卡片拼接成三个完整的宝葫芦，再看图讲故事。我意识到这是锻炼她看图说话能力的好机会。当然然第一遍给我说内容的时候，我觉得不够生动，于是我就启发她把图中人物都换成她身边的好朋友，把故事说得更生动完整些。于是，然然又组织了一遍语言，这一次果然生动了很多，她还要求我把她口述的内容都记录下来。我想以后还要对孩子加强这方面的培养，这对她的观察力、语言组织能力及表达能力的发展都会有很大帮助。

　　第三，家长不光要记录孩子的优点，还要注意孩子身上的缺点和问题以及自身困惑的问题，及时和老师沟通，使问题得到解决。

　　第四，家长要拓展思路，要多方位、多角度地收集、整理幼儿成长档案的内容资料，这样才能更加全面、立体地呈现孩子的成长过程。这一点也是我做得比较欠缺的地方。

　　我觉得丰富幼儿成长档案内容的过程，既是孩子成长、进步的过程，也是作为家长的我们学习、成长的过程。在孩子即将从幼儿园毕业的时候，我翻阅着这本成长档案，心情久久不能平静，照片中、文字中的故事就好似发生在昨天。虽然这本册子不能把发生在孩子身上的点点滴滴都记录进去，但每一页所呈现的内容都是孩子成长、发展中的精华。档案中的一字一句都凝结着老师与家长的发现与思考，这些文字饱含着我们对孩子浓浓的爱，孩子成长进步的轨迹就这样清晰地呈现在大家面前。真心感谢老师们送给每一个孩子的这本专属于他们自己的书，这本书的"幼儿园篇"已经很美好很精彩了，相信她们的"小学篇""中学篇""大学篇"以及以后的"人生篇"将会更加精彩辉煌！

（案例提供：大一班　然然妈妈）

## 案例8-2　一次不寻常的约谈

作为教师，在学校里看多了教师请家长的情景，所以下午临去幼儿园之前我做足了充分的思想准备，有同事问我干什么去，我笑答："孩子的幼儿园老师请家长。"的确，在我看来，教师要与家长进行的所谓"约谈"就是"请家长"的代名词。殊不知，这却是我以家长身份参加的一次不寻常的约谈。

短短一个小时的时间，老师和我共同阅读了我儿子的幼儿成长档案，从孩子的心理特征、年龄特点、个性特点等诸方面将平日活动时对孩子留心观察的记录一一进行分析。在与老师的交流中，恍然间我对儿子有了全新的认识。我常以"慢半拍"来形容自己的孩子，但从老师的言谈话语里，他是一个充满童趣和丰富想象力的儿童。他的跳跃式的思维，在老师看来是思维独特的表现；他的"自私"心理，在老师那里分析得到的结论却是同龄孩子不会进行分享的共性，解决这个问题的关键是要家园共育施教，让孩子在游戏中学会分享。好的教育似"随风潜入夜，润物细无声"。

我深深地为这次约谈所感动。作为一名家长，我看到的是孩子的未来，而作为一名基础教育工作者，我看到的是教育的希望。孩子是一个活生生的个体，幼儿成长档案的行动研究则使这种科学教育成为一种可能。我真心期盼着下一次的约谈，它为我打开了了解孩子内心世界的一扇窗。

（案例提供：中二班　悠悠妈妈）

## 案例8-3　妈妈和果果一起读幼儿成长档案

假期里，果果和我一起阅读了他的幼儿成长档案，果果可喜欢里面的内容了，每一页都让我仔细地给他讲。这里记录了果果入园后的成长故事，让我们家长了解了果果在幼儿园的生活和学习情况，看到了果果的成长。

果果是一个比较内向的孩子，他入园的适应时间比其他孩子久。他不喜欢变化，比如从小小班升入小班，经过了很长时间才适应。在各方面能力发展上，他也比其他小朋友要慢一些。但是果果又是一个能适应环境的孩子，比如每天早上和妈妈分手时会哭，但只要妈妈一离开，他又可以调整自己开始他的幼儿园生活了。

在幼儿成长档案中有许多果果的作品，果果很开心，我给他讲了老师对他的评语和期望。从这些作品中，我了解了果果的一些学习上的习惯，找到了今后努力的方向。在学习方面，我要承认此前我没有过多地关注过。我总希望他能有一个快乐的童年，所以没有想过教他学认字或者其他方面的知识。但是读了他的幼儿成长档案后，我知道了家长需要帮助孩子养成一些好的学习习惯，比如帮孩子提高专注力的时间，学会耐心完成每一个任务，等等。

果果入园一年来，变化还是很大的，生活自理能力有了很大的提高，身体素质也很好，虽然有点害羞，但是也能礼貌地和人打招呼。最可喜的是，他学会了学习，知道上幼儿园是学习本领的。相信这学期果果再拿回来的幼儿成长档案中，一定会记录他更多的成长与收获。

升入中班的果果在各方面都有了很大的进步，这和老师们的辛苦付出是分不开的。在幼儿成长档案中记录了果果取得的进步，也分析了果果身上存在的一些小问题。比如，刚开学时，老师发现果果的语言表达能力有了很大的进步，就及时和我进行了沟通，我们共同商量如何让孩子在语言发展上能提高得更快。后来，我跟老师提出果果在动手能力方面有些欠缺，于是在幼儿园和家里都适当地对他进行一些锻炼，现在他的小手协调能力有了很大提高，只是在一些小细节的动作上还有一些欠缺。

有一段时间果果的情绪不高，原来，他总觉得自己没有朋友。老师在幼儿成长档案中记录了果果在交友方面遇到的一些困惑，让我们家长在生活中一起帮助他学会与小朋友交流和沟通，让他能主动地和其他同学交朋友。一段时间观察下来，他现在开心了许多，不仅有了几个固定的朋友，也学会了如何和其他同学交朋友。当别的小朋友拒绝和他做朋友时，他也不会像以前那样难过了。希望到了大班后，通过和老师的共同配合，果果能够学到更多的交往策略，交到更多的好朋友！

幼儿成长档案中记录的孩子成长过程中的点点滴滴，一方面有孩子在幼儿园的发展，另一方面也有孩子在家庭中的成长。只有家长和幼儿园及时沟通与交流，才能一起促进孩子的健康成长。通过和果果一起阅读他的幼儿成长档案，分享他成长过程中的快乐，一起面对他遇到的小挫折，不仅帮助孩子树立了自信心，也让我们家长找到一个帮助他成长的目标。希望幼儿成长档案的内容越来越丰富，给孩子留下最美好的回忆！

（案例提供：中二班　果果妈妈）

## 案例8-4　幸运的孩子　幸福的家长

很幸运我们的孩子进入了这所优质的幼儿园，在这里，他遇到了很多有爱心、有责任心、热心、耐心和经验丰富的老师，不但在身体保健方面得到了悉心照顾，而且也得到了全面的启蒙教育。回首孩子在幼儿园度过的四年时光，为了帮助孩子健康发展，幼儿园采用了很多行之有效的办法，尤其是通过给孩子创建幼儿成长档案，再针对孩子的薄弱方面进行有目的、有意识地培养，使我的孩子受益匪浅。

记得从孩子一入园上小小班，幼儿园的老师就要求家长写一封信介绍自己孩子的情况，当时我就觉得园里对两岁半的孩子还挺重视，后来才知道这封信就是给孩子创建幼儿成长档案的开始。刚开始了解到幼儿园给孩子创建幼儿成长档案，我是十分高兴和赞同的，因为我觉得老师和家长共同记录孩子的成长历程，这不但督促了家长在工作之余要多关注孩子，而且也将给孩子留下珍贵的童年回忆。于是，我会定期抓拍一些照片，通过和老师的约谈了解孩子在家和在幼儿园的表现，坚持按老师的要求记录孩子的某些行为、语言。在配合幼儿园创建幼儿成长档案的过程中，我发现自己最初对于幼儿成长档案的理解是有些肤浅的。事实上，创建幼儿成长档案，并不在于记录下了什么，而是通过记录的东西帮助孩子发展了什么。比如，孩子上小班了，和有的孩子不一样，我的孩子不会保护自己手里的东西，谁来拿他就给谁，哪怕是自己正在玩得很高兴的东西。经过老师一段时间的引导，孩子不仅能合理地保护自己手里的东西，也能处理好和小朋友的关系。在幼儿成长档案里，老师写下了这样的记录："孩子们在一起玩时，当有的孩子索要这个小朋友正在玩的东西时，他没有马上拿出来而是以过家家打电话的方式委婉地拒绝了。"再如，孩子不愿融入与其他小朋友一起玩的环境中，适应陌生环境的能力不强，在与老师的约谈中我们约好了共同关注孩子环境适应能力的发展。一段时间后，一天，我们在肯德基吃完晚饭玩滑梯的时候，我惊喜地发现自己的孩子可以主动地与陌生的小朋友交谈、共同玩耍，分别时居然还恋恋不舍，约好了什么时间再来。孩子玩得很开心，我的惊喜也溢于言表。

今年孩子就要从幼儿园毕业了，看着幼儿成长档案中孩子从小小班到大班这一路走来的历程，我能看到自己孩子的进步，幸运的感觉再次袭来。希望幼儿园越办越好！

（案例提供：大一班　智勇妈妈）

# 附　　录

# 幼儿观察记录及分析表

观察者：_____　　　　　　　　记录编码：_____

| 观察对象：_____班_____ | | 观察时间 | |
|---|---|---|---|

| 观察背景 | | | |
|---|---|---|---|

| 观察线索 | 身心状况（　） | 动作发展（　） | 生活习惯与生活能力（　） | 倾听与表达（　） | 阅读与书写准备（　） | 人际交往（　） | 社会适应（　） | 科学探究（　） | 数学认知（　） | 感受与欣赏（　） | 表现与创造（　） |
|---|---|---|---|---|---|---|---|---|---|---|---|

学习品质：好奇与兴趣（　）　　反思与解释（　）　　积极主动（　）
不怕困难（　）　　认真专注（　）　　敢于探究和尝试（　）
乐于想象和创造（　）　　良好行为倾向（　）

**观察记录：**




**分析解读：**




**教育策略或下一步观察计划：**




注：请在涉及的观察线索相对应的括号内画"√"。

# 幼儿作品分析记录表

记录编码＿＿＿＿＿＿＿＿

幼儿姓名：＿＿＿＿＿＿＿＿

班　　级：＿＿＿＿＿＿＿＿

作品产生时间：＿＿＿＿＿＿

记　录　人：＿＿＿＿＿＿＿

幼儿自述：＿＿＿＿＿＿＿＿＿＿＿＿＿＿＿

＿＿＿＿＿＿＿＿＿＿＿＿＿＿＿＿＿＿＿＿

＿＿＿＿＿＿＿＿＿＿＿＿＿＿＿＿＿＿＿＿

分析解读：＿＿＿＿＿＿＿＿＿＿＿＿＿＿＿

＿＿＿＿＿＿＿＿＿＿＿＿＿＿＿＿＿＿＿＿

＿＿＿＿＿＿＿＿＿＿＿＿＿＿＿＿＿＿＿＿

教育策略或下一步观察计划：＿＿＿＿＿＿＿

＿＿＿＿＿＿＿＿＿＿＿＿＿＿＿＿＿＿＿＿

＿＿＿＿＿＿＿＿＿＿＿＿＿＿＿＿＿＿＿＿

＿＿＿＿＿＿＿＿＿＿＿＿＿＿＿＿＿＿＿＿

＿＿＿＿＿＿＿＿＿＿＿＿＿＿＿＿＿＿＿＿

# 年度幼儿整体发展状况表

年度_____　班级_____　幼儿姓名_____　教师_____

| 观察维度 | 观察线索 | 记录编码 |
| --- | --- | --- |
| 身心状况 | 具有健康的体态 | S Y J |
| | 情绪安定愉快 | S Y J |
| | 具有一定的适应能力 | S Y J |
| 动作发展 | 具有一定的平衡能力 | S Y J |
| | 具有一定的力量和耐力 | S Y J |
| | 手的动作灵活协调 | S Y J |
| 生活习惯与生活能力 | 具有良好的生活与卫生习惯 | S Y J |
| | 具有基本的生活自理能力 | S Y J |
| | 具备基本的安全知识和自我保护能力 | S Y J |
| 倾听与表达 | 认真听并能听懂常用语言 | S Y J |
| | 愿意讲话并能清楚地表达 | S Y J |
| | 具有文明的语言习惯 | S Y J |
| 阅读与书写准备 | 喜欢听故事，看图书 | S Y J |
| | 具有初步的阅读理解能力 | S Y J |
| | 具有书面表达的愿望和初步技能 | S Y J |
| 人际交往 | 愿意与人交往 | S Y J |
| | 能与同伴友好相处 | S Y J |
| | 具有自尊、自信、自主的表现 | S Y J |
| | 关心尊重他人 | S Y J |
| 社会适应 | 喜欢并适应群体生活 | S Y J |
| | 遵守基本的行为规范 | S Y J |
| | 具有初步的归属感 | S Y J |
| 科学探究 | 亲近自然，喜欢探究 | S Y J |
| | 具有初步的探究能力 | S Y J |
| | 在探究中认识周围事物和现象 | S Y J |
| 数学认知 | 初步感知生活中数学的有用和有趣 | S Y J |
| | 感知和理解数、量及数量关系 | S Y J |
| | 感知形状与空间关系 | S Y J |
| 感受与欣赏 | 喜欢自然界与生活中美的事物 | S Y J |
| | 喜欢欣赏多种多样的艺术形式和作品 | S Y J |
| 表现与创造 | 喜欢进行艺术活动并大胆表现 | S Y J |
| | 具有初步的艺术表现与创造能力 | S Y J |

学习品质：如好奇与兴趣，积极主动，不怕困难，反思与解释，乐于探究和创造，敢于探究和尝试，认真专注，良好行为倾向等。

说明：观察途径，以代码标识，即生活活动用字母"S"表示，集体教学用字母"Y"表示，自主游戏用字母"J"表示，对应填写幼儿成长档案中的"记录编码"。

# 小班幼儿入园适应进餐情况记录表

观察对象：　　　　　　　　　　　　　观察教师：

| 观察时间 | B | T | Z | D | X | S |
|---|---|---|---|---|---|---|
|  |  |  |  |  |  |  |
|  |  |  |  |  |  |  |
|  |  |  |  |  |  |  |
|  |  |  |  |  |  |  |
|  |  |  |  |  |  |  |
|  |  |  |  |  |  |  |

备注：

B：成人帮助下进餐——完全由成人喂饭

T：成人提醒下进餐——在成人的提醒下进餐，其间需要成人的部分帮助

Z：幼儿主动进餐——能主动地进餐，其间需要教师提示正确的进餐方法

D：独立进餐——能运用正确的进餐方法，主动独立地进餐

X：良好进餐常规——坐姿正确、不东张西望、安静进餐、不吵闹

S：良好的饮食习惯——不挑食

# 幼儿成长档案工作计划

_____年至_____年第____学期幼儿成长档案工作计划

| 幼儿姓名 | 观察切入点 | 幼儿姓名 | 观察切入点 |
|---|---|---|---|
| | | | |
| | | | |
| | | | |
| | | | |
| | | | |
| | | | |
| | | | |
| | | | |
| | | | |
| | | | |

# 时间抽样记录表

观察对象：

观察时间：

观察背景：

| 时间 | 9：00 | | | 9：05 | | | 9：10 | | | 9：15 | | | 9：20 | | |
|------|---|---|---|---|---|---|---|---|---|---|---|---|---|---|---|
| 游戏形式 | T | P | H | T | P | H | T | P | H | T | P | H | T | P | H |
| | | | | | | | | | | | | | | | |

注：T 表示独自游戏；P 表示平行游戏；H 表示合作游戏。

# 同伴互动观察分析表

观察对象＿＿＿＿＿＿＿＿＿＿＿　　　　观察时间＿＿＿＿＿＿＿＿＿＿＿

特殊朋友＿＿＿＿＿＿＿＿＿＿＿　　　　观察背景＿＿＿＿＿＿＿＿＿＿＿

1. 发起活动让其他幼儿参加（　　　）
2. 主动领导但往往不能成功（　　　）
3. 常常听从于他人的领导（　　　）
4. 花很多时间观察同伴游戏（　　　）
5. 游戏发生冲突时，愿意让步或离开（　　　）
6. 对自己的活动比他人的活动更感兴趣（　　　）
7. 常常邀请其他人参加游戏（　　　）
8. 经常指导他人的行动（　　　）
9. 执行自己的想法时，具有坚持性（　　　）
10. 直接请求并接受他人的帮助（　　　）
11. 常常被其他幼儿排斥出去（　　　）
12. 与同伴合作（　　　）
13. 经常独立游戏（　　　）
14. 游戏中，常常比其他幼儿说得多（　　　）
15. 常常难以听从他人的请求（　　　）
16. 基于对活动本身的兴趣选择区域，而不是是否有自己所喜欢的同伴（　　　）
17. 在转入不同的游戏区时，跟从同伴并能顺利进行互动（　　　）
18. 当同伴需要帮助时，给予关心和帮助（　　　）
19. 能向同伴展示自己的成果及游戏方法（　　　）

分析解读

注：序号3、5、11、17为集体成员角色；序号1、8、10、14为领导者角色；序号7、12、18、19为促进者角色；序号6、9、13、16为独立者角色；序号2、4、15为过渡的角色。

## 幼儿互动行为观察表

记录时间：　　　年　　月　　日

| 姓名 | 年龄 | 发生背景或环境 | 指向对象 | 动作 | 语言 | 出现的问题 |
|------|------|----------------|----------|------|------|------------|
|      |      |                |          |      |      |            |

# 5—6 岁积木区活动检核表

观察对象：　　　　　　　　　　　　　　观察时间：

| 积木区设定目标 | 是 | 否 | 附言 |
|---|---|---|---|
| 1. 是否能够搭建比较大型的建筑物 | | | |
| 2. 是否能够运用多种建构技法 | | | |
| 3. 是否有空间知觉、理解数量关系 | | | |
| 4. 是否能运用语言表达建筑内容 | | | |
| 5. 是否能手眼协调地搭建 | | | |
| 6. 是否有审美观 | | | |
| 7. 是否有与别人协商、合作共同建造的能力 | | | |
| 分析解读： | | | |

# 幼儿选区活动情况检核表

日期：

| 幼儿姓名 | 积木区 | 益智区 | 表演区 | 美工区 | …… |
|---|---|---|---|---|---|
|  |  |  |  |  |  |
|  |  |  |  |  |  |
|  |  |  |  |  |  |

## 早操行为评量表

观察对象：　　　　　　　　　　　　　　观察教师：

| 日期　　　观察内容 | 第一次<br>月　日 | 第二次<br>月　日 | 第三次<br>月　日 | 第四次<br>月　日 |
|---|---|---|---|---|
| 参与积极性 | △ | ○ | ○ | √ |
| 做操位置 | △ | ○ | √ | √ |
| 精神状态 | × | √ | √ | ○ |
| 动作情况 | ○ | √ | ○ | √ |

符号代表：良好 √　　一般 ○　　不佳 ×　　不清楚 △

## 你的任务完成了吗？

| 日期 | 周一 | 周二 | 周三 | 周四 | 周五 | 统计 |
|---|---|---|---|---|---|---|
| 任务 | 测量工具 | 收集新闻 | 天气预报 | 画正面人 | 说写日记 | |
| 完成情况 | | | | | | |
| 任务 | 整理物品 | 值日生 | 带小镜子 | 带图书 | 做计划 | |
| 完成情况 | | | | | | |
| 任务 | | | | | | |
| 完成情况 | | | | | | |
| 分析 | | | | | | |

## 家长约谈记录表

| 班级 | | 日期 | |
|---|---|---|---|
| 约谈<br>意向 | | | |
| 约谈<br>记录 | | | |
| 教师<br>反思 | | | |

# 参 考 文 献

［1］ Elizabeth F. Shores，Cathy Grace. 幼儿学习档案——真实记录幼儿学习的历程［M］. 何厘琦，译. 南京：南京师范大学出版社，2004.

［2］ 刘占兰. 促进幼儿教师专业成长的理论与实践策略［M］. 北京：教育科学出版社，2006.

［3］ 王振宇. 儿童心理发展理论［M］. 上海：华东师范大学出版社，2016.

［4］ 陈帼眉. 学前儿童发展与教育评价手册［M］. 北京：北京师范大学出版社，1994.

［5］ 教育部基础教育司.《幼儿园教育指导纲要（试行）》解读［M］. 南京：江苏教育出版社，2002.

［6］ 李季湄，冯晓霞.《3—6 岁儿童学习与发展指南》解读［M］. 北京：人民教育出版社，2013.

［7］ 詹姆斯·希尔曼. 破译心灵［M］. 蒋书丽，赵琨，译. 海口：海南出版社，2001.

［8］ 盖伊·格朗伦，贝夫·英吉儿. 聚焦式幼儿成长档案［M］. 季云飞，高晓妹，译. 南京：南京师范大学出版社，2007.

［9］ Diane Hart. 真实性评价：教师指导手册［M］. 国家基础教育课程改革“促进教师发展与学生成长的评价研究”项目组，译. 北京：中国轻工业出版社，2004.

［10］ James Barton，Angelo Collins. 成长记录袋评价——教育工作者

手册[M]. 国家基础教育课程改革"促进教师发展与学生成长的评价研究"项目组，译. 北京：中国轻工业出版社，2005.

[11] 玛拉·克瑞克维斯基. 多元智能理论与学前儿童能力评价[M]. 李季湄，方钧君，译. 北京：北京师范大学出版社，2002.

[12] 国家基础教育课程改革"促进教师发展与学生成长的评价研究"项目组. 成长记录袋的基本原理与应用[M]. 西安：陕西师范大学出版社，2002.

[13] 卡洛琳·爱德华兹，莱拉·甘第尼，乔治·福尔曼. 儿童的一百种语言[M]. 罗雅芬，连英式，金乃琪，译. 南京：南京师范大学出版社，2006.

[14] Grant Wiggins. 教育性评价[M]. 国家基础教育课程改革"促进教师发展与学生成长的评价研究"项目组，译. 北京：中国轻工业出版社，2005.

[15] 霍华德·加德纳. 多元智能[M]. 沈致隆，译. 北京：新华出版社，1999.

[16] 张春兴. 教育心理学——三化取向的理论与实践[M]. 杭州：浙江教育出版社，1998.

[17] 廖信达. 幼儿行为观察与记录[M]. 台北：启英文化事业有限公司，2000.

[18] 谢秀丽. 幼儿园工作管理[M]. 广州：广东高等教育出版社，2000.

[19] 冯晓霞. 幼儿园课程[M]. 北京：北京师范大学出版社，2001.

[20] 阿哈，霍利，卡斯滕. 教师行动研究——教师发现之旅[M]. 黄宇，陈晓霞，阎宝华，等，译. 北京：中国轻工业出版社，2002.

[21] 王化敏. 给幼儿教师的一把钥匙——幼儿教师教育实践策略指导[M]. 北京：教育科学出版社，2008.

[22] 高美娇，王琳玲. 聚焦幼儿个性化评价——《幼儿成长档案》教师指导手册[M]. 杭州：浙江大学出版社，2014.

［23］侯素雯，林建华．幼儿行为观察与指导这样做［M］．上海：华东师范大学出版社，2014.

［24］哈维·席尔瓦，理查德·斯特朗，马修·佩里尼．多元智能与学习风格［M］．张玲，译．北京：教育科学出版社，2003.

［25］Carole Sharman，Wendy Cross，Diana Vennis．观察儿童——实践操作指南（第三版）［M］．单敏月，王晓平，译．上海：华东师范大学出版社，2008.

［26］Sheila Riddall-Leech．观察：走近儿童的世界［M］．潘月娟，王艳云，译．北京：北京师范大学出版社，2008.

［27］陈帼眉，冯晓霞，庞丽娟．学前儿童发展心理学［M］．北京：北京师范大学出版社，1995.

［28］教育部教师工作司．幼儿园教师专业标准（试行）解读［M］．北京：北京师范大学出版社，2013.